康美·中国中药材
KANGMEI·ZHONGGUO ZHONGYAOCAI
| 价格指数报告 |
JIAGE ZHISHU BAOGAO

康美药业股份有限公司　编著

华南理工大学出版社
SOUTH CHINA UNIVERSITY OF TECHNOLOGY PRESS
·广州·

图书在版编目（CIP）数据

康美·中国中药材价格指数报告. 2018/康美药业股份有限公司编著. —广州：华南理工大学出版社，2019.3
ISBN 978-7-5623-5938-8

Ⅰ.①康… Ⅱ.①康… Ⅲ.①中药材-价格指数-研究报告-中国-2018 Ⅳ.①F724.73

中国版本图书馆 CIP 数据核字（2019）第 037417 号

康美·中国中药材价格指数报告（2018）
康美药业股份有限公司　编著

出 版 人：卢家明
出版发行：华南理工大学出版社
　　　　　（广州五山华南理工大学17号楼，邮编510640）
　　　　　http://www.scutpress.com.cn　E-mail:scutc13@scut.edu.cn
　　　　　营销部电话：020-22236185　87113487　87111048（传真）
策划编辑：吴翠微
责任编辑：陈　蓉
印 刷 者：广州市新怡印务有限公司
开　　本：787mm×1092mm　1/16　印张：12.25　字数：218千
版　　次：2019年3月第1版　2019年3月第1次印刷
定　　价：58.00元

版权所有　盗版必究　印装差错　负责调换

《康美·中国中药材价格指数报告（2018）》

编 委 会

主　任：许冬瑾

副主任：郭崇慧　韩中伟

编　委：（按姓氏笔画排序）

朱伟伟　刘　超　刘立佩　刘洺兵　李　敏

李盼盼　肖玉杰　张岳峰　陈佳德　陈钟卓

郑敦煌　钟德洪　晋攀浪　党　静　唐彩云

梁金华　梁绍龙　鲁　勇　黎裕华　潘阳辉

前言

中医药是中华民族的瑰宝，其注重整体观念，追求天人合一，重视治未病，讲究辨证论治，符合当今医学发展的方向。国务院印发实施的《中医药发展战略规划纲要（2016—2030年）》，将中医药发展摆在了经济和社会发展全局的重要位置。近几年，政府对中医药产业的政策支持力度不减，连续发布相关政策文件，继续推动中医药事业健康发展。今后，中医药将在供给侧结构性改革、精准扶贫、养老服务等领域扮演更加重要的角色。

中药材是中医药事业传承和发展的物质基础，是关系国计民生的战略性资源。《中药材保护和发展规划（2015—2020年）》也提到，实现产品供应充足、市场价格稳定是中药材保护和发展的目标之一。为稳定中药材市场价格，建立中药材价格风向标，引导行业宏观调控，促进中药材行业的健康发展，中华人民共和国国家发展和改革委员会授权康美药业制定和发布康美·中国中药材价格指数。

康美·中国中药材价格指数是我国唯一的国家级中药材价格指数，也是全国首个由民营企业编制与运行的国家级价格指数。康美·中国中药材价格指数每日发布，及时反映中药材价格变化，是目前我国中药材价格信息实时监测平台之中最权威、最科学、最完善的。康美药业致力将康美·中国中药材价格指数打造成为全球中药材价格风向标。2013年上线以来，康美·中国中药材价格指数网已成为广大药农、药商、药企、政府监管部门等了解中药材价格信息的重要渠道。

在此背景下，为了对中药材价格发展情况进行进一步总结分析，康美药业指数运营中心第四年编制《康美·中国中药材价格指数报告》。报告主要分析了当前中药材行业的外部环境、中药材价格总指数/大类指数/品种指数走势情况，以及热门药材品种价格涨跌原因等。通过对中药材价格与宏观数据等进行数据挖掘，发掘隐含的、先前未知的、对决策有潜在价值的信息。

本书旨在让中医药行业人员从中发现药材价格的变价规律，制订合理的采购计划，同时对指导药农合理规划种植、稳定中药材市场供给有着重要的参考意义。

在此，特别感谢著名系统工程与管理工程专家、中国工程院院士王众托先生为康美·中国中药材价格指数运营工作进行指导；感谢所有为康美·中国中药材价格指数编制、平台建设做出贡献的个人与团体；感谢新华社对康美·中国中药材价格指数建设的支持，每期及时发布《康美·中国中药材价格指数报告》。

2019 年 1 月

编写说明

指数说明

- ◆ 日指数：反映当日价格指数水平。除特别说明外，书中药材价格指数均指康美·中国中药材价格指数日指数。
- ◆ 年/季/月/周指数：反映一定时间区间（年/季/月/周）内的平均水平。

单位说明

- ◆ 报价单位：除特殊说明外，书中所指中药材的报价单位均为"元/千克"。

数据来源说明

- ◆ 药材价格、指数数据来源：康美药业
- ◆ 经济、产业数据来源：中华人民共和国工业和信息化部、中华人民共和国国家统计局（截至 2019 年 1 月 15 日更新）
- ◆ 医疗卫生相关数据来源：中华人民共和国国家卫生健康委员会（截至 2019 年 1 月 15 日更新）
- ◆ 出口数据来源：中华人民共和国海关总署（截至 2019 年 1 月 15 日更新）
- ◆ 互联网监测数据及图表来源：百度
- ◆ 药品流通数据来源：中华人民共和国商务部（截至 2019 年 1 月 15 日更新）

目 录

第一章 中药材行业环境分析 …………… 1

第一节 政策及新闻热点 …………… 3
一、中医药政策环境 …………… 3
二、2018年中医药行业新闻热点 …………… 7

第二节 宏观经济环境 …………… 12
一、国内生产总值 …………… 12
二、外贸形势 …………… 12
三、固定资产投资 …………… 13
四、社会消费品零售总额 …………… 13
五、全国居民消费价格 …………… 13

第三节 中药材产业链情况 …………… 14
一、上游种植养殖情况 …………… 14
二、中游工业生产发展情况 …………… 21
三、下游出口及消费情况 …………… 22

第二章 2018年中药材价格指数分析 …………… 27

第一节 总指数分析 …………… 29
一、中药材市场基本情况 …………… 29
二、总指数走势分析 …………… 31
三、总指数走势预测 …………… 34

第二节 大类指数分析 ········· 36
一、部位指数分析 ········· 36
二、功效指数分析 ········· 36
三、属性指数分析 ········· 38
四、产地指数分析 ········· 38

第三节 品种指数分析 ········· 40
一、品种指数涨跌情况 ········· 40
二、指数水平排行情况 ········· 46

第四节 品种市场分析 ········· 48
一、涨价品种市场分析 ········· 48

- 木鳖子 / 48
- 碧桃干 / 49
- 海藻 / 49
- 海龙 / 50
- 天葵子 / 51
- 樟脑 / 52
- 石膏 / 53
- 西青果 / 54
- 苦地丁 / 55
- 冰片 / 56
- 石决明 / 57
- 苦杏仁 / 58
- 鱼脑石 / 59
- 锁阳 / 60
- 白头翁 / 61
- 紫河车 / 62
- 罗布麻叶 / 63

二、跌价品种市场分析 ········· 64

- 白及 / 64
- 草果 / 65
- 娑罗子 / 66
- 覆盆子 / 67
- 葛花 / 68
- 西红花 / 69
- 薤白 / 70
- 龟甲 / 71
- 莪术 / 72
- 枳壳 / 73
- 三七花 / 74
- 益智 / 75
- 韭菜子 / 76
- 凌霄花 / 77
- 荜茇 / 78
- 太子参 / 79

三、其他热门品种市场分析 ·········· 80
- 党参 / 80
- 连翘 / 81
- 麦冬 / 82
- 黄连 / 83
- 黄芩 / 84
- 丹参 / 85
- 黄芪 / 86
- 金银花 / 87
- 红花 / 88
- 蒲公英 / 89
- 吴茱萸 / 90
- 三七 / 91
- 白豆蔻 / 92
- 蔓荆子 / 93
- 山柰 / 94

第三章 中药材价格数据挖掘与大数据发现 ········ 97

第一节 聚类分析 ··············· 99
一、上涨 ················ 100
二、下跌 ················ 104
三、震荡 ················ 109
四、稳定 ················ 112

第二节 相关性分析 ············· 113

第三节 热点监控 ··············· 117
一、资讯热点概览 ············ 118
二、资讯热点产地与市场 ········ 118
三、资讯热点品种 ············ 120

第四节 互联网大数据监测 ········ 121
一、搜索指数趋势 ············ 121
二、人群画像（PC 端） ········ 123
三、需求分析 ··············· 125

第五节 中成药成本变动分析 ······ 128

一、代表性中成药 …………………………………… 129

二、其他受影响较大的中成药 ……………………… 135

第四章　年度重点品种分析 …………………………… 139

第一节　八角茴香 …………………………………… 141

一、产地分布 ………………………………………… 141

二、供需情况 ………………………………………… 142

三、价格走势分析 …………………………………… 142

四、互联网大数据监测 ……………………………… 144

第二节　酸枣仁 ……………………………………… 147

一、产地分布 ………………………………………… 147

二、供需情况 ………………………………………… 149

三、价格走势分析 …………………………………… 149

四、互联网大数据监测 ……………………………… 151

第三节　当归 ………………………………………… 157

一、产地分布 ………………………………………… 157

二、供需情况 ………………………………………… 158

三、价格走势分析 …………………………………… 159

四、互联网大数据监测 ……………………………… 161

参考文献 ………………………………………………… 168

附录　2018年末各中药材品规价格详细表 ………… 170

第一章

中药材行业环境分析

第一节 政策及新闻热点

一、中医药政策环境

前几年，中医药产业发展的规划不断出台，2018 年更是完善中医药产业发展政策之年。2018 年，在中医药行业标准方面发布了《中华人民共和国药典》2020 版编制大纲和《古代经典名方目录（第一批）》等文件；在行业规划上有《全国道地药材生产基地建设规划（2018—2025 年）》；在产业支持上有《关于加强中医药健康服务科技创新的指导意见》《中医药健康文化知识角建设指南》；在中医药人才培养方面出台《国医大师、全国名中医学术传承管理暂行办法》《中医药传承与创新"百千万"人才工程（岐黄工程）——国家中医药领军人才支持计划》等政策文件；在行业监管上有《中医药监督工作指南（测试版）》《中药饮片质量集中整治工作方案》等方案。这些政策文件的出台及发布，能为中医药产业的发展起到保驾护航的作用。以下对几个政策文件的重点内容进行摘录。

（一）《中华人民共和国药典》2020 版编制大纲

2018 年 1 月 30 日，国家药典委员会正式发布《中华人民共和国药典》（以下简称《中国药典》）2020 版编制大纲，对中医药标准体系建设提出更高的目标：

- 新增中药标准约 220 个，修订完善中药标准约 500 个。
- 探索建立中药材、中药饮片、中药提取物、中药成方制剂各自完整的标准体系。
- 重点解决中药材和中药饮片的农药残留、重金属及有害元素以及真菌毒素的限量标准。
- 建立临床有肝肾毒性中药的检测方法，制定相关指导原则。
- 重点解决中药标准的专属性和整体性。

- 加强栽培和野生抚育中药材的质量研究和中药材产地加工技术研究,以质量为前提,修订完善中药材、饮片的相关项目。
- 开展基于中医临床疗效的生物评价方法及其指导原则研究,构建以形态、显微、化学成分和生物效应相结合的能整体体现中药疗效的标准体系,提高中药有效性整体控制水平。

(二)《全国道地药材生产基地建设规划(2018—2025年)》

规划的目标:到2020年,建立道地药材标准化生产体系,基本建成道地药材资源保护与监测体系,加快建设覆盖道地药材重点产区的生产基地。到2025年,健全道地药材资源保护与监测体系,构建完善的道地药材生产和流通体系,建设涵盖主要道地药材品种的标准化生产基地,全面加强道地药材质量管理,良种覆盖率达到50%以上,绿色防控实现全覆盖。

规划还对全国七大区域进行建设布局。

1. 东北道地药材产区

区域特点:本区域大部属温带、寒温带季风气候,是关药主产区。包括内蒙古东北部、辽宁、吉林及黑龙江等省(区),中药材种植面积约占全国的5%。

主要品种:本区域优势道地药材品种主要有人参、鹿茸、北五味、关黄柏、辽细辛、关龙胆、辽藁本、赤芍、关防风等。

主攻方向:优质林下参种植,园参连作障碍治理,梅花鹿、马鹿人工养殖,赤芍、防风仿野生种植等。

建设目标:到2025年,建设道地药材生产基地140万亩[①]以上。

2. 华北道地药材产区

区域特点:本区域大部属亚热带季风气候,是北药主产区。包括内蒙古中部、天津、河北、山西等省(区、市),中药材种植面积约占全国的7%。

主要品种:本区域优势道地药材品种主要有黄芩、连翘、知母、酸枣仁、潞党参、柴胡、远志、山楂、天花粉、款冬花、甘草、黄芪等。

主攻方向:开展黄芪、黄芩、连翘野生抚育,规范柴胡生产,提升党参、远志加工贮藏技术等。

建设目标:到2025年,建设道地药材生产基地180万亩以上。

---

① 1亩≈666.7平方米。

3. 华东道地药材产区

区域特点：本区域属亚热带季风气候，是浙药、江南药、淮药等主产区。包括江苏、浙江、安徽、福建、江西、山东等省，中药材种植面积约占全国的11%。

主要品种：本区域优势道地药材品种主要有浙贝母、温郁金、白芍、杭白芷、浙白术、杭麦冬、台乌药、宣木瓜、牡丹皮、江枳壳、江栀子、江香薷、茅苍术、苏芡实、建泽泻、建莲子、东银花、山茱萸、茯苓、灵芝、铁皮石斛、菊花、前胡、木瓜、天花粉、薄荷、元胡、玄参、车前子、丹参、百合、青皮、覆盆子、瓜蒌等。

主攻方向：恢复生产杭白芍、杭麦冬、浙白术、茅苍术、杭白芷、苏芡实、建泽泻等传统知名药材，大力发展凤丹皮、江栀子、温郁金等产需缺口较大的药材。

建设目标：到2025年，建设道地药材生产基地280万亩以上。

4. 华中道地药材产区

区域特点：本区域属温带、亚热带季风气候，是怀药、蕲药等主产区。包括河南、湖北、湖南等省，中药材种植面积约占全国的16%。

主要品种：本区域优势道地药材品种主要有怀山药、怀地黄、怀牛膝、怀菊花、密银花、荆半夏、蕲艾、山茱萸、茯苓、天麻、南阳艾、天花粉、湘莲子、黄精、枳壳、百合、猪苓、独活、青皮、木香等。

主攻方向：开展怀山药、怀地黄、怀牛膝、怀菊花提纯复壮，治理连作障碍，大力发展荆半夏、蕲艾生态种植，提升怀山药采收加工技术等。

建设目标：到2025年，建设道地药材生产基地430万亩以上。

5. 华南道地药材产区

区域特点：本区域属热带、亚热带季风气候，气温较高、湿度较大，是南药主产区。包括广东、广西、海南等省（区），中药材种植面积约占全国的6%。

主要品种：本区域优势道地药材品种主要有阳春砂、新会皮、化橘红、高良姜、佛手、广巴戟、广藿香、广金钱草、罗汉果、广郁金、肉桂、何首乌、益智仁等。

主攻方向：恢复阳春砂生产，提升何首乌、巴戟天、佛手生产技术水平等。

建设目标：到2025年，建设道地药材生产基地160万亩以上。

6. 西南道地药材产区

区域特点：本区域气候类型较多，包括亚热带季风气候及温带、亚热带高原气候，是川药、贵药、云药主产区。包括重庆、四川、贵州、云南等省（市），中药材种植面积约占全国的25%。

主要品种：本区域优势道地药材品种主要有川芎、川续断、川牛膝、黄连、川黄柏、川厚朴、川椒、川乌、川楝子、川木香、三七、天麻、滇黄精、滇重楼、川党、川丹皮、茯苓、铁皮石斛、丹参、白芍、川郁金、川白芷、川麦冬、川枳壳、川杜仲、干姜、大黄、当归、佛手、独活、青皮、姜黄、龙胆、云木香、青蒿等。

主攻方向：开展丹参、白芍、白芷提纯复壮，开展麦冬、川芎安全生产技术研究与推广，发展优质川药，大力发展重楼等相对紧缺品种，开展三七连作障碍治理。

建设目标：到2025年，建设道地药材生产基地670万亩以上。

7. 西北道地药材产区

区域特点：本区域大部属于温带季风气候，较为干旱，是秦药、藏药、维药主产区。包括内蒙古西部、西藏①、陕西、甘肃、青海、宁夏、新疆等省（区），中药材种植面积约占全国的30%。

主要品种：本区域优势道地药材品种主要有当归、大黄、纹党参、枸杞、银柴胡、柴胡、秦艽、红景天、胡黄连、红花、羌活、山茱萸、猪苓、独活、青皮、紫草、款冬花、甘草、黄芪、肉苁蓉、锁阳等。

主攻方向：提升当归、枸杞、党参、红花等药材品质，发展高海拔地区大黄、红景天生产，推广秦艽、胡黄连优质栽培技术，大力发展羌活人工种植，提升党参加工贮藏技术。

建设目标：到2025年，建设道地药材生产基地800万亩以上。

（三）《关于加强中医药健康服务科技创新的指导意见》

指导意见提出，到2030年，建立以预防保健、医疗、康复的全生命周期健康服务链为核心的中医药健康服务科技创新体系，完善"产学研医用"协同创新机制，中医药健康服务科技创新能力与创新驱动能力显著提升。要以中医药

---

① 《全国道地药材生产基地建设规划（2018—2025年）》将西藏产区划归"西北地区"。

学为主体，融合现代医学及其他学科的技术方法，不断完善中医药健康服务理论知识，发展中医药健康服务技术与方法，丰富中医药健康服务产品，创新中医药健康服务模式，健全中医药健康服务标准，强化中医药健康服务科技创新平台建设，提升中医健康服务能力与水平。

主要做以下工作：

1. 加强中医药健康服务理论与技术方法的研究
- 深化中医药健康服务相关理论研究。
- 推进中医治未病科技创新。
- 强化中医药防治疾病临床研究。
- 加强中医药康复技术方法研究。

2. 加强中医药健康服务相关产品研发
- 促进中药资源综合开发利用及新药研发。
- 研发中医医疗器械、辅助用具和系统。
- 创新发展中医药健康养生产品。

3. 支撑中医药健康服务模式与机制创新
- 扩大服务应用和科技成果推广。
- 探索建立多方参与的科技创新机制。
- 提升服务信息化、智能化水平。

4. 完善中医药健康服务标准
- 健全中医药健康服务标准体系。
- 推进中医药健康服务国际标准制定。

二、2018年中医药行业新闻热点

（一）进口抗癌药实施零关税，加快医保准入谈判

2018年3月20日，十三届全国人大一次会议闭幕后，国务院总理李克强在回答记者问题时提及，将进一步降低进口商品的总体税率水平，抗癌药品力争降到零税率。

4月23日，财政部官网发布了《国务院关税税则委员会关于降低药品进口关税的公告》。公告指出，自2018年5月1日起，以暂定税率方式将包括抗癌药在内的所有普通药品、具有抗癌作用的生物碱类药品及有实际进口的中成药进

口关税降为零，这次调整取消了28项药品的进口关税。

10月24日，李克强总理应邀在中国工会第十七次全国代表大会上作经济形势报告时说，目前国内每年新发癌症病例超过300万人，其中许多患者面临吃不起药的困境。2018年以来，已加大力度加快抗癌药医保准入谈判，新增了17种临床必需、疗效确切、参保人员需求迫切的抗癌药纳入医保报销目录。与平均零售价相比，谈判药品的支付标准平均降幅超过50%。

（二）单独组建国家药品监督管理局

2018年4月10日，新组建的国家药品监督管理局（以下简称"国家药监局"）挂牌，作为国务院直属机构，有利于改革市场监管体系，实行统一的市场监管，促进整合优化职能配置，破除体制机制弊端。9月10日，中共中央办公厅、国务院办公厅印发《国家药品监督管理局职能配置、内设机构和人员编制规定》，明确国家药监局履行药品（含中药、民族药）、医疗器械和化妆品安全监督管理等十余项主要职责，内设机构9个，行政事业编制216名。国家药监局贯彻落实党中央关于药品监督管理工作的方针政策和决策部署，在履行职责过程中坚持和加强党对药品监督管理工作的集中统一领导。10月起，全国各省（区、市）纷纷组建药品监督管理局，开启药品监管新征程。

（三）国家药监局发布《中药饮片质量集中整治工作方案》

为进一步加强中药饮片监督管理，提高中药饮片质量，2018年8月国家药监局印发《中药饮片质量集中整治工作方案》。方案提出，要严厉查处中药饮片违法违规行为，重点查处中药材进厂把关不严，使用掺杂使假、染色增重、霉烂变质的中药材生产中药饮片，超范围生产中药饮片等行为。坚决取缔无证生产经营中药饮片的非法窝点，严厉打击私切滥制等非法加工、变相生产中药饮片的行为，严厉打击不法分子无证经营中药饮片的行为。

其实在方案发布前，各省就已纷纷出台中药材及中药饮片质量的整治方案。

4月1日，亳州市人民政府印发《2018年亳州市药品药材综合整治行动方案》，明确要提高中药质量，重点整治中药材专业市场，加大力度整治中药材市场。

5月9日，江西省药品监督管理局发布《全省流通领域中药材中药饮片专项整治行动方案》，决定在全省范围内开展流通领域中药材中药饮片专项整治行动，要对中药饮片批发、零售经营企业重点检查。10月10日，江西省药品监督管理局制定了《江西省中药饮片质量集中整治实施方案》。

7月5日,甘肃省药品监督管理局发布《2018年第二季度中药饮片重点监管品种名单》,款冬花、柴胡、大黄等26种中药饮片被列入其中。

是日,广西壮族自治区药品监督管理局发布通知,征求《关于进一步加强中药饮片生产监督管理的通知》的意见。

7月9日,河南省药品监督管理局印发《中药饮片经营使用和禹州中药材专业市场专项检查工作方案》,从经营环节、使用环节和禹州中药材专业市场三大方面,对中药饮片重点检查,对于河南省乃至全国的中药行业,都有着重要的影响。

(四)推进仿制药一致性评价

2018年4月3日,国务院办公厅印发《关于改革完善仿制药供应保障及使用政策的意见》,提出加快推进仿制药质量和疗效一致性评价工作,推动高质量仿制药尽快进入临床使用,及时将通过一致性评价的药品纳入采购目录。各地纷纷响应,对通过一致性评价的药品进行挂网采购。

12月29日,中华人民共和国国家卫生健康委员会(以下简称"国家卫健委")官网发布《关于印发加快落实仿制药供应保障及使用政策工作方案的通知》。通知指出,2019年6月底前,发布第一批鼓励仿制的药品目录;药品集中采购优先选用通过一致性评价的品种;2018年年底前,全面落实按通用名编制药品采购目录;要将制约仿制药产业发展的支撑技术和临床必需、国内尚无仿制的药品及其制剂研发列入国家相关科技计划,进行科技攻关。

随着通过一致性评价的公司越来越多,国产仿制药的价格将逐渐下降,对整个行业而言,行业产能集中度得到提高。促进发展仿制药,有利于降低医疗支出,提高药品可及性,提升医疗服务水平。

(五)《古代经典名方目录(第一批)》发布

4月16日,国家中医药管理局会同国家药监局制定《古代经典名方目录(第一批)》(以下简称《名方目录》),并予以公布。目录涵盖了100条古代经典名方,方剂主要出自汉代至清代部分医书古籍。经典名方经长久应用,疗效得到切实保证,《名方目录》推动了经典名方简化审评审批的进程,为中药企业带来利好,促进中药产业全面升级。

(六）国家医疗保障局正式挂牌成立

2018年5月31日，国家医疗保障局（以下简称"国家医保局"）正式挂牌成立，直属国务院管理。国家医保局的组建是我国政府向服务型政府转型的标志性事件，有可能成为中国医疗改革的重大转折点和里程碑。

新组建的国家医保局不仅整合财政部、人社部、国家卫健委、民政部及国家发改委等多个部门的相关职责，同时还集中了基金支付、药品采购和价格管理三项重要权利。业内评价，其影响力足以冲击和改变目前的医疗行业监管规则，对医疗和医药市场的变革产生意义深远的影响。

（七）疫苗造假事件曝光震动全国，疫苗管理法将出台

2018年7月，长春长生生物科技有限责任公司狂犬病疫苗造假事件震动全国。10月16日，国家药监局和吉林省食药监局分别对长春长生公司做出多项行政处罚。国家药监局撤销长春长生公司狂犬病疫苗（国药准字S20120016）药品批准证明文件；撤销涉案产品生物制品批签发合格证，并处罚款1203万元。吉林省食药监局吊销其药品生产许可证；罚没款共计91亿元；对涉案的高×芳等14名直接负责的主管人员和其他直接责任人员做出依法不得从事药品生产经营活动的行政处罚。涉嫌犯罪的，由司法机关依法追究刑事责任。

党中央、国务院高度重视疫苗质量安全。事件发生后，相关法律法规进一步完善，对疫苗管理单独立法，要求加快完善疫苗药品监管长效机制。

9月20日，习近平主持召开中央全面深化改革委员会第四次会议，会议审议通过《关于改革和完善疫苗管理体制的意见》。

12月23日，《疫苗管理法草案》首次提请十三届全国人大常委会第七次会议审议，这是我国首次就疫苗管理立法。草案就疫苗管理单独立法，突出疫苗管理特点，强化疫苗的风险管理、全程控制、严格监管和社会共治，切实保证疫苗安全、有效和规范接种。疫苗管理单独立法，有利于进一步提高疫苗管理措施的权威性和稳定性。

（八）中药材商品规格等级进入质量等级评价新时代

2018年7月20日，中国中药协会发布《西红花质量等级》团体标准（T/CATCM 002—2018），于2018年10月20日实施。据悉，这是第一个以"质量等

级"区分药材"商品规格"的标准。对于中药行业的标准制定和产业的良性健康发展具有重要意义和深远的影响。

《西红花质量等级》团体标准的建立起到标杆性的作用，给优质中药提供了标准上的保护，有利于杜绝假冒伪劣商品对优质中药的冲击，减少劣币驱逐良币现象的发生，为实现中药商品的优质优价和中药产业的健康发展提供支撑。

（九）《4+7城市药品集中采购文件》发布

2018年11月15日，经国家医保局同意，《4+7城市药品集中采购文件》于上海阳光医药采购网正式发布，标志着全国性药品集中采购正式启动。此次试点的地区为北京、天津、上海、重庆和沈阳、大连、厦门、广州、深圳、成都、西安11个城市（以下简称"4+7城市"）。

12月7日，4+7城市药品集中采购拟中选结果正式公示，31个试点通用名药品有25个集中采购拟中选，成功率81%，在11个城市的总体采购额约18.95亿元。其中：通过一致性评价的仿制药22个，占88%；原研药3个，占12%，仿制药替代效应显现。此次结果的公示，标志着此项工作正式进入实施阶段。

带量采购设计思路体现出以下几点：节省医保基金，在保障药品质量的同时大幅降低药价，促进仿制药替代原研，通过降药价和保用量，大幅降低药企销售成本，减少药代人数。这次集中采购的降价幅度超出了市场预期，引起了医药圈的巨大反响，将对医药行业特别是仿制药未来的行业格局造成深远的影响。

在带量采购政策的高压之下，"4+7"试点城市的25个试点品种带量采购大幅降价，已有全国联动趋势，势必影响医药行业的估值，特别是压制仿制药企业的估值。

（十）全国首个辅助用药目录将出台

2018年12月12日，国家卫健委发布《关于做好辅助用药临床应用管理有关工作的通知》，将制定辅助用药目录，明确辅助用药范围，加强临床辅助用药监管。各省级卫生健康行政部门应于2018年12月31日前，将汇总的辅助用药目录报送国家卫健委。

国家卫健委提出加强辅助用药遴选、采购、处方、调剂、临床应用、监测、评价等各环节的全程管理，有利于行业的健康发展。国家制订辅助用药目录是为了更好地加以引导和管理，有些非临床必需的辅助用药市场必定不断萎缩，而那些临床必需的辅助用药仍会健康发展。在这种情况下，企业需要加强产品线的管理和产品的筛选工作，挑选出适合国家医改政策发展和适合企业发展战略的产品进行重点培育。

第二节 宏观经济环境

一、国内生产总值

国家统计局发布的数据显示，2018年全年的国内生产总值（GDP）达到900 309亿元，首次突破90万亿元大关，按可比价格计算，同比增长6.6%，实现了6.5%左右的预期发展目标。第一季度同比增长6.8%，第二季度同比增长6.7%，第三季度同比增长6.5%，第四季度同比增长6.4%。

分产业看，第一产业增加值64 734亿元，同比增长3.5%；第二产业增加值366 001亿元，同比增长5.8%；第三产业增加值469 575亿元，同比增长7.6%。

二、外贸形势

根据中国海关总署发布的进出口贸易数据，2018年我国货物贸易进出口总额305 050亿元人民币，比上年增长9.7%，贸易总量首次超过30万亿元，创历史新高；其中出口164 177亿元，增长7.1%；进口140 874亿元，增长12.9%；顺差23 303亿元，比上年收窄18.3%。海关总署新闻发言人李魁文表示，2019年，预计我国外贸发展有望稳中提质，质量和效益将进一步提高。

我国与主要贸易伙伴进出口均实现增长，对欧盟、美国、东盟和日本等主要市场进出口均增长，对"一带一路"沿线国家进出口增势较好。我国对欧盟、美国和东盟进出口分别增长7.9%、5.7%、11.2%，三者合计占我国进出口总值的41.2%。与"一带一路"沿线国家进出口增势良好，合计进出口8.37万亿元，增长13.3%，高出货物进出口总额增速3.6个百分点，反映出我国与"一带一路"沿线国家的贸易合作潜力正在持续释放，成为拉动我国外贸发展的新动力。

三、固定资产投资

2018年1—12月，全国完成固定资产投资（不含农户）635 636亿元，同比增长5.9%，连续四个月呈回升态势。基础设施投资增速企稳，制造业、民间投资保持较快增长，其中民间投资394 051亿元，同比增长8.7%，增速比上年提高2.7个百分点。2018年以来一直保持在8%以上的较快速度，主要原因是随着国家放开市场准入、推动产权保护等措施逐步落实，以及出台了多项减税降费措施，如下调增值税率、提高出口退税率等，各地也相继出台多项降成本措施，并且紧抓政策落实，陆续出台支持本地区民营经济发展的措施，有效提振了民营企业的投资信心。

从区域看，2018年1—12月东部地区投资比上年增长5.7%，增速回落0.1个百分点；中部地区投资比上年增长10%，增速持平；西部地区投资增长4.7%，增速提高0.8个百分点；东北地区投资增长1%，增速提高0.3个百分点。

四、社会消费品零售总额

2018年1—12月，社会消费品零售总额380 987亿元，同比增长9.0%。其中，限额以上单位消费品零售额145 311亿元，增长5.7%。在限额以上单位15个商品零售类值中，8类商品类值增速提高，特别是吃、穿、用等基本生活类和文体娱乐类商品增速明显提高。

按消费类型分，2018年1—12月商品零售338 271亿元，增长8.9%。其中，中西药品类零售额为5 593亿元，同比增长9.4%。

五、全国居民消费价格

2019年1月，全国居民消费价格同比上涨1.7%。其中，城市上涨1.8%，农村上涨1.7%；食品价格上涨1.9%，非食品价格上涨1.7%；消费品价格上涨1.3%，服务价格上涨2.4%。

在八大类别中，医疗保健价格同比上涨2.7%，环比上涨0.4%。其中，中药、西药、医疗服务价格同比分别上涨6.2%、5.3%、1.5%，环比分别上涨0.4%、0.3%、1.5%。

2018年全年，全国居民消费价格上涨2.1%。其中，城市上涨2.1%，农村上涨2.1%；食品价格上涨1.8%，非食品价格上涨2.2%；消费品价格上涨1.9%，服务价格上涨2.5%。

在八大类别中，医疗保健价格上涨4.3%。其中，中药、西药和医疗服务价格分别上涨5.6%、5.2%和4.3%。

据了解，2018年大多数中成药涨价，云南白药、昆明中药厂、东阿阿胶、佛慈制药、马应龙、吉林敖东、片仔癀等企业均发布其拳头产品涨价的公告。大部分中药材反而出现滞销，价格下跌。相关中药厂负责人透露，其主要原因是2018年国家中医药等政策的收严，行业标准相比更严格，加上中药工艺核查、提取物备案制等政策的出台落实，企业生产成本增加，而且人工、包装材料、生产硬件等成本也明显上涨。

第三节　中药材产业链情况

一、上游种植养殖情况

（一）各省中药材种植规划

在2015年、2016年、2017年的《康美·中国中药材价格指数报告》中整理了部分省（市）官方公布的中药材种植情况。2018年报告继续更新各大药材生产省（市）的最新官方数据，但只涉及有信息更新的省（市），若想了解其他省（市）的情况可查看往年的《康美·中国中药材价格指数报告》。

部分省（市）只提及中药材产业的发展规划，未说明当前情况，但是从规划上也能看出当前的发展状况。以下为本书收集的各省（自治区、市）官方公告的内容摘录。

甘肃：计划到 2020 年，力争全省中药材标准化种植率达到 40%，深加工转化率达到 50%（其中精深加工率达到 20%）。建设当归、党参、黄芪、大黄、甘草、板蓝根、柴胡、红芪、枸杞、半夏等 11 个道地药材标准化示范基地，实现大宗道地药材标准化种植面积达到 200 万亩以上。其中，当归、党参、黄芪、大黄、甘草和板蓝根的种植面积均达到 10 万亩以上，柴胡、红芪、黄芩、半夏的种植面积均达到 5 万亩以上。建设羌活、淫羊藿、甘草、岷贝、贯众、秦艽、锁阳、肉苁蓉等 8 个甘肃特色品种野生药材抚育、繁育研究及产业化种植基地。2018 年，实施道地药材标准化示范基地建设项目 17 项，总投资 80.4 亿元，中药材种植面积达到 440 万亩，大宗道地药材标准化生产面积达到 160 万亩。

云南：云南省中药材资源有 6559 种，占全国 51.2%，资源和品种居全国第一。2017 年种植面积达 747 万亩，种植规模居全国第一。计划到 2020 年，全省中药材种植面积稳定在 800 万亩左右，产量 100 万吨左右，实现中药材产业千亿元目标，为三年后的大发展奠定坚实基础。围绕三七、重楼、石斛、天麻、灯盏花等中药材大品种，以黄精、滇龙胆、当归、砂仁、草果等中药材骨干品种为重点，开展药用植物新品种繁育与良种繁育，建设道地药材和特色药材良种标准化繁育基地。根据主要药材品种分布特征，分为五大产业区（表 1-1）。

表 1-1　2020 年云南省中药材产业基地重点（自治）县（市、区）

产业区	产业重点（自治）县（县级市、区）	主要药材品种	面积/万亩
滇东北天麻等药材区	彝良、盐津、大关	天麻、半夏、黄精、白及、滇重楼等	50
滇西北高山药材区	玉龙、永胜、古城、宁蒗、华坪、维西、德钦、香格里拉、兰坪、泸水	滇重楼、云木香、当归、秦艽、续断、金铁锁、草乌、附子、草果等	200
滇东南三七等药材区	文山、砚山、富宁、马关、屏边、绿春、金平、红河	三七、草果、八角、草乌、滇重楼、南板蓝根、石斛、滇龙胆、黄精、白及、砂仁等	150

续表

产业区	产业重点（自治）县（县级市、区）	主要药材品种	面积/万亩
滇中民族药特色药材区	泸西、沾益、师宗、罗平、宣威、麒麟、禄劝、寻甸、武定、双柏、大姚、新平、元江、弥渡、巍山、永平、云龙、剑川、宾川、南涧、陆良	三七、灯盏花、滇龙胆、姜、美洲大蠊、当归、草乌、附子、半夏、红花、丹参、滇重楼、黄精、白及、云木香、续断、薏苡仁等	200
滇南及滇西南南药特色药材区	云县、永德、临翔、双江、思茅、江城、孟连、景谷、景洪、勐海、芒市、瑞丽、龙陵、隆阳、腾冲、施甸	石斛、滇龙胆、砂仁、草果、滇重楼、茯苓、黄精、白及、续断、美洲大蠊、水蛭等	200
合计			800

山西：立足发展以山西省大品种中药材和药食同用中药材（沙棘、红枣、核桃、黄芪、党参、远志、酸枣仁、山茱萸、蒲公英、翅果、油用牡丹、桑叶、桑椹、桃仁、桃花、醋、小杂粮、胡麻、胡芦巴、覆盆子、黄梨、山楂、连翘、杏仁、花粉、黄精、玫瑰花、丁香、生地、杜仲、文冠果、双季槐、皂角、菌类等）、食用油（含药食同用中药材挥发油类）等农林业资源为原料的功能食品产业。

陕西：计划到 2030 年，中药材种植面积达到 1000 万亩，中药产业产值达到 1000 亿元。围绕延胡索、丹参、黄精、猪苓、连翘、附子、黄芪、酸枣仁、林麝、全蝎等秦地优势道地药材，打造一批 10 万亩以上的大产业基地。加强珍稀濒危野生药用动植物保护、繁育研究，建立 3 个濒危药用动植物自然保护区、10 种濒危稀缺中药材培育基地和 3 个全国林麝养殖示范基地。

河北：计划到 2020 年，中药材种植面积达到 300 万亩，中药工业总产值达到 500 亿元、占医药工业总产值 30% 以上，安国中药都中药材年交易额达 500 亿元。实施太行山、燕山重点区域野生中药材资源保护工程，完善中药材资源分级保护、野生中药材物种分级保护制度，建立濒危野生药用动植物保护区。加强中药材优良品种选育繁育研究，建设好安国、滦平、涉县中药材种子种苗繁育基地。

四川：拥有药材资源 5000 余种，其中附子、川芎、麦冬、白芷、川贝母、姜黄、天麻等道地药材49种，道地和大宗药材品种数量居全国之首。2015年人工种植中药材面积约368万亩（含"三木"药材），主要分布在成都、巴中、乐山、广元、绵阳、德阳、达州、南充等地区。到2020年，中药材种植（养殖）业产值年均增长16%，达200亿元；中药工业及健康衍生品生产制造业主营业务收入年均增长24%，达1800亿元，跃居全国第二；中医药健康服务业收入年均增长14%，达1000亿元。成德绵经济带重点发展川芎、麦冬、附子等，川南经济区重点发展姜黄、栀子、花椒等，川东北经济区重点发展天麻、乌梅、川明参等，川西北生态经济区重点发展川贝母、冬虫夏草等，攀西经济区重点发展茯苓、芦荟、木姜子等。

河南：计划到2020年，中药材保护与发展体系基本建成，种植面积达到500万亩。重点针对连翘、柴胡、密二花等10种中药材，加强野生抚育引导。重点建设"四大怀药"、山茱萸、连翘、杜仲、金银花、丹参、冬凌草、红花、山楂、柴胡等道地大宗中药材生产基地。

湖北：计划到2022年，全省中药工业主营业务收入达到1000亿元，培育1个产值过50亿元、3个产值过30亿元的特色中医药园区和产业集群、一批产值过10亿元的龙头和重点骨干企业。重点开展蕲春蕲艾和夏枯草、英山苍术、潜江半夏、利川黄连、罗田茯苓和白及、夷陵天麻、通城黄精、巴东玄参、恩施厚朴、神农架珠子参、竹节参、金钗等种子种苗基地建设。推进骨干品种的合理布局，在恩施、十堰等地建设黄连种植基地20万亩；以罗田、英山为主建设茯苓种植基地5万亩；以麻城为主建设菊花种植基地8万亩；在蕲春、大悟等地建设艾叶种植基地20万亩；在罗田、英山等地建设苍术种植基地8万亩；以沙洋、潜江、天门为主建设半夏种植基地5万亩；以房县为主建设虎杖种植基地7万亩。集中在荆门、武穴、潜江等地发展规模化养殖，力争2022年，养殖规模达梅花鹿5000头、蜈蚣15万条、蛇68万条、黑斑蛙3000万千克。

湖南：计划到2020年，中药材种植面积达到600万亩，中药工业总产值达到700亿元，占医药工业总产值30%以上。在《湖南省中药材保护和发展规划（2016—2025年）》中，大力支持发展林木及林下药材抚育。一是建设林木中药材仿野生种植基地，支持建设5个特色林木药材仿野生种植基地，每个达1万亩；支持建设吴茱萸、龙脑樟、厚朴、杜仲、黄柏、桑、青钱柳、银杏等20个标准化基地，每个不少于1000亩。二是拓展林下药材经济，重点扶持发展重楼、金线莲等5个珍稀中药材林下仿野生种植基地项目，单个品种基地面积2000亩以上；扶持发展白及、黄精、重楼、铁皮石斛等10个喜阴中药材林下标准化种植基地，单个品种面积达1000亩以上。三是发展菌类中药材，重点扶持发展茯苓等5个资源型或珍稀菌类林下仿野生种植基地，单个品种面积达1000亩以上；大力支持猴头菇菌丝体、灵芝等实现工厂化生产，单个品种面积达100亩以上。

内蒙古：计划到2020年，蒙药材中药材种植养殖产量年均增长10%；蒙中药生产企业使用产地固定的蒙药材中药材原料比例达到50%，列入国家百强蒙中药生产企业主要蒙药材中药材原料基地化率达到60%。

广东：到2020年，岭南中药材种植面积达到150万亩，其中规范化种植面积达到80万亩。重点发展20种左右常用大宗岭南中药材、濒危珍稀药材和海洋资源药材，择优鼓励发展15～20种道地特色中药材。建立5～10个岭南中药材规范化产业化基地，建立20～30个岭南中药材种子种苗繁育基地，总面积达到2万亩以上，发展保护海洋（海岛）中药资源，建设2～3个海洋中药资源养殖场地。加强大宗岭南中药材生产示范基地建设（阳春砂仁、高良姜、广藿香、穿心莲、溪黄草、巴戟天、益智仁、鸡血藤、岗梅、两面针、仙人草、九里香、广金钱草、肉桂、山银花、青蒿、草珊瑚、何首乌、天然冰片等），建设濒危稀缺岭南中药材种植养殖基地（铁皮石斛、沉香、降香、檀香、化橘红、牛大力、牛樟芝、金毛狗脊、广地龙、红豆杉、金线莲、两面针、毛冬青、独脚金等）。

新疆：到2020年，建成5～10个中药民族药药材规范化种植基地，实现人工种植的中药民族药药材品种达到10～20个。引种培育天山堇菜、岩白菜、新疆紫草、新疆阿魏、阜康阿魏、多伞阿魏、雪莲等品种，提高引种种植技术和补助标准，保证种植药材的质量和产量。适度扩大自治区大宗药材、道地药材的人工规范化种植范围和规模，如新疆甘草、红花、枸杞、伊贝母、肉苁蓉、罗布麻、雪菊、天山雪莲、香青兰、一枝蒿、藁本、柴胡、紫草、赤芍、地锦草、菊苣等药材。

福建：有太子参、建泽泻等20多种道地及具有优势特色的中药材。到2020年，常用中药材生产稳步发展，种植养殖中药材产量年均增长12%，中药材质量监督抽检覆盖率达到100%。实施太子参、泽泻、重楼等国家中药品种标准化研究项目，打造闽产药材"福九味"品牌。

辽宁：拥有最具特色和道地性的辽药六宝：人参、鹿茸、辽五味、辽细辛、哈蟆油、关龙胆。到2020年，常用中药材种植养殖产量较"十二五"末期增长10%。重点针对人参等资源紧缺、濒危野生中药材，建设3～5种中药材野生抚育、野生变种植养殖基地。结合国家林下经济示范基地建设、防沙治沙工程、天然林保护工程等，鼓励野生抚育和利用山地、林地、荒地建设苦参、关黄柏等中药材生态基地。在适宜产区开展人参、鹿茸等5种以上辽宁省道地药材标准化、规模化、产业化种子种苗（种源）繁育，从源头保证优质中药材生产。

海南：到2020年，建设砂仁、益智、石斛、金钱草等林下南药种植基地5～10个，加快沉香、降香、龙血竭和檀香等珍稀濒危南药资源可持续产业化进程，对胆木、莪术、裸花紫珠等中药材实现规模化、规范化种植，进一步提升槟榔规范化种植水平。

黑龙江：到2020年末，实现中药种植、研发、加工、销售等全产业链发展，全省中药材种植和抚育面积达到150万亩，建成全省中药材交易中心和中医药产业园。全省医药工业实现主营业务收入560亿元，年均增长10%以上，增加值180亿元。在大小兴安岭山区、东南部山区和两大平原积极发展北药种植，选择有条件的县（市）、林区探索"公司+合作社""公司+基地+农户"等模式，打造6个特色优质中药材产业区及一批优质道地中药材品种生产基地，扶持10～15个中药材种植（养殖）龙头企业。

吉林：2020年全省中药材产业（种植养殖及初加工）实现产值1000亿元，加强人参、梅花鹿、五味子等精深加工与转化增值，建立大宗、道地和濒危药材种苗繁育基地，提供中药材市场动态监测信息，促进中药材种植、养殖业的绿色发展。

西藏：到2025年，规范化种植基地面积达到3万亩以上，建立3～5个野生藏药材保护区，扶持基地项目8～10个。重点支持大花红景天、藏木香、药用大黄、桃儿七、独一味、喜马拉雅紫茉莉、大苞雪莲花、铁棒锤、波棱瓜子、矮紫堇、榜嘎、悬钩木、草红花、姜黄、藏獐牙菜、白花秦艽、野牛心、秃鹫、紫草茸、紫胶虫、甘青青兰、小叶莲、黄蜀葵花、冬葵果等大宗常用中（藏）药材和名贵濒危野生中（藏）药材的繁育、栽培、种植、推广。重点对冬虫夏草、红景天、藏天麻等名贵濒危藏药材开展系统性调查，建立藏药种质资源保护体系。

（二）中药材产业扶贫

2017年8月，农业部与国家中医药管理局、国务院扶贫办、工业和信息化部、中国农业发展银行联合发布《关于印发中药材产业扶贫行动计划（2017—

2020年)的通知》,提出要凝聚多方力量,充分发挥中药材产业优势,共同推进精准脱贫。到2020年,贫困地区自我发展能力和脱贫造血功能持续增强,实现百万贫困户稳定增收脱贫。

行动的重点任务是打造一批药材基地,形成产业精准扶贫新格局;培育一批经营主体,提升产业精准扶贫成效;发展一批健康产业,推动扶贫效果有效增值;搭建一批服务平台,支撑扶贫产业可持续发展。

以下省(自治区、市)也出台了对应的中药材产业扶贫计划。

贵州:2017年9月5日,贵州省委、省政府制定并发布《贵州省发展中药材产业助推脱贫攻坚三年行动方案(2017—2019年)》。重点布局五大种植区,主要在51个县开展中药材种植,重点培育18个生产周期短、见效快、市场竞争力强、生态效益好的优势品种。

甘肃:2018年1月26日,甘肃省农牧厅、发改委发布了《甘肃省中药材产业精准扶贫三年行动工作方案》。计划到2018年,贫困县中药材种植面积稳定在340万亩左右,其中标准化生产基地总面积达到100万亩。到2020年,贫困县中药材种植面积保持稳定,标准化生产基地总面积达到140万亩,道地药材良种普及率达到50%以上,种子种苗集中繁育供应比例达到40%以上。中药材静态仓储能力达到100万吨,年交易量达到150万吨,初加工能力提高到50%以上,产品档次有明显提升。力争中药材产业对贫困人口人均新增纯收入达到35元,三年合计新增纯收入贡献85元。

山西:2018年10月24日,山西省农业厅发布《山西省特色农业扶贫三年攻坚行动方案(2018—2020年)》,指出以长治上党中药材中国特色农产品优势区为载体,推动平顺、壶关等贫困县发展中药材产业,打造中药材现代化产业基地。以中药材标准化生产基地建设为核心,进一步优化太行山、太岳山、恒山、晋南边山丘陵区等四大道地中药材种植基地。在贫困人口集中地区建立连翘、黄芪、黄芩、柴胡、远志等道地中药材规范化生产基地20万亩。规范中药材加工技术,提高产地初加工水平,重点打造恒山黄芪、潞党参、太行连翘、晋南黄芩、峨嵋岭远志等区域知名品牌。

河南:2018年8月27日,河南省农业厅发布《河南省农业产业扶贫三年行动计划(2018—2020年)》,发挥贫困地区中药材资源优势,到2020年,中药材种植面积达到200万亩。支持卢氏连翘、嵩县柴胡/皂刺、淅川金银花、台前芍药、渑池丹参、光山苍术、封丘金银花、桐柏桔梗、确山夏枯草、南召白及、商城桔梗、虞城玫瑰、息县半夏、柘城首乌、濮阳红花、淮滨猫爪草、宜阳艾草、洛宁连翘、社旗菊花/艾草、南召山茱萸/杜仲的发展。支持温县"四大怀药"、禹州"禹十味"、桐柏"宛八味"等传统知名度高、历史文化影响力大的中药材产区入选国家或省级特色农产品优势区。

二、中游工业生产发展情况

中成药是以中草药为原料，经制剂加工制成各种不同剂型的中药制品，包括丸、散、膏、丹各种剂型。

近两年，国家统计局、工信部等部门没有发布中成药制造、中药饮片生产行业营收规模及增长数据，但有发布中成药产量的数据。从中成药的产量变化，也可以了解到中药材中游（工业）的运行状况。

根据国家统计局发布的数据显示，2014—2017年我国中成药累计产量基本保持着300万～400万吨，其中2017年我国中成药累计产量为364.6万吨，累计增长1.81%。

2018年我国中成药累计产量达到261.9万吨，累计同比下滑7.7%。下滑的主要原因：一是在全国各地加强环保治理的情况下，环保治理不达标的原料药生产企业停产或关闭，造成原材料紧缺而无法生产；二是原材料质量监管趋严，生产可选择的原料减少；三是中成药监管加严，例如保健品广告受到严管。2018年全国中成药产量及增长情况如图1-1所示。

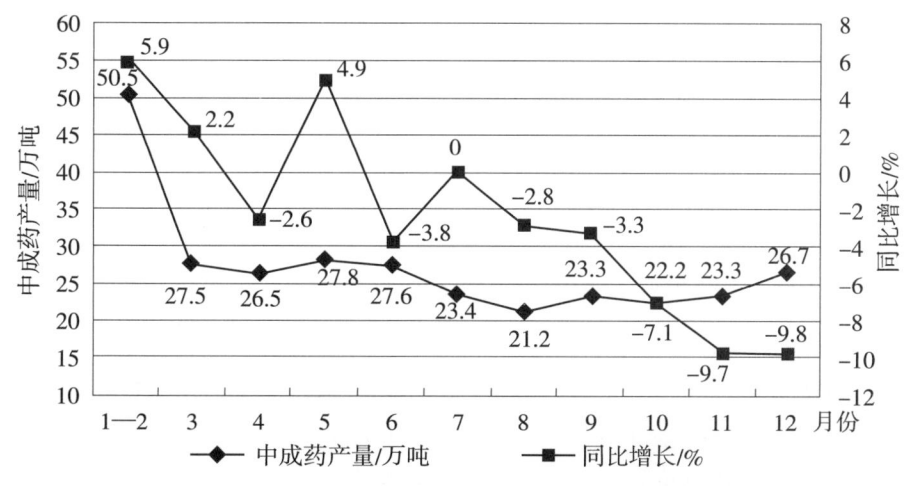

图1-1　2018年1—12月全国中成药产量及增长情况

三、下游出口及消费情况

(一) 中药材及中式成药出口情况

根据海关总署公布的2018年中药材及中式成药出口结构数据统计（图1-2），2018年1—12月中药材及中式成药出口累计达到128 400吨，比上年下降17.6%，出口金额727 338万元人民币，比去年下跌11.8%。其中，植物性药材出口量约116 625吨，占中药材及中式成药出口总量的90.83%，出口金额为535 855万元人民币，占出口总额的73.67%；动物性药材出口量为184吨，出口金额18 066万元人民币；矿物性药材出口量为326吨，出口金额595万元人民币；中式成药出口量为11 265吨，出口金额172 822万元人民币。

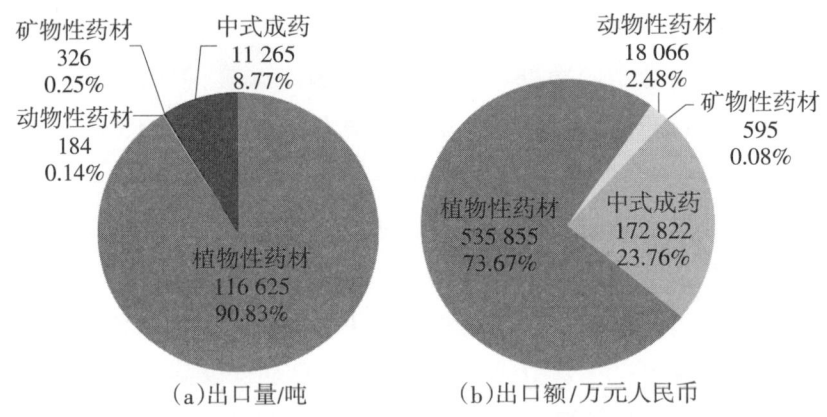

图1-2 2018年中药材及中式成药出口结构

从出口数据看，2018年我国中药材及中式成药出口整体呈现下滑态势，尤其是从各个月的同比增幅上看（图1-3），中药材及中式成药出口市场基本处于负增长。1月中药材及中式成药出口量同比下滑7.3%，2、3月骤然连续下降，3月下降至-26.4%，到4月春夏之交大幅度回升至1.1%，5月又下跌为-13.2%，6月、7月、8月、9月同比分别下跌24.9%、17.1%、14.2%、10.8%，10月至11月下跌幅度增大，跌幅分布达到29.3%、24.2%，12月出口量比11月略增94吨，但比上年同期下降28.2%。以上数据从侧面反映出2018年我国中药材及中式成药出口市场低迷，出口低附加值的中药材原材料受到各方面的打击，同时也折射出传统中药养生讲究原料的道地性，以及建立完善的中药质量标准体系的重要性，中医药的国际化发展之路任重道远。

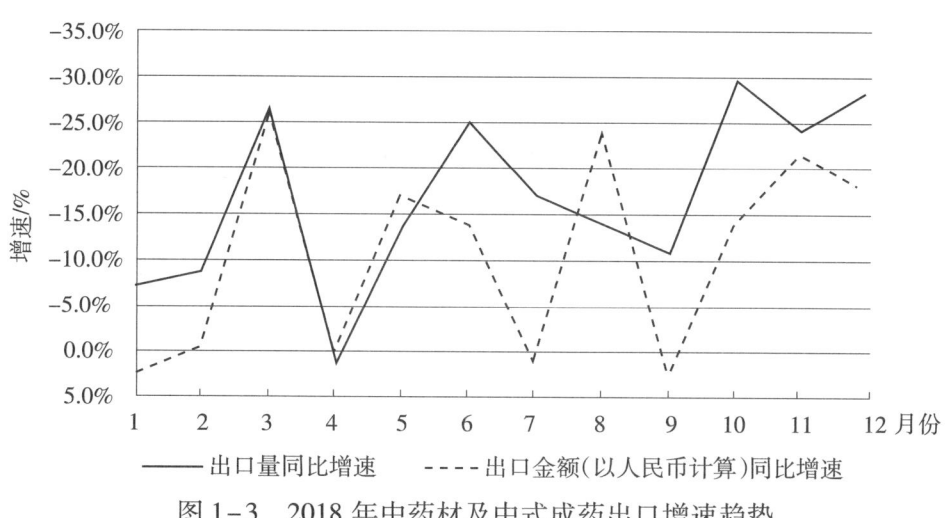

图1-3 2018年中药材及中式成药出口增速趋势

（二）全国医疗服务及费用情况

根据国家卫生健康委员会数据统计，2018年1—11月，全国医疗卫生机构总诊疗人次达75.3亿，同比提高3.2%。其中，医院总诊疗人次占42.90%，诊疗人次达到32.3亿，同比增长5.3%；基层医疗卫生机构占比53.39%，为40.2亿人次，同比增长1.5%；其他机构2.8亿人次，占3.71%，同比增长3.5%。诊疗人次在逐年递增，说明随着医改政策的逐步实施，我国医疗卫生服务水平日益提高。2018年全国医疗诊疗人次分布特点如图1-4所示。

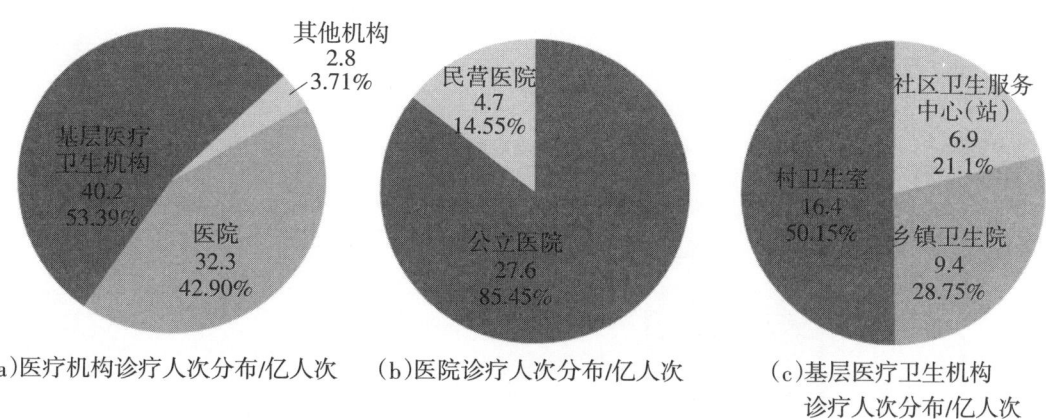

图1-4 2018年全国医疗诊疗人次分布特点

如图1-5所示，2018年1—11月，全国三级公立医院次均门诊费用为319.2元，与2017年同期比较,按当年价格上涨4.9%,按可比价格上涨2.8%;二级公立医院次均门诊费用为203.9元,按当年价格同比上涨3.1%,按可比价格上涨0.9%。

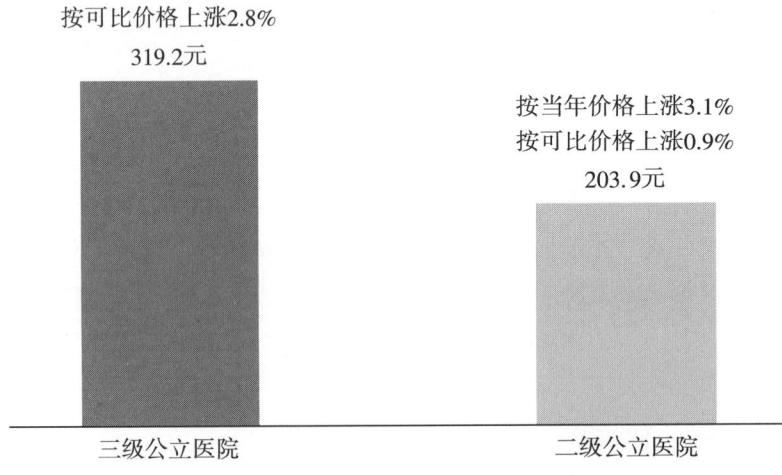

图1-5　2018年1—11月全国公立医院次均门诊费用情况

如图1-6所示,2018年1—11月,全国三级公立医院人均住院费用为13 378.2元,与2017年同期比较,按当年价格上涨1.9%,按可比价格下降0.2%;二级公立医院人均住院费用为6057.1元,按当年价格同比上涨3.4%,按可比价格上涨1.3%。

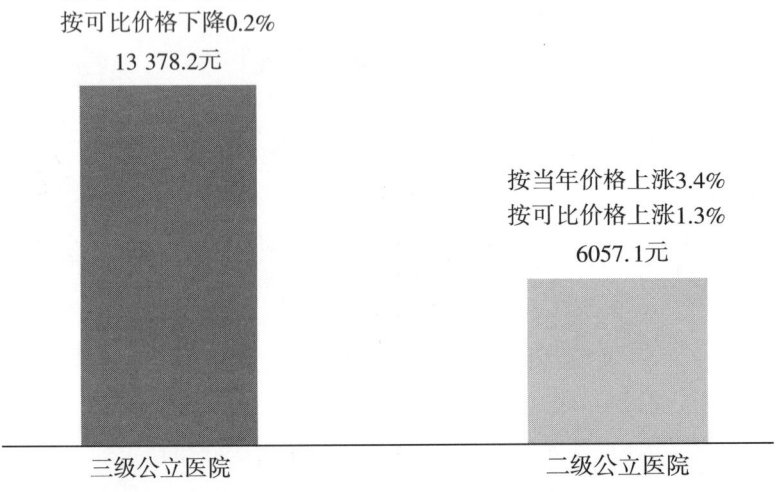

图1-6　2018年1—11月全国公立医院人均住院费用情况

(三)药品流通行业情况

2018年6月21日,中华人民共和国商务部发布的《2017年药品流通行业运行统计分析报告》显示,2017年全国药品流通市场销售规模稳步增长,增速略有回落。全国七大类医药商品销售总额20 016亿元,扣除不可比因素同比增长8.4%,增速同比下降2个百分点。其中,药品零售市场4003亿元,扣除不可比因素同比增长9.0%,增速同比下降0.5个百分点。

按2017年全行业销售品类结构(图1-7)来看,西药类销售居主导地位,销售额占七大类医药商品销售总额的73.2%,其次为中成药类占15.0%,中药材类占3.1%,医疗器材类占4.7%,化学试剂类占1.2%,玻璃仪器类占0.1%,其他类占2.7%。中成药及中药材类合并占比约18.1%,即约3623亿元,相较2016年微增。

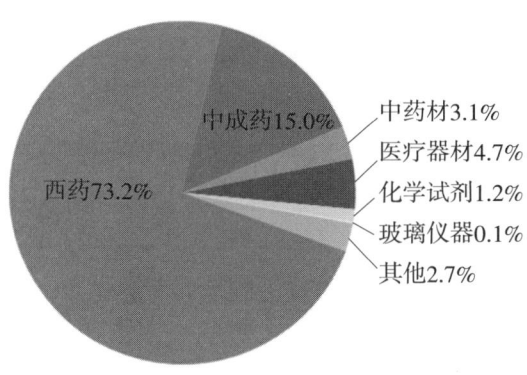

图1-7 2017年全行业销售品类结构

第二章

2018年中药材价格指数分析

第一节 总指数分析

一、中药材市场基本情况

2018年，中药材市场上半年行情稳中有震荡，但从下半年开始，行情逐渐疲软，进入第三季度，市场没有按照预期回暖升温，而是持续低迷到2018年结束。从宏观环境、行业环境、外在因素等方面来看，2018年中药材市场主要有以下特点。

（一）市场环境仍需改善

2018年，中药材市场经历了2017年的大力度抽查和飞行检查，中药材质量问题已得到控制，市场秩序有所规范，但2018年中药材市场仍然有问题显露。

1. 高监管下问题仍然频发

2018年，在原国家食药监总局的通知中，点名河南禹州、安徽亳州、河北安国、湖南廉桥、四川荷花池等多个中药材专业市场存在以次充好、染色增重、掺假使假等问题。而对这些屡禁不止的违法行为，业内人士认为，治乱应用重典，现在的监管处罚力度依旧太轻，无法遏制药材问题的频发。

2. 原料垄断，产业链待完善

2018年8月30日晚，央视财经频道《经济信息联播》栏目播出的《失控的原料药》，聚焦药品原材料价格的上涨及其原因。2018年以来，原料药物价格频频上涨，涨幅普遍达到两三倍。原料作为药品供应链中的重要一环，用于生产各类制剂的原料药物的价格波动，会直接影响到终端药品的生产和供应，最终影响的将会是广大消费者群体。面对原料的垄断，这就需要卫生部门和医保部门对异常的市场价格保持高度敏感，要有应对的技巧和方法，找出利益之间的平衡点，抑制原料的上涨，完善产业链。

3. 政策指引，药材种植需有度

中药材行业属农业范畴，其种植人群以广大农民为主，有时候他们在信息传递方面有所欠缺，对于品种行情的大局观不足，一旦大规模跟种，最终就会导致种植户利益受损。例如，白及品种在2010年后，行情持续高涨，从而导致一大批种植户跟种。但从2017年开始，供大于求的迹象开始显露，行情出现下滑。到2018年，生产已严重过剩，最终导致种植户自身利益严重受损。这主要是因为药材的种植缺乏合理规划引导，种植户因缺乏种植资讯而盲目跟种，也缺少去引导种植户种什么、怎么种、种多少的政策。

（二）工价趋升，药材成本价上升

中药材品种大部分是野生的，其中大部分品种是处于山林中的，山高林密路崎岖，有时候需要半天路程才能到药材采挖区。而农村的大部分年轻劳动力都外出打工，只剩留守的老人，这为采挖药材增添了不少难度，加上物价上涨，这些都直接导致了劳动工价的上涨，从而增加了药材的成本。

（三）气候灾害，药材生长受影响

中国绝大多数地区属于季风气候区，冬夏气温相差很大，冬季气温偏低，夏季气温明显偏高，降水集中于夏季。而许多药材生长都极易受到气候因素的影响，例如：2018年3—4月的倒春寒，连翘、桃仁、苦杏仁等一大批品种在生长期间受到影响，都出现了不同程度的减产，直接导致后市行情发生了较大波动。

（四）资本介入，行情易发生波动

中药材部分品种的行情极易受到资本介入，通过对货源进行控制，从而让价格疯狂地上涨，待价格上涨到一定高位时，介入商家一旦抛售货源，行情马上就会遭遇跳崖式的滑落。如近年来的山茱萸、木香等品种都曾被资本商家炒作，从中获得了较大利益，因而资本介入是影响药材价格的一个重要外在因素。

（五）汇率波动，进口药材行情上涨

2018年4月3日，美国对中国发起"贸易战"，对中国商品加征关税，中国随即采取应对措施，这直接导致贸易失衡。随着中美贸易摩擦不断升级，2018年人民币对美元一度贬值11%，至年底有所好转，累计贬值5%。人民币汇率的降低，在一定程度上会有利于我国商品的出口，减少进口。而2018年部分进口

药材品种也受到汇率的影响，价格出现了波动上涨，如黑芝麻品种。

（六）文明建设，环保治理趋紧

"十三五"规划明确提出要发展绿色环保产业，大力推进生态文明建设。2018年对于药企来说，明显感觉到环保治理的压力。一些制药企业因污染物排放不达标，或未达到排污许可管理要求，面临停业整顿，一些规模较小、经济能力有限的生产厂家，可能会因没有完成环保改造任务而直接被停产。

二、总指数走势分析

（一）总指数情况

2018年药市行情总体不容乐观，总指数震荡下滑。2018年12月31日，康美·中国中药材价格指数报于1220.59点，与2017年同期相比下滑了3.55%，指数值较2016年同期还低6.56点，这也是连续两年上涨后，首次下滑（图2-1）。

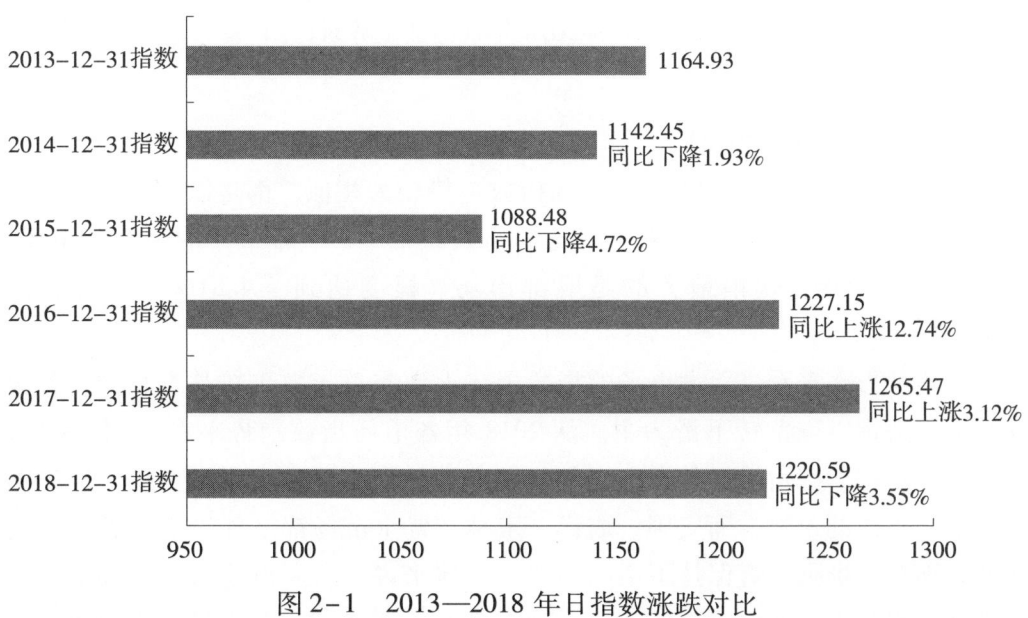

图2-1　2013—2018年日指数涨跌对比

从2015—2018年日指数的走势对比来看（图2-2），2018年的指数走势与2015年的走势较为相似，与2017年及2016年相差较大。总指数在经历2016—2017年良好表现后，在2018年迎来了下滑，主要是因为2018年药市整体行情不太乐观，大量中药材品种持续下滑，一再拉动总指数下滑。2018年7月25日前总指数走势缓慢、小幅下滑，而后指数明显加快下滑速度，下滑态势持续至年底，使得总指数下跌不少。

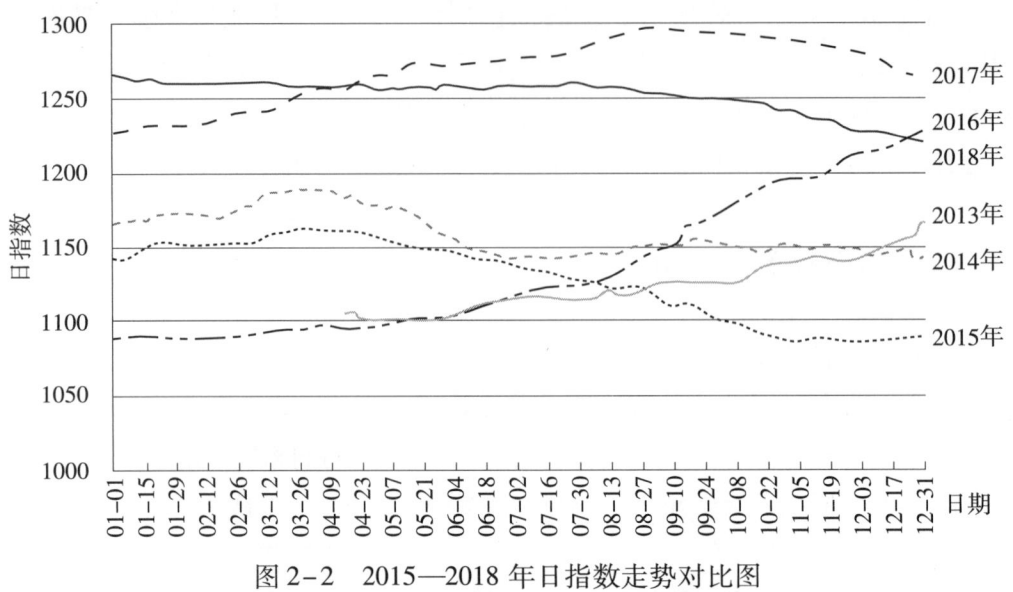

图2-2　2015—2018年日指数走势对比图

（二）分市场指数情况

从不同市场来看，2018年各市场指数走势较为相似，都是以下滑为主，并无指数上涨的市场。2018年六大市场的指数跌幅中，跌幅最小的是亳州市场，幅度为-1.77%；跌幅最大的是成都市场，幅度达到-4.81%，两者相差3.04%。

从走势形态来看，六大市场的指数走势大致与总指数走势基本相同，各大市场的走势都以震荡转下滑为主。从2018年各市场指数趋势来看（图2-3），在六大市场中，亳州市场是在上半年震荡上涨较为明显的市场，主要呈现先震荡上涨后下滑的走势，而安国、成都、玉林、普宁市场都呈现先平稳后下滑的走势，廉桥市场则一直保持下滑的走势。总体来说，六大市场的走势都基本以震荡转下滑为主，这比较符合2018年药市整体行情走势。各市场年末指数值与涨跌情况见表2-1。

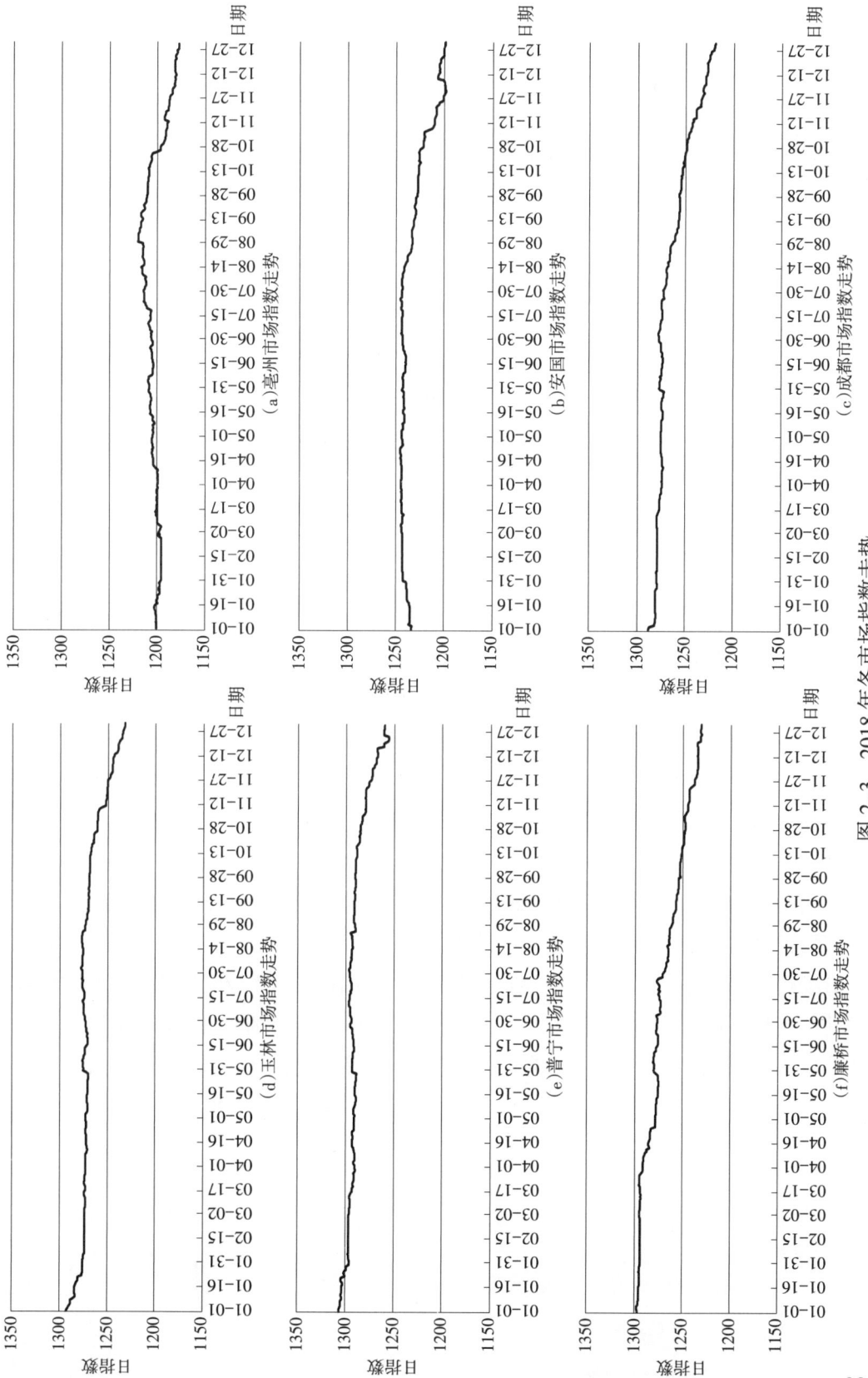

图 2-3 2018 年各市场指数走势

表 2-1 六大药材市场年末指数值与涨跌情况

市　　场	2017 年 12 月 31 日指数值	2018 年 12 月 31 日指数值	涨幅/%
亳州	1201.27	1179.97	-1.77
安国	1229.7	1199.52	-2.45
成都	1284.58	1222.8	-4.81
玉林	1291.5	1236.41	-4.27
普宁	1304.25	1262.02	-3.24
廉桥	1294.12	1232.56	-4.76

三、总指数走势预测

从市场行情来看，2018 年行情与 2017 年行情截然相反，2017 年市场行情相对较好，许多品种都涨至高价，到了 2018 年后行情逐渐低迷，大批品种出现回落。从 2018 年上半年行情来看，2016—2017 年高价所刺激的扩种对于市场冲击较小，行情持续在震荡中，并没有出现太大的下滑。到了 2018 年下半年，品种产新时新货较 2017 年有所增加，此时生产过剩就显露出来了，直接导致大量品种持续下滑，行情一度低迷。而这仅仅只是开始，部分生产周期较长的品种还会进一步冲击市场。

从种植面积来看，受 2016—2017 年行情不断高涨的影响，种植户都有不同程度的扩种，加上家种品种技术已成熟，许多品种都出现生产过剩，同时 2018 年市场行情整体不容乐观，严重打击了种植户的信心，因而预计 2019 年在中药材种植规模方面会有一定调整，在市场交易方面，商家则会显得较为审慎，行情下行压力较大，但相对部分野生品种的行情仍然可期。

采用月指数的历史数据，利用 ARIMA 模型[①]对 2019 年前 3 个月总指数走势进行预测分析，预测结果如图 2-4 所示。结果显示，2019 年 1—3 月呈现下跌趋势，3 月月指数值将下跌至 1209.88 点，较 2018 年底下跌 1.22%。

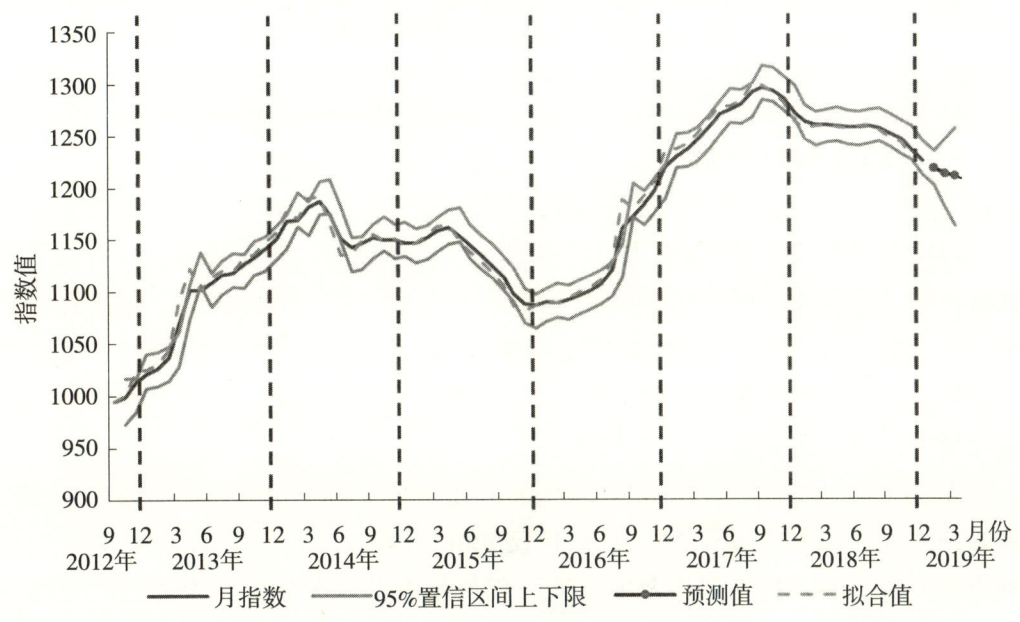

图 2-4　2019 年第一季度月指数走势预测

---

① ARIMA 模型：全称为差分自回归移动平均模型（Autoregressive Integrated Moving Average Model，ARIMA Model），是由博克思（Box）和詹金斯（Jenkins）于 20 世纪 70 年代初提出的一种著名时间序列预测方法，所以又称为 Box-Jenkins 模型。ARIMA 模型是指将非平稳时间序列转化为平稳时间序列，然后将因变量仅对它的滞后值以及随机误差项的现值和滞后值进行回归所建立的模型。ARIMA 模型根据原序列是否平稳以及回归中所含部分的不同，包括移动平均过程（MA）、自回归过程（AR）、自回归移动平均过程（ARMA）以及 ARIMA 过程。

第二节 大类指数分析

一、部位指数分析

2018年末与2017年末相比，12个部位大类涨跌数目各自占半。其中权重占比较大的部位大类"根及根茎类"与"果实、子仁类"指数双双下滑，而"果实、子仁类"是12类部位指数中下滑幅度最大的，达到了-8.65%。相比之下，另一权重大类"花类、孢子类"出现了1.36%的涨幅。另外"矿物类"的表现最为出色，涨幅达到了24.86%。

在"果实、子仁类"部位中，木鳖子和碧桃干两个品种的变化最为亮眼，涨幅分别高达214%、167.56%，但其权重相对较小。相反，权重较大的枳壳品种指数下滑了39.51%。"根及根茎类"部位指数下滑6.19%，主要是白及品种下滑78.9%，加上所属的品种下跌较多，从而拉动指数下滑。虽然"矿物类"的涨幅达到24.86%，但其在12类部位指数中所占权重是较小的，上涨原因是石膏、龙骨等品种的指数上涨较大。部位分类期末指数值及涨跌情况见图2-5。

二、功效指数分析

从功效分类来看，2018年16类功效分类中，上涨的分类指数有7类，下跌的分类指数有9类，其中指数上涨幅度较大的功效分类是安神药，指数下跌幅度较大的功效分类是止血药。安神药指数上涨幅度较大，主要得益于酸枣仁、柏子仁等价格的上涨，而止血药指数下跌幅度较大主要是因为白及、三七等品种价格的下跌幅度较大。功效分类期末指数值及涨跌情况见图2-6。

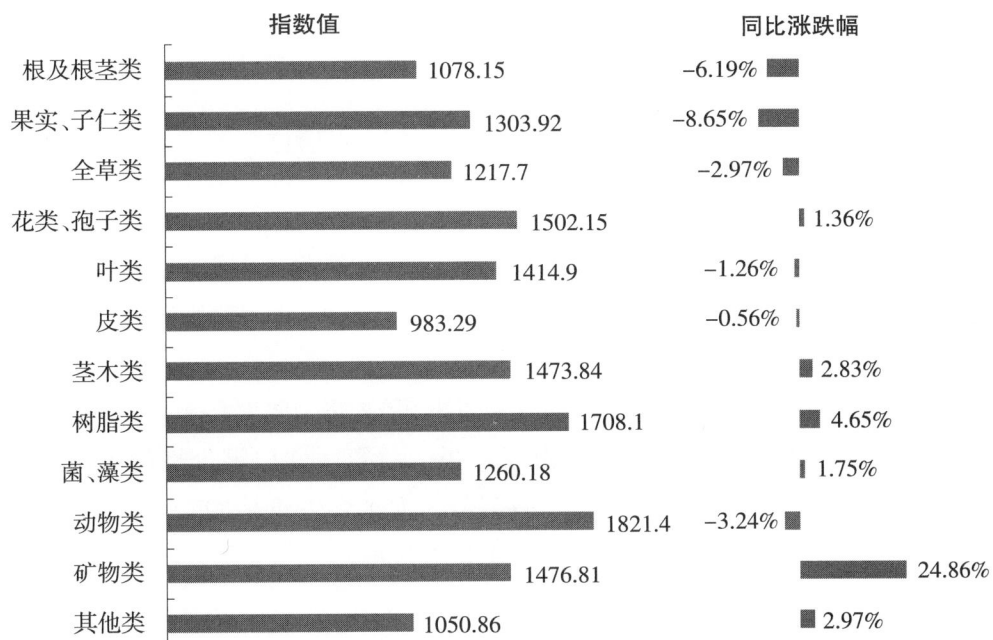

图2-5　2018年12月31日部位分类指数值及涨跌幅

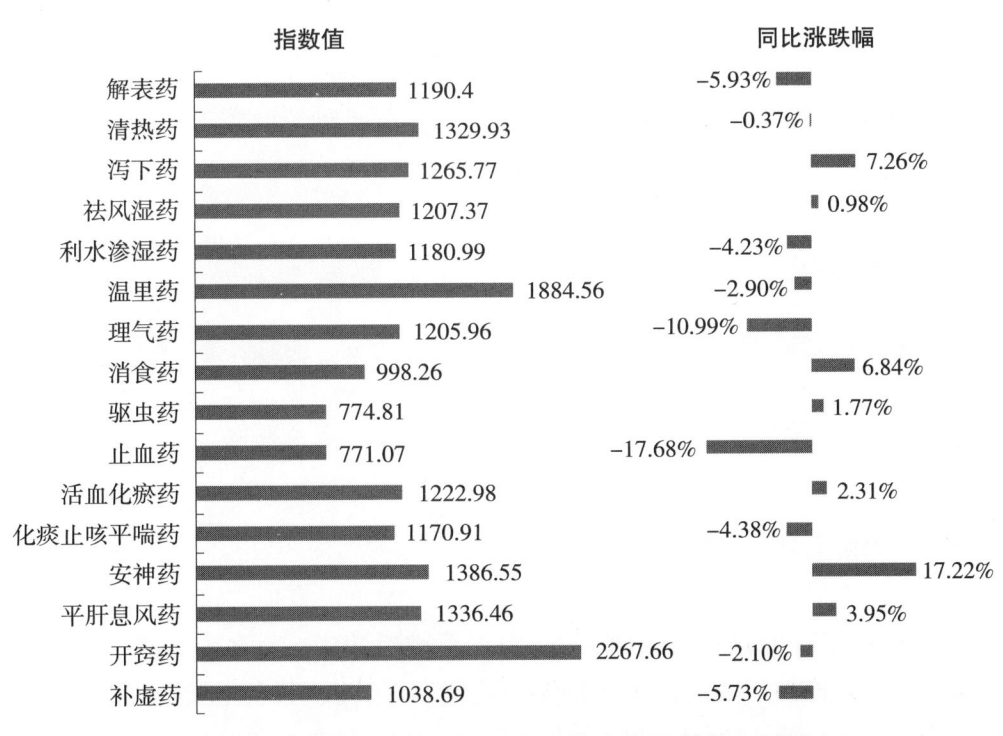

图2-6　2018年12月31日功效分类指数值及涨跌幅

三、属性指数分析

从属性指数来看，2018年6大属性指数中有涨有跌，但下滑的属性指数数量仍占多数，指数上涨的仅有野生类和疫情类，但其涨幅不大，属于小幅波动。相对于上涨的属性指数来说，下滑属性指数的跌幅都超过上涨的属性指数，尤其是香料类，其跌幅达到了-12.64%，其次是家种类，下跌幅度也达到了-7.76%。

野生类指数出现上涨，主要得益于锁阳、骨碎补、酸枣仁等品种价格的较大上涨，香料类指数的下滑主要是由于草果、益智、砂仁等价格的下滑较大，而家种类指数的下滑则是由于枳壳、山茱萸、太子参等价格的较大波动下滑所致。2018年年末属性指数值及涨跌情况如图2-7所示。

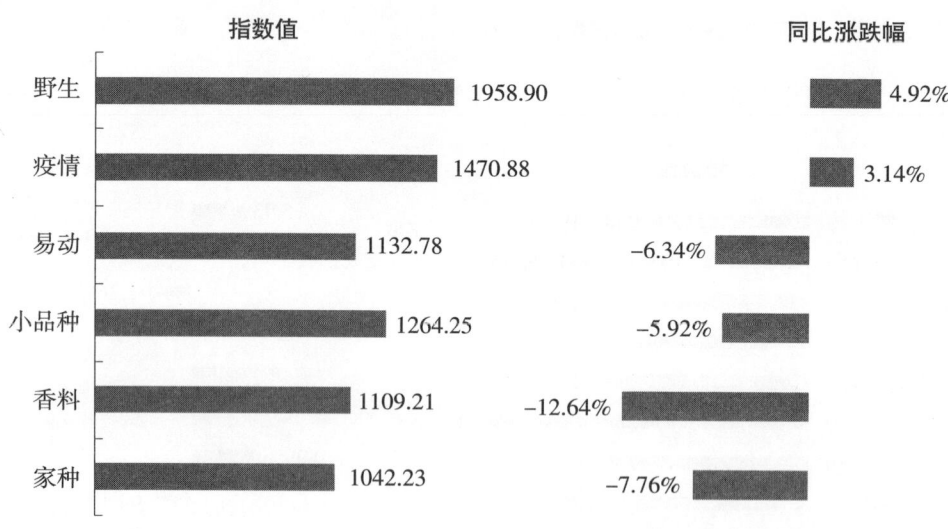

图2-7　2018年12月31日属性指数值及涨跌幅

四、产地指数分析

康美·中国中药材价格指数监测的30个产地指数中，有9个上涨，21个下跌。其中，广东产地指数涨幅超过15%，达到16.01%，其余上涨产地指数的涨幅均在6%以下；而下滑产地指数中没有低于-10%幅度的产地，而其中跌幅较大的产地振幅均维持在 [-9%, 8%] 之间。

上涨的产地指数中,涨幅较大的产地指数有广东指数、上海指数、黑龙江指数、东北指数、山西指数和内蒙古指数。广东指数之所以有较大的上涨,主要是由于冰片、广藿香、海龙等指数的有力拉动所致。下跌的产地指数中,浙江指数、贵州指数、陕西指数、江苏指数和云南指数的下滑较大,其中浙江指数的下滑最大,跌幅达到9.58%,主要是覆盆子、前胡、山茱萸等及归属于此产地的大量品种出现了下滑所致。各产地期末指数值及涨跌情况如图2-8所示。

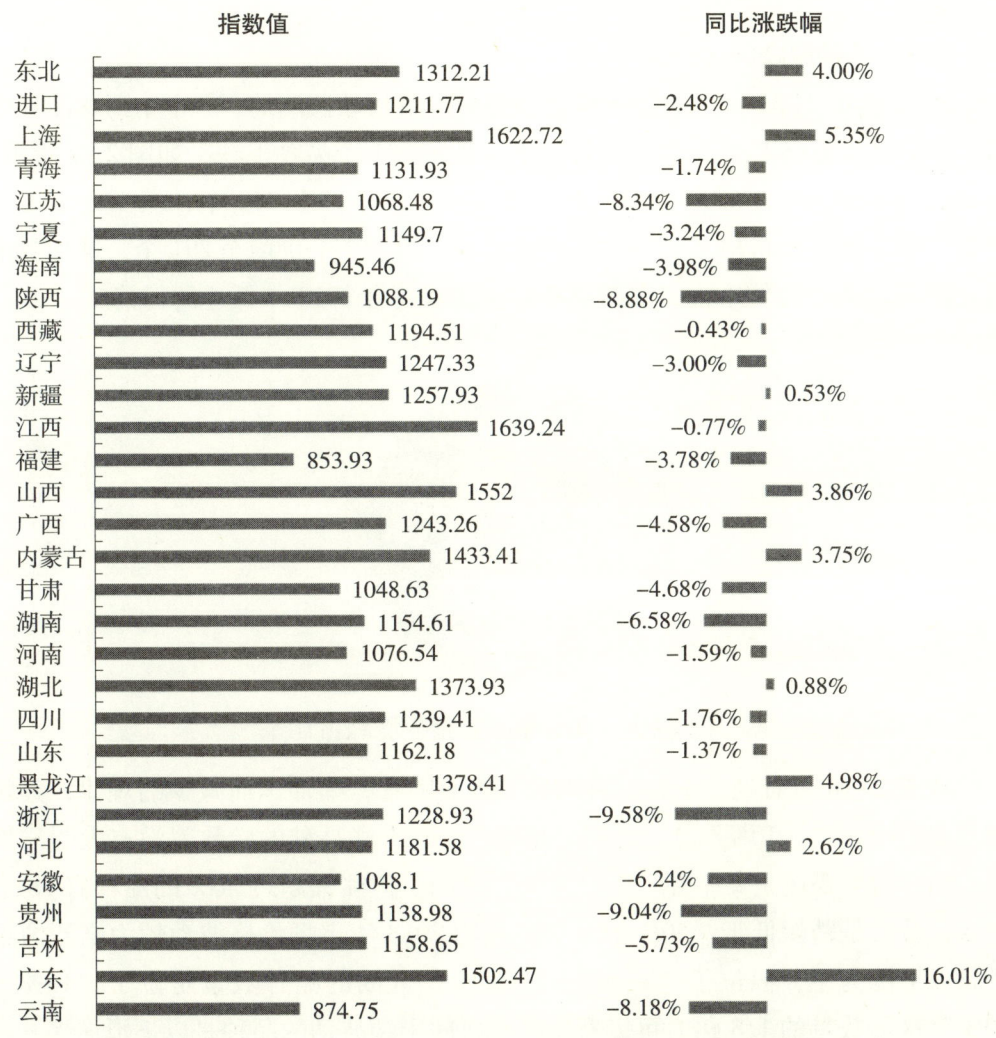

图2-8 2018年12月31日产地指数值及涨跌幅

第三节　品种指数分析

一、品种指数涨跌情况

（一）品种涨跌整体分析

2018年12月31日，康美·中国中药材价格指数监测的515个中药材品种中有212个品种价格上涨，12个品种持平，其余291个品种下跌，如图2-9所示。与2017年同期相比，品种价格上涨的数量由301个减至212个，减少数量占比约29.5%；而品种价格下跌的数量有所扩增，由212个扩增至291个，增加数量占比约37.2%。总体来说，涨跌品种数量比较符合2018年低迷的行情。

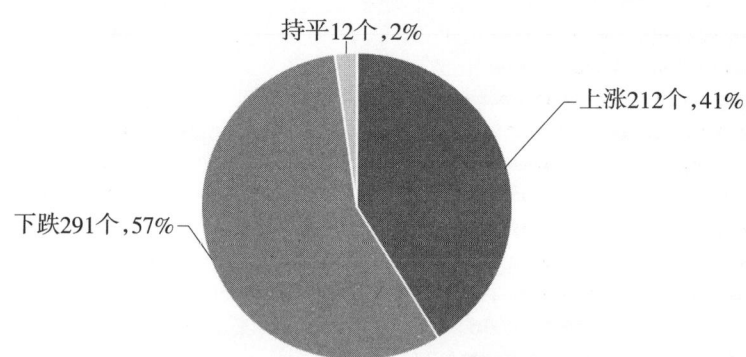

图2-9　2018年品种指数涨跌占比

从图2-10可看到，下跌品种频数基本是随着跌幅加深而减少的规律，其频数主要集中在"-10%～0"之间。相比之下，上涨品种的频数就没有太明显规律，但频数主要还是集中在"0～10%"之间。但涨幅超过50%的品种有18个之多，数量是跌幅低于-50%的9倍，表明2018年市场价格波动较为剧烈的品种是以上涨为主，但位于"-50%～-15%"区间的品种数量是位于"15%～50%"区间数量的1.8倍，可以看出处于区间中端波动的品种是以下滑居多。

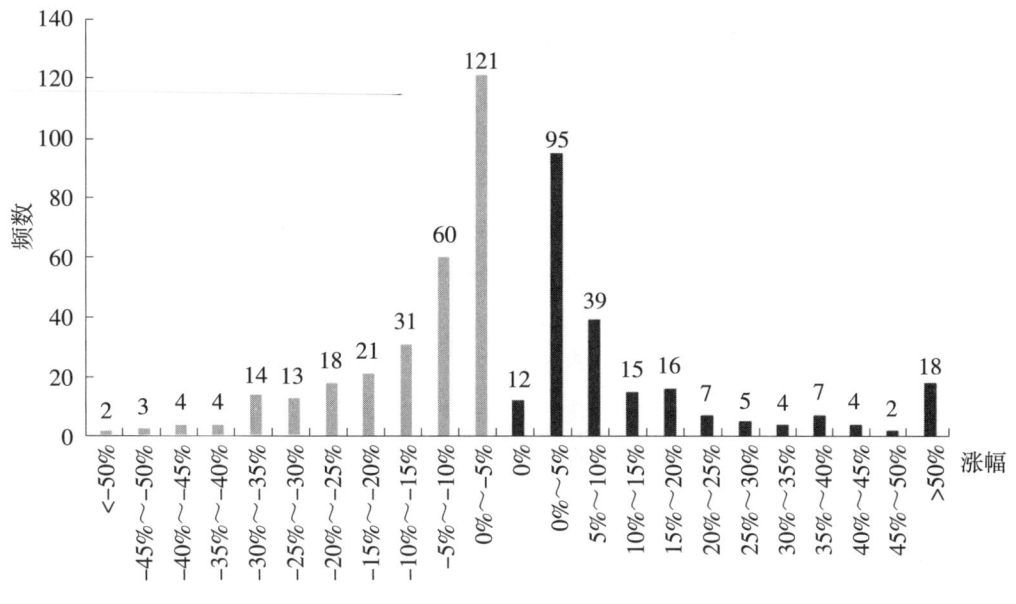

图 2-10　2018 年品种指数涨跌分布图

（二）品种指数涨跌排行

与 2017 年 12 月 31 日相比，2018 年 12 月 31 日品种指数涨幅有超过 200% 的品种，但仅有木鳖子 1 个，其涨幅为 214%。品种指数涨幅在 ［100%，200%］ 区间的品种有 4 个，分别为碧桃干、海藻、海龙、天葵子。随后是涨幅位于 ［80%，100%］ 区间的品种，分别是樟脑、石膏、西青果、苦地丁。与 2017 年同期相比，在 2018 年品种指数中，前 9 个品种的涨幅都有所趋增，但其全属于小品种，往后 31 个品种的涨幅都相对有所收窄。2018 年品种指数值及涨幅/振幅排行榜见表 2-2。

表 2-2 2018 年品种指数值及涨幅/振幅排行榜

序号	品种	期末指数值	涨幅①/%	振幅②/%	序号	品种	期末指数值	涨幅/%	振幅/%
1	木鳖子	6248.13	214.00	351.30	21	金银花	2842.19	44.94	57.81
2	碧桃干	1548.95	167.56	167.56	22	鹅不食草	935.11	44.44	44.44
3	海藻	3066.27	144.88	153.69	23	苍术	3652.55	43.14	44.89
4	海龙	2809.38	116.92	116.92	24	龙胆	1964.2	40.10	46.18
5	天葵子	4555.78	100.22	102.66	25	南五味子	2546.4	39.43	41.99
6	樟脑	2871.82	98.57	98.57	26	草豆蔻	1121.15	38.81	45.73
7	石膏	1859.27	98.39	98.39	27	旋覆花	4016.2	38.36	38.36
8	西青果	1892.08	89.34	89.34	28	雷公藤	1350.22	37.56	37.56
9	苦地丁	2602.03	86.92	86.92	29	白扁豆	2440.6	36.67	36.67
10	八角茴香	1731.23	79.44	90.73	30	合欢花	1710.17	35.41	43.39
11	冰片	3258.84	75.83	75.83	31	蔓荆子	2399.6	35.02	57.82
12	石决明	1313.45	70.48	74.25	32	锦灯笼	879.57	33.54	33.54
13	苦杏仁	1637.81	57.83	58.27	33	郁李仁	1748.82	31.27	34.76
14	鱼脑石	2174.2	54.57	54.57	34	柏子仁	1026.05	31.07	36.13
15	锁阳	4096.74	50.78	53.88	35	白毛藤	2136.58	30.53	30.53
16	白头翁	2751.71	50.52	52.20	36	山楂	834.73	28.92	28.92
17	紫河车	2578	50.15	50.15	37	蛇莓	908.19	28.54	29.52
18	罗布麻叶	2077.45	50.03	106.63	38	广藿香	1661.51	27.11	28.12
19	骨碎补	2544.75	46.19	46.19	39	刘寄奴	1806.61	26.72	29.41
20	酸枣仁	2586.18	45.44	46.23	40	没药	2116.9	25.67	26.87

注：本表只列出涨幅排名前 40 的品种。

在品种指数跌幅排行榜中（表 2-3），2018 年品种指数下滑最大的是白及，跌幅达到 78.9%，较 2017 年同期的跌幅增加 50.75%，其次是草果下滑 59.24%。其中 2018 年品种跌幅低于 20% 的品种数量达到 58 种，约是 2017 年的 1.6 倍，2016 年的 1.8 倍，这表明近三年来跌幅较大的品种数量正逐年增加，而 2018 年市场中的品种行情萎靡速度也正在加快。

---

① 涨幅：（期末值 – 期初值）/期初值。
② 振幅：（期间最大值 – 期间最小值）/期初值。

表2-3　2018年品种指数值及跌幅/振幅排行榜

序号	品种	期末指数值	跌幅/%	振幅/%	序号	品种	期末指数值	跌幅/%	振幅/%
1	白及	646.41	78.90	78.90	21	太子参	317.69	31.80	32.79
2	草果	903.06	59.24	59.24	22	玳玳花	1749.55	31.54	31.54
3	娑罗子	378.73	47.66	48.21	23	瓜蒌皮	1177.86	31.34	32.54
4	覆盆子	1605.44	46.75	50.46	24	广金钱草	1198.37	31.14	31.14
5	葛花	2006.93	46.67	46.67	25	金蝉花	1116.06	31.09	31.41
6	西红花	707.26	43.02	43.02	26	橘核	1622.56	31.01	31.37
7	薤白	1650.87	42.95	42.95	27	蒺藜	1820.01	30.76	30.76
8	龟甲	1897.03	41.86	41.86	28	枳实	2671.92	29.83	29.83
9	莪术	896.25	40.92	40.92	29	砂仁	1567.34	29.76	30.07
10	枳壳	1281	39.51	39.51	30	浙贝母	541.97	29.49	29.49
11	三七花	323.63	39.39	49.30	31	芡实	940.03	29.42	29.42
12	益智	907.93	37.86	37.86	32	皂角刺	517.64	29.33	29.33
13	韭菜子	1024.39	37.86	37.86	33	木槿花	513.88	29.26	29.26
14	凌霄花	1110.47	34.92	34.92	34	鹿角霜	412.77	28.28	28.28
15	荜茇	385	34.44	34.83	35	瓜蒌子	680.97	27.41	27.41
16	片姜黄	1299.68	34.39	34.39	36	三七	244.61	27.31	35.16
17	前胡	1280.69	34.02	34.02	37	射干	593.68	26.94	27.35
18	猪苓	260.91	33.58	33.58	38	桑螵蛸	852.49	26.42	26.42
19	藕节	1838.11	32.70	32.70	39	红参	770.78	26.35	27.15
20	山茱萸	1193.14	32.69	32.76	40	青果	786.28	25.15	32.28

注：本表只列出跌幅排行前40的品种。

表2-4为走势震荡品种列表，这些品种的振幅与涨跌幅相差较大，表明这些品种在2018年的行情较为震荡、曲折。尤其是木鳖子品种的振幅达到315.3%，但其涨幅也达到214%，可以看出在2018年市场中，木鳖子品种是震荡与上涨最大的品种。

表2-4 2018年的走势较震荡品种指数值及涨跌幅/振幅情况

品种	期末指数值	涨跌幅[①]/%	振幅/%	品种	期末指数值	涨跌幅/%	振幅/%
八角茴香	1731.23	79.44	90.73	麦冬	1337.59	-7.25	18.20
白豆蔻	1586.7	2.91	40.61	蔓荆子	2399.6	35.02	57.82
苍耳草	1740.84	0.33	14.25	木鳖子	6248.13	214.00	351.30
大青叶	1263.35	-1.63	11.89	蒲公英	1316.99	-8.20	17.86
黑芝麻	1338.32	-9.20	21.80	千年健	1294.99	-20.18	29.66
厚朴花	1936.99	-0.34	9.50	肉豆蔻	467.09	-4.82	18.24
火麻仁	1094.92	1.44	14.78	三七花	323.63	-39.39	49.30
金银花	2842.19	44.94	57.81	山柰	2195.38	-9.93	35.37
荆芥	1258.05	-5.34	15.09	乌梅	1926.84	-1.99	19.27
罗布麻叶	2077.45	50.03	106.63	吴茱萸	13555.78	-15.50	44.55
马鞭草	2334.86	16.51	25.96	知母	2032.63	-8.86	21.90

注：本表以品种名拼音首字母进行排序。

通过互联网的热度监测，挑选出2018年较热门的品种（热门品种分析见第三章第三节），这些品种在2018年的涨跌情况各异（表2-5），草果、覆盆子品种分别下滑59.24%、46.75%，酸枣仁、金银花分别上涨45.44%、44.94%，同时也包含着板蓝根、丹参、黄芩等发生较小涨跌的品种。其实，2018年的热门品种还是以大宗品种为主，大宗品种交易量大，价格不容易产生大幅波动。

表2-5 2018年热门品种指数值及涨跌幅/振幅情况

品种	期末指数值	涨跌幅/%	振幅/%	品种	期末指数值	涨跌幅/%	振幅/%
白芍	950.36	-7.68	9.90	黄芪	954.2	-9.25	9.25
白术	1123.39	-20.67	21.33	黄芩	878.49	-1.06	1.06
白芷	839.18	-4.07	6.31	金银花	2842.19	44.94	57.81
板蓝根	998.35	1.04	4.52	桔梗	663.54	-16.30	16.66
苍术	3652.55	43.14	44.89	连翘	1552.74	8.90	15.15
草果	903.06	-59.24	59.24	麦冬	1337.59	-7.25	18.20
柴胡	1284.17	5.01	5.72	蒲公英	1316.99	-8.20	17.86
蝉蜕	2987.84	-14.21	15.84	三七	244.61	-27.31	35.16

① 正值表示上涨，负值表示下跌。

续表

品种	期末指数值	涨跌幅/%	振幅/%	品种	期末指数值	涨跌幅/%	振幅/%
川芎	1208.17	-3.48	6.79	酸枣仁	2586.18	45.44	46.23
丹参	1051.39	-0.46	4.99	太子参	317.69	-31.80	32.79
当归	1427.04	-15.25	15.31	桃仁	1250.91	10.51	17.85
党参	593.8	-14.79	14.79	吴茱萸	13555.78	-15.50	44.55
覆盆子	1605.44	-46.75	50.46	五味子	5525.34	-18.07	18.93
红花	1457.06	19.30	19.96	泽泻	1525.39	-12.19	14.69
黄连	1541.95	-18.29	21.19	猪苓	260.91	-33.58	33.58

注：本表以品种名拼音首字母进行排序。

（三）涨跌较大品种的特点

通过对2018年涨跌靠前品种的分类及特点进行分析，制作标签云以展示涨跌品种的特点，字体越大表明该标签越突出。

从涨幅较大品种的类别属性来看（图2-11），在2018年市场中，属于果实、子仁类的品种占据较多，在市场价格变化中最为出众，其中有木鳖子、碧桃干、西青果等品种。其次是清热药标签的品种，包含天葵子、石膏、苦地丁等品种。而根及根茎类标签也较为突出，包含白头翁、骨碎补等品种。另外全草类、补虚药、安神药等标签表现则为一般。

图2-11 涨幅靠前的品种类别属性

从跌幅较大品种的类别属性来看（图2-12），果实、子仁类是下滑品种最多的标签，有娑罗子、草果、覆盆子等下滑较大的品种。而属于根及根茎类标签的品种也较多，有白及、薤白等品种。同涨幅标签相比，易动类标签就显现突出，而清热药标签的品种数量有所下滑，表现有所下降。

图2-12 跌幅靠前的品种类别属性

二、指数水平排行情况

康美·中国中药材价格指数的编制是以2012年8—9月中药材市场平均价格作为各药材品种的基期价格，即指数的基期为2012年8—9月。当前各中药材品种价格指数值表明其当前价格与2012年8—9月时的相对水平。2018年品种指数水平排行情况见表2-6。

本部分分析指数值最高、最低的中药材品种，即当前价格水平处于高位、低位的品种，这些品种跌价风险、涨价概率最高。

从指数值最大排行来看，吴茱萸仍稳居榜首，其在2018年变价幅度不大，跌价风险没有有效释放，当前仍有较高的跌价风险。木鳖子凭借214%的涨幅，跻身指数水平排行榜的第二名。在本榜中，有13个品种指数值上涨，7个品种指数值下滑。而在这13个指数上涨的品种中有10个是属于"品种指数涨幅排行前40"的品种，这些品种在2018年大幅涨价，挤进本榜单，成为跌价风险品种。2017年，旋覆花的指数值就已经比较高，在2017年指数值最大排行前20榜单中位于第17位，其指数值在2018年度继续大幅增长，增长了约38%，加大了跌价风险。

从指数值最小排行来看，2018年榜单与2017年榜单品种变化不算多，但本榜单中2018年指数值下跌的品种有18个，也就是说，很多品种在2017年其指数值已经处于低位，但2018年仍继续下滑。2017年排在榜单前六的品种玛咖、鸦胆子、银柴胡、三七、玫瑰花、猪苓只有鸦胆子小幅上涨2.32%，其他品种出现不同程度下滑，三七、猪苓甚至分别下滑了27.31%、33.58%。从中可以看出，在当前药材市场整体行情不好的情况下，低价品种不但不能"翻身"，反而会"越陷越深"。

表 2-6 2018 年品种指数水平排行榜

指数值最大排行				指数值最小排行			
序号	品种	2018年12月31日指数值	同比涨跌/%	序号	品种	2018年12月31日指数值	同比涨跌/%
1	吴茱萸	13555.78	-15.50	1	玛咖	36.97	-3.95
2	木鳖子	6248.13	214.00	2	三七	244.61	-27.31
3	五味子	5525.34	-18.07	3	鸦胆子	260.76	2.32
4	桃胶	4929.5	-1.77	4	猪苓	260.91	-33.58
5	降香	4704.6	-4.87	5	银柴胡	269.78	-2.14
6	天葵子	4555.78	100.22	6	太子参	317.69	-31.80
7	九香虫	4376.58	1.18	7	三七花	323.63	-39.39
8	锁阳	4096.74	50.78	8	玫瑰花	323.65	-6.84
9	旋覆花	4016.2	38.36	9	槐米	334.97	-20.83
10	苍术	3652.55	43.14	10	娑罗子	378.73	-47.66
11	白薇	3295.96	0.86	11	荜茇	385	-34.44
12	冰片	3258.84	75.83	12	半边莲	387.03	-21.80
13	海藻	3066.27	144.88	13	鹿角霜	412.77	-28.28
14	淫羊藿	3022.19	16.38	14	使君子	430.65	-7.53
15	野菊花	3003.38	-21.98	15	五加皮	431.69	-0.92
16	蝉蜕	2987.84	-14.21	16	母丁香	441.12	-18.64
17	樟脑	2871.82	98.57	17	牛蒡子	448.94	-11.46
18	金银花	2842.19	44.94	18	肉豆蔻	467.09	-4.82
19	天冬	2821.84	-21.92	19	紫苏梗	467.43	-1.54
20	海龙	2809.38	116.92	20	猪牙皂	468.1	10.82

注：本表分别列出2018年指数值最大、最小的20个品种。

第四节 品种市场分析

一、涨价品种市场分析

• 木鳖子

木鳖子属冷背小品种,市场少有商家关注,连续几年的低价位运行,产地药农多已弃种,导致2017年新货产量较小,加之越南进口货来市也越来越少,市场货源未能得到很好的补充。随着货源的不断消化,市场库存薄弱,大货不易组织,致使木鳖子在2018年4月初行情不断上调,由25元上升至35元,加上由于持货商手中货源不丰,惜售心理加强,木鳖子价格再次攀升。截至4月中下旬,木鳖子价格上调至45元。而后由于价位较高抑制需求,购货商家停止采购,5—7月木鳖子行情一直保持平稳运行,8—12月市场进入实销阶段,但整体需求不畅,加之该品需求有限,货源走动缓慢,导致行情持续下滑。截至12月,市场木鳖子统货价格下滑至30元左右。2018年木鳖子价格指数走势见图2-13。

木鳖子产新果期在每年8—10月,现距离产新还有一段时间,而今年的高价格将刺激药农的采摘积极性,预计届时新货有所增加,后市行情将会有所回落。

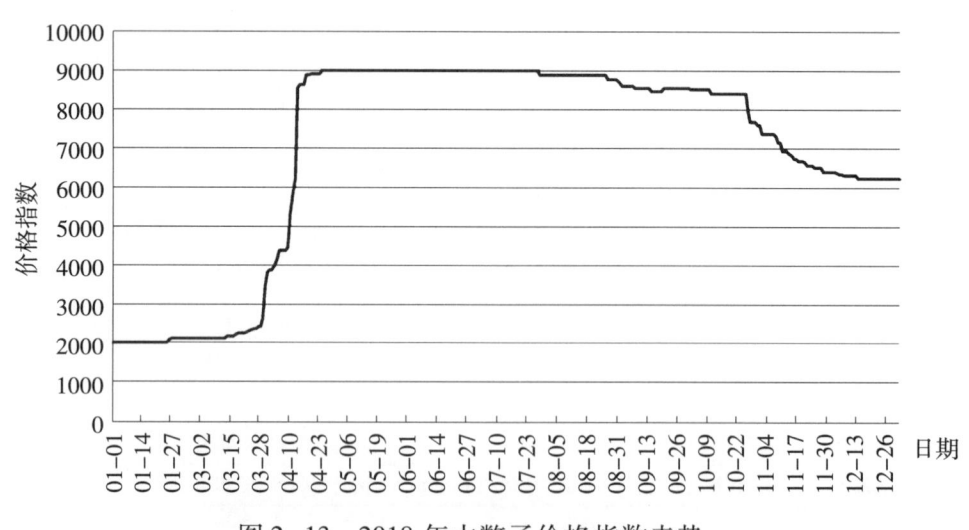

图2-13　2018年木鳖子价格指数走势

• 碧桃干

碧桃干为冷背品种，市场多为冷背专营商捎带经营，行情多年来也是少有波动。因此，产地商家多是按需补货，库存量整体并不大。2017年，受天气影响，产区减产，导致来货量不大，但行情却并未有大的波动。2018年，北方产区仍有减产，但南方产区生产稳定，因此价格并未波动，所以产地仍是忽视采集，致使产量进一步缩减。

在2018年10月前，行情依旧在6～7元间震荡，但10月中旬开始，随着供应缺口的显现，碧桃干价格一步冲天，截至11月初，行情已升至15元左右。2018年碧桃干价格指数走势见图2-14。

此类被忽视的小品种，因关注商少、需求量小，减产的利好也往往被忽视。因而一旦供应紧张显现，市场商家手中就基本处于无货的状态，价格会在短期内出现较大幅度上涨。但此类品种专营性太强，需经过多年时间积累才能形成，因此，外围商家很难介入。现货源多以零星、小批量走动为主，估计短期内行情将以稳为主，而明年的产新将直接影响后市行情走势。

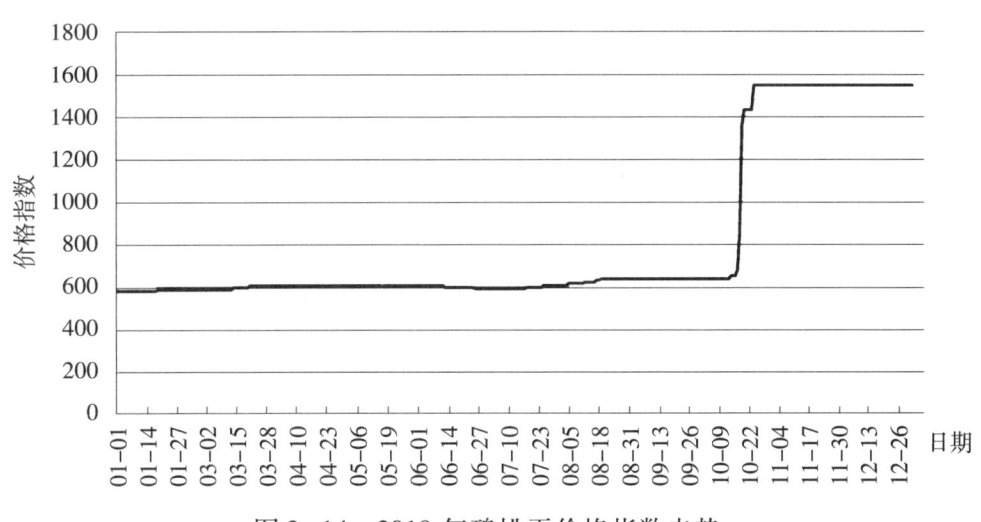

图2-14　2018年碧桃干价格指数走势

• 海藻

海藻在中药材市场中属于少有关注类的品种，其市场专营性极强，且产地多、规格多，价格差距极大，因而外围商家少有关注。海藻资源储存丰厚，国外、国内均有较多产区,其生产供应不存在问题,因此,历年来行情一直平稳运行。

随着新版《中国药典》的执行,用药标准明显提升,尤其是近两年,国家监管力度明显加大,使得市场原有流通标准发生较大变化。海藻杂质多,盐水货、清水货、含量够等不同货间价格差距也较大,因此,监管力度的加大,使得海藻流通质量明显提升,行情也是随着成本的提高而上涨。2018年4月前,海藻价格在小范围波动,进入4月中旬后,行情一路飙涨,6月价格涨至30元左右,而后行情持续小幅震荡。2018年海藻价格指数走势见图2-15。

此次海藻价格波动,主要还是质量标准提升带来的行情上涨。但其用量不大,市场专营商依旧在平稳购销,因而估计后市行情总体以平稳为主。

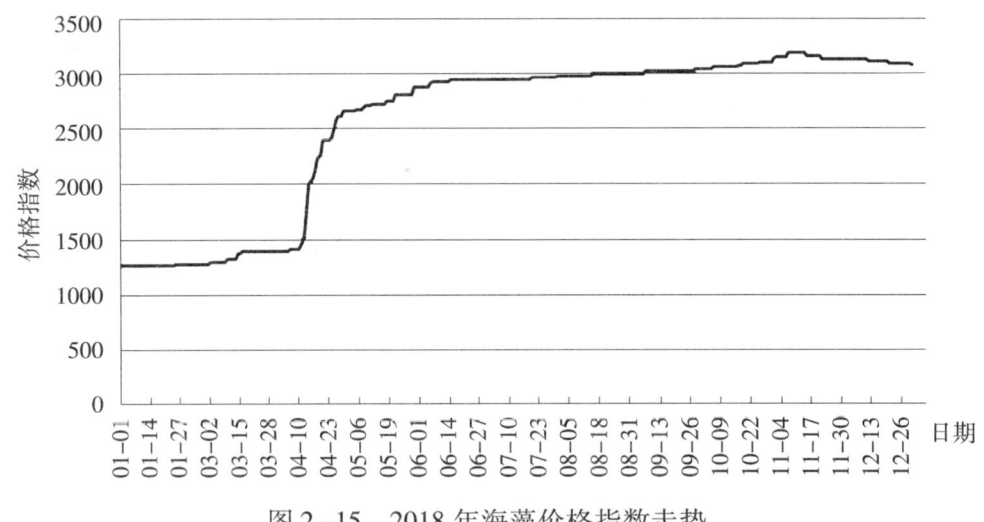

图2-15 2018年海藻价格指数走势

- 海龙

海龙为野生资源,是贵细品种之一。近年来由于需求量不大,市场商家关注度一般,产量较为稳定,市场供需平衡,行情在稳定中运行。4月前,行情一直保持着稳定运行,但从4月开始,由于今年产量较往年明显较少,资源枯竭且需求增长,商家关注度开始增强,市场寻购商家增多,货源走销顺畅,海龙价格出现上涨趋势。到6月底,海龙价格出现较大变化,其中刁海龙价格上涨较为明显,由12 000元左右上涨至14 000元,上涨幅度将近20%,尖海龙价格由300多元涨至600元左右。8月到10月底,海龙呈坚挺状态。截至12月底,市场海龙价格保持在 15 000 元左右，尖海龙价格在 900 元左右。2018 年海龙价格指数走势见图 2-16。

近几年市场商家对海龙品种的关注度不高，行情一直处于稳定状态。但今年由于产量减少，货源不断消化，商家积极购货，市场供不应求，加之库存薄弱，导致海龙价格不断上涨，随着市场需求量持续增长，部分商家对后市行情继续看好。

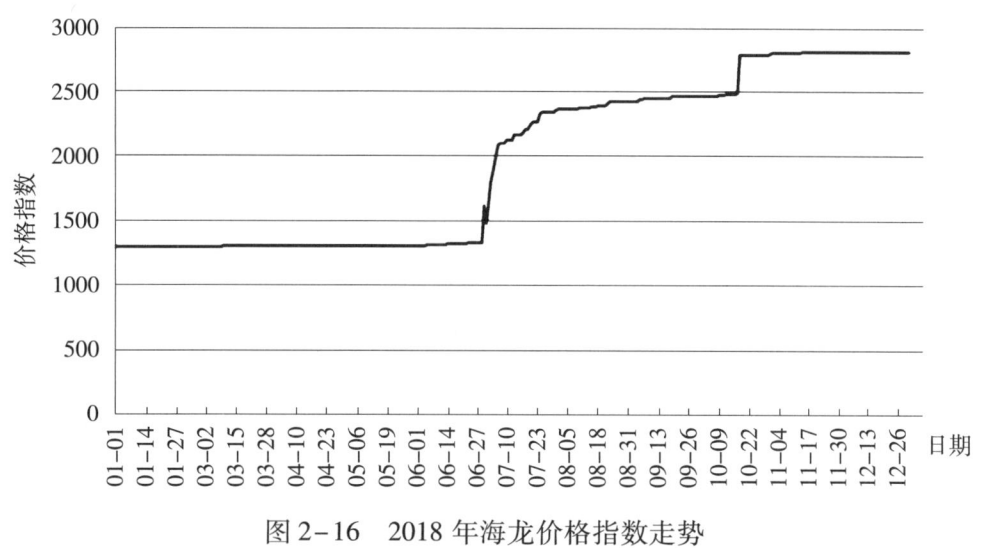

图 2-16　2018 年海龙价格指数走势

- **天葵子**

天葵子是小品种，主要用于痈肿疔疮、乳痈、瘰疬等症，年需求量在 300 吨左右，货源主要集中在亳州市场。

2018 年，天葵子统货的亳州市场价格由 59 元左右涨至 120 元左右，涨幅近 100%，主要是因为：①天葵子是野生药材，多生长在丘陵、低山、沟边阴湿处，连年采挖，产地资源逐步减少；②天葵子生长稀散，采集麻烦，对于产地采挖药材人员来说没有打工等效益高，所以采挖人员减少，产量降低；③2017 年产区因干旱减产，产新后价格由 35 元一路上涨至 60 元左右。到了 2018 年夏初天葵子产新，受高价刺激，产区药农多提前采挖，导致产量进一步减少，加上库存薄弱，有货者更加惜售，并不断抬高市场价格。截至 12 月底，受采购需求减缓的影响，前期低价购入的部分药商积极出售，天葵子行情上涨趋势已经稳定。2018 年天葵子价格指数走势见图 2-17。

在野生资源的减少且人工种植还没有形成规模的情况下，天葵子后市行情仍将在此高价位上徘徊运行一段时间，后市是否能继续走高，还需看市场需求的力度和人工种植发展的速度。

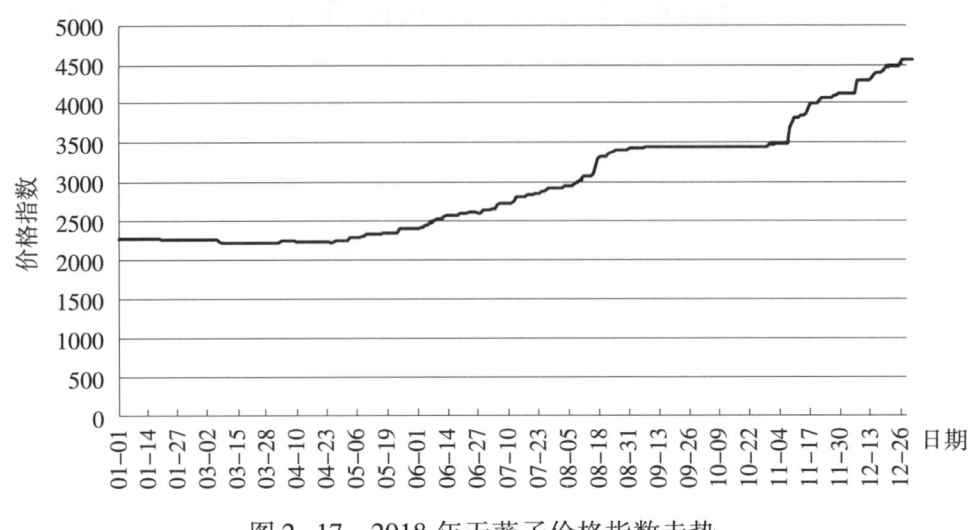

图 2-17　2018 年天葵子价格指数走势

- 樟脑

樟脑具有良好的药用价值，因而市场需求量不断增加，市场寻货商陆续增多，批量货源交易顺畅，2018 年 1 月江西市场樟脑统货价格在 75 元左右，到 4 月樟脑价格不断上调至 85～95 元。随着货源的不断消化，市场和产地库存偏紧，大货不易组织，市场商家购货力度不减，樟脑行情再次上调，到 5 月底 6 月初安国市场樟脑统货价格上调至 110 元左右。而后，由于产地资源的匮乏，市场来货量仍不见增加，市场货源未能得到良好的补充，商家关注力度不减。在市场需求的拉动下，批量货源交易顺畅，持货商惜售心理仍较强，行情继续呈上涨趋势，到 2018 年底安国市场樟脑统货价格上调至 120 元左右。如果樟脑库存仍得不到良好的补充，在市场需求的带动下行情仍将在高价位徘徊，后市行情恐难下调。2018 年樟脑价格指数走势见图 2-18。

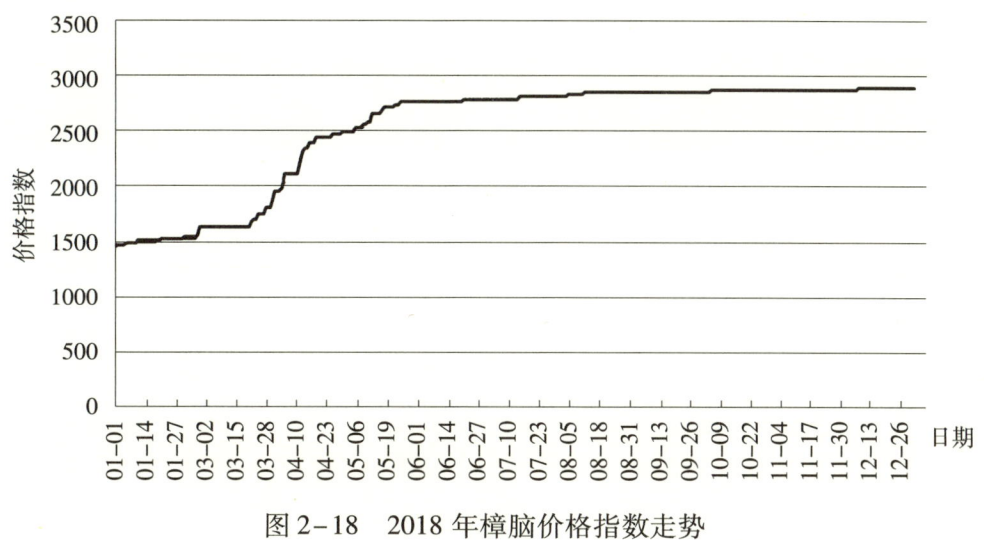

图 2-18　2018 年樟脑价格指数走势

- **石膏**

石膏作为矿物类用药中的一员，在中药材市场属于商家少有关注的板块，市场也是专营商购销，因而行情多年来一直较为平稳。

石膏资源储量较为丰富，因此供应并不存在问题。此品药厂用量相对较大，而需求也大都是由产地企业直供，产销直接对接，从而避开市场环节，这也导致了市场流通量不大，关注的商家少。

近几年来，受国家环保等各项政策的制约，石膏生产出现缩减，供应开始紧张，价格自 2018 年开始出现历史性转折，2018 年 5 月，价格升至 2 元，打破了多年徘徊在 1 元多的行情空间，12 月达到 3 元的历史高位。石膏此次价涨，外在的国家政策监管起了直接推动作用，但毕竟资源存量仍大，后市行情总体以平稳运行为主。2018 年石膏价格指数走势见图 2-19。

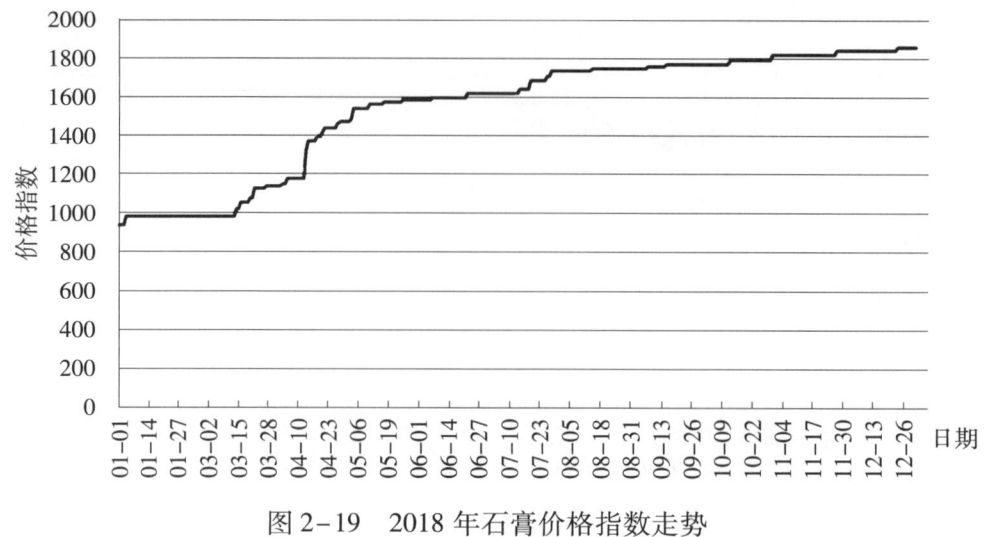

图2-19 2018年石膏价格指数走势

- 西青果

2018年1月上旬至中旬，西青果的市场关注度一般，寻货商家多按实际需求购销，产区来货量不大，行情平稳运行，进口西青果统货价格在22元左右。到了1月下旬，市场需求有所好转，货源走销明显加快，但产区来货量依旧不大，随着库存的逐步消化，行情随之上扬，进口西青果统货价格从22元上涨至23元。随后，由于口岸来货仍然不多，市场货源依然得不到有效补充，市场商家较为惜售，行情呈现持续上涨的势头，截至7月上旬，西青果价格从23元上涨至27元。随后，由于新货入市，市场货源进入消化期，行情平稳运行。到了10月，随着库存的逐渐消化，市场货源越来越少，行情又出现明显的上涨，西青果价格从27元上涨至30元，由于价高抑制了货源走动，行情转稳，但后期由于口岸来货受阻，行情依旧保持坚挺。2018年西青果价格指数走势见图2-20。

国内西青果来源主要靠进口，所以行情跟口岸来货量紧密相关。近年来口岸来货量逐渐减少，价格不断攀升，但由于西青果国内销量并不大，行情发展受到抑制，价格上升空间有限，因而后市价格还是根据市场货源的消化情况有所调整。

图 2-20 2018 年西青果价格指数走势

- 苦地丁

苦地丁是安国的道地药材品种之一，同时安国也是苦地丁的主产区，其具有一地生产销往全国的特点。

2018 年，随着货源的不断外销，安国市场可供货源减少，且距离产新尚远，加之不断有商家购买大货，在需求的拉动下苦地丁行情大幅上扬。截至 3 月，苦地丁价格由 1 月的 7～8 元上升至 11～12 元。4 月距离产新不远，但新货产出情况尚不明朗，商家开始进入观望状态，购货力度也有所减弱，苦地丁价格下滑至 9 元左右，5 月苦地丁进入集中产新期，新货上市后一直有商家收购，货源走动顺畅，苦地丁价格再次反弹回 11～12 元。由于今年新货产量较往年减产幅度较大，加上商家关注力度不减，惜售心理不断增强，货源走动一直顺畅，行情再次上调，安国市场统货苦地丁截至 9 月上涨至 15～16 元。2018 年 10 月至年底市场进入实销，由于市场整体需求不佳，货源走动转缓，行情在小范围内波动。由于 2018 年苦地丁价位较高，刺激了药农的种植积极性，导致苦地丁的种植面积增幅较大，预计明年产新时行情将会大幅下滑。2018 年苦地丁价格指数走势见图 2-21。

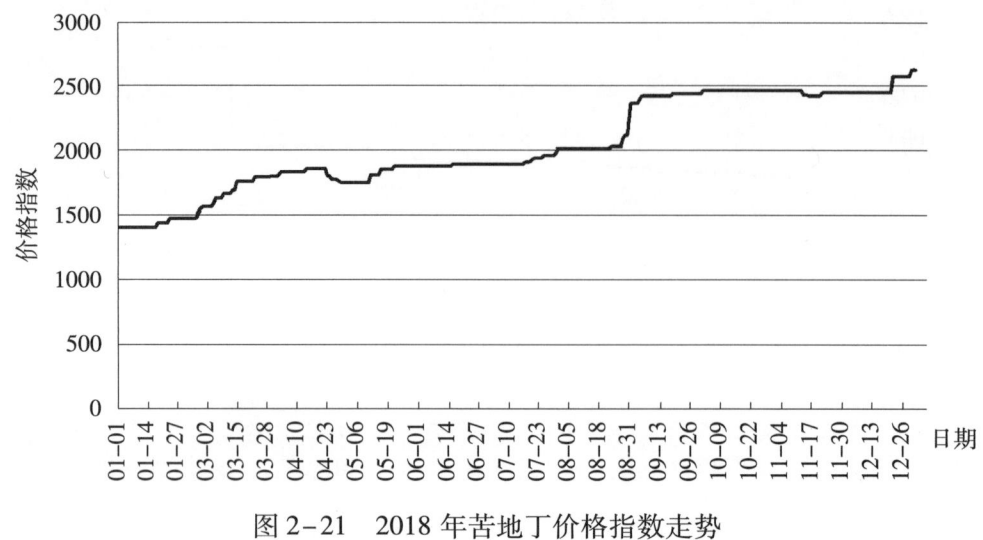

图 2-21　2018 年苦地丁价格指数走势

- 冰片

冰片，小品种，多为专营，少有商家关注，货源走动多以实销为主，冰片受原料价格上涨的影响，加上近两年环保督查力度较大，各地化工厂均有不同程度的减产。随着市场货源的不断消化，市场库存薄弱，行情一直呈稳步上升趋势，7月，安国市场冰片价格由1月的200～220元之间上调至260元左右。

2018年市场冰片来货量一直不多，货源日益偏紧，从8月开始市场进入用季，寻货商家增多，而货源仍未得到良好的补充，加上持货商惜售心理继续加强，行情持续稳步上调。9月，冰片价格上涨至280～300元。10—12月，由于市场整体需求不畅，货源走动缓慢，行情在小范围内波动，截至2018年底，冰片价格在300～330元。冰片市场整体需求量不大，后市如果产能恢复，市场货源得以补充，行情将会有所波动。2018年冰片价格指数走势见图2-22。

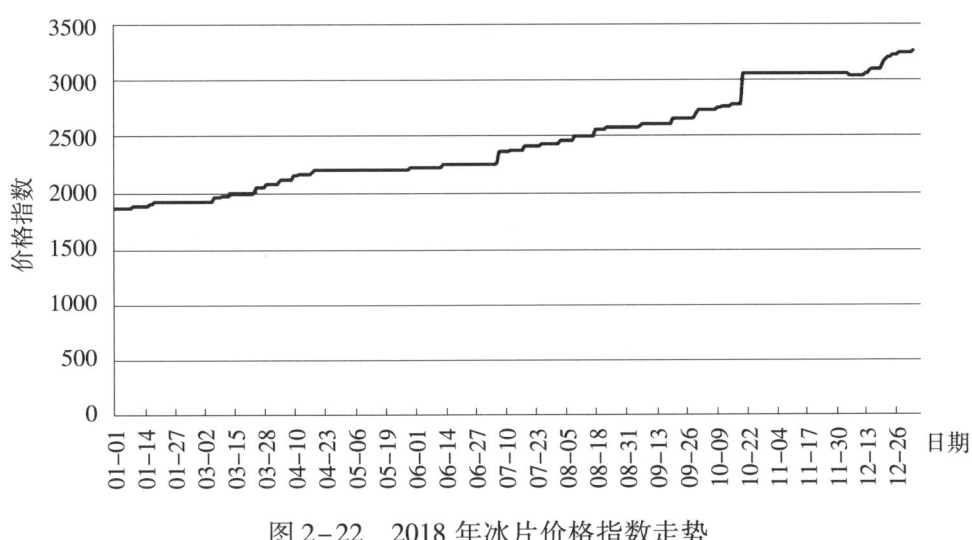

图 2-22　2018 年冰片价格指数走势

- 石决明

石决明在本年度内价格走势整体呈现小幅震荡，在震荡中上涨。1 月，亳州市场石决明大统货价格仅在 10 元左右，3 月左右价格下滑到 9 元左右。石决明属于小品种，市场整体需求用量有限，关注商家并不多，主要是市场专营矿石类专营户在经营。据专营户介绍，前几年石决明的年需求用量不大，而近两年需求用量呈现小幅上升的趋势，现每年需求量大概在 30～40 吨。

石决明主要来源是鲍鱼的壳，鲍鱼多被人类食用，比较分散，大部分食客因家中一年吃得不多，很少有人有保存起来的习惯，基本上都是直接扔掉，相对来讲比较难集中，扔掉的比收集起来的多。近几年鲍鱼养殖量有增，石决明总体产量也略有增高，今年总体需求用量有增，小批量货源成交较顺畅，截至 2018 年底，亳州市场石决明大统货价格为 14 元左右，小统货价格为 7 元左右。该品价格虽然上涨，但受整体需求用量限制，市场关注商家并不多，仍以专营户经营为主，预计后期行情仍可以保持坚挺。2018 年石决明价格指数走势见图 2-23。

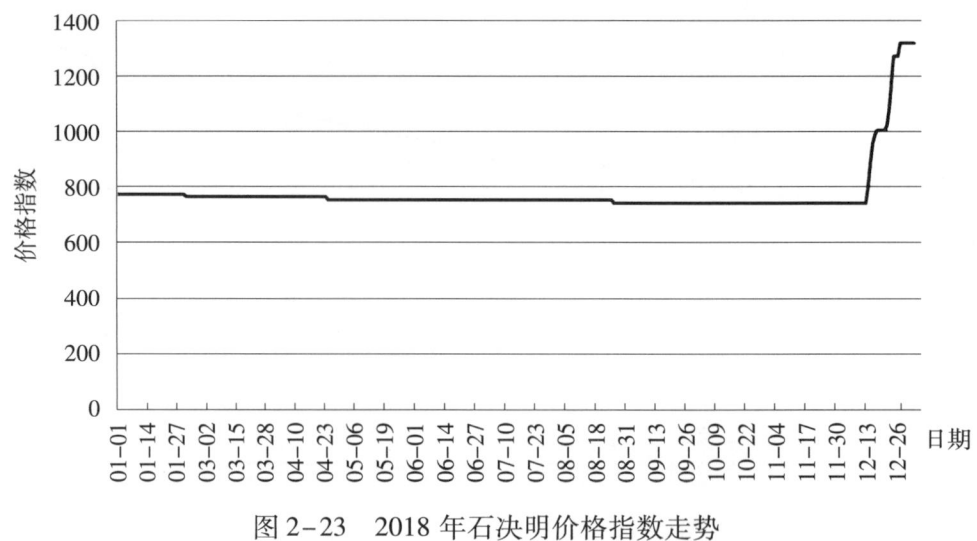

图 2-23　2018 年石决明价格指数走势

- 苦杏仁

在 1 月至 3 月时，苦杏仁市场可供货源尚丰，货源正常走销，行情基本保持平稳，安国市场苦杏仁内蒙古统货价格在 17～18 元之间。4 月正值苦杏仁花期，内蒙古、甘肃、河北等苦杏仁主产区均受到寒潮袭击。在寒流天气过后，商家的关注力度不断增强，纷纷奔赴产地购货，购货力度较大，由于产地库存不丰，加上持货商惜售心理加强，货源走动顺畅，行情持续上涨。虽市场货源走动不及产地畅快，但行情紧随产地变化，截至 6 月底，安国市场内蒙古统货价格上涨至 23～25 元。8 月，市场不断有商家购货，持货商惜售心理仍较强，导致价格继续上涨至 28 元左右。9 月，市场进入销售淡季，货源走销不畅，行情小幅回落。

进入第四季度，随着产新情况明朗，减产属实，商家关注力度不减，在需求的拉动下，行情持续上涨，截至 2018 年底，价格上涨至 31 元左右。苦杏仁属药食两用品种，用量较大，但此品种产地多，产区广泛，其明春天气情况是影响苦杏仁行情变化的关键外在因素。2018 年苦杏仁价格指数走势见图 2-24。

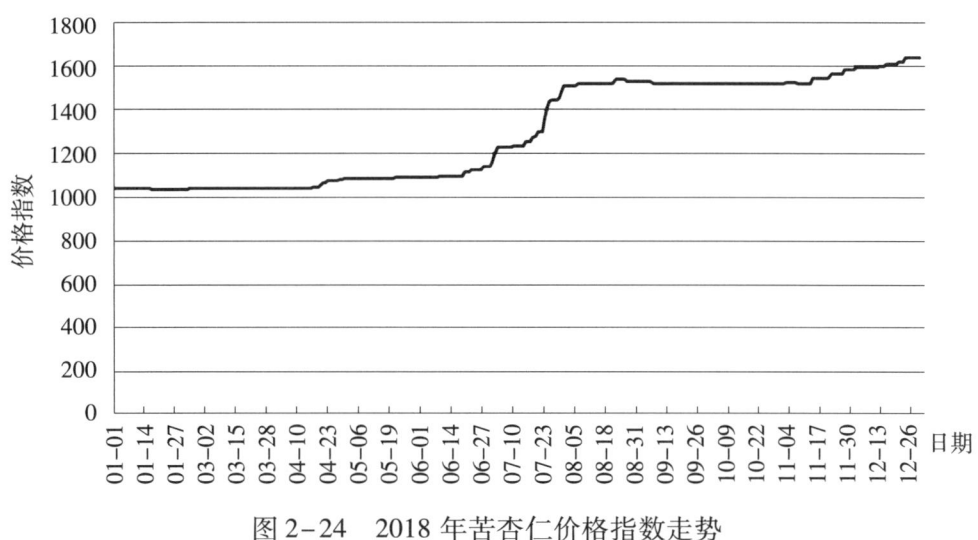

图 2-24　2018 年苦杏仁价格指数走势

- 鱼脑石

鱼脑石在本年度价格呈逐渐上升趋势，在 2017 年底鱼脑石亳州市场小粒货价格为 35 元，大粒货价格为 90 元。进入 2018 年 1 月，小粒货价格上涨到 45 元，大粒货仍为 90 元。到 4 月，小粒货上涨到 65 元，大粒货为 120 元。整个下半年一直是货源紧缺的状态，行情居高不下，一直到年底，市场行情仍保持在小粒货 68 元，大粒货 130 元的高价。鱼脑石价格上涨的主要原因是库存不足，随着需求的逐渐拉动，行情逐步上涨。2018 年鱼脑石价格指数走势见图 2-25。

2018 年，鱼脑石价格指数上涨幅度达到 54.57%，在整个大环境低迷的情况下，鱼脑石可称得上是 2018 年的一匹黑马，使得矿石专营商获利颇丰。2018 年鱼脑石产地货源减少，现在大部分专营商家手中没有多少货源，高价位没有货也让商家们发愁。现阶段市场寻货商家不少，由于货源不足，货源实际成交量有限，部分持货商惜售手中货源，鱼脑石货源不足的情况有待缓解，预计后期行情以坚挺为主。

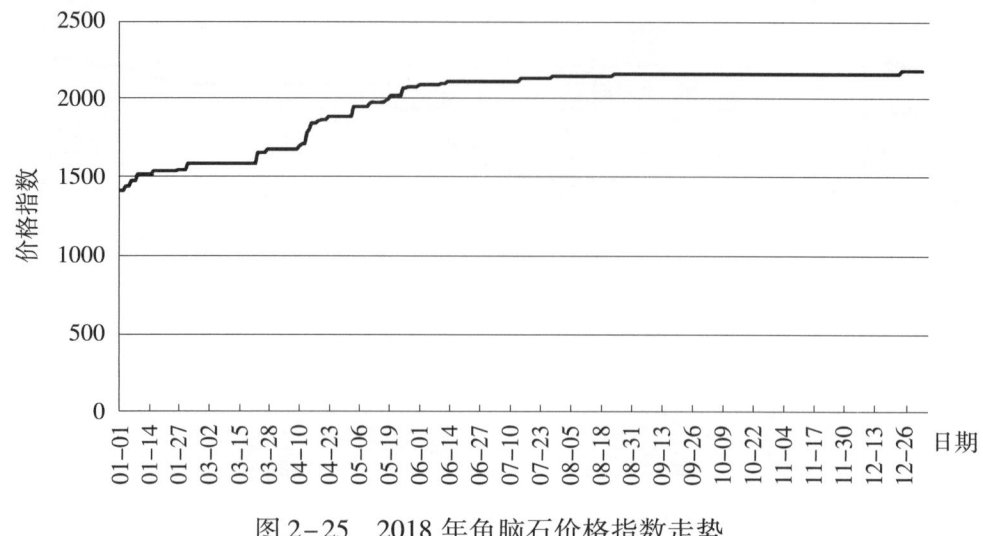

图 2-25　2018 年鱼脑石价格指数走势

● 锁阳

2018 年 1 月，锁阳继续延续 2017 年下半年上涨后的高价，亳州药市锁阳统货价格在 35 元左右。3 月锁阳临近产新，市场价格走疲。4 月，药商关注较多，内蒙古五原县、新疆精河、甘肃民勤等锁阳产地新货上市量少，锁阳行情继续上涨。6 月，锁阳产新结束后，锁阳市场库存薄弱已经显现，市场商家加大产地采购力度，锁阳价格继续上涨。7—8 月，亳州市场内蒙古锁阳统货价格由 38 元上升至 43 元，9 月上涨至 48 元。10 月，随着锁阳需求旺季的来临，锁阳价格继续上升，价格升至 52 元左右，许多前期购进的药商也加大了销售力度，锁阳在此价位延续至 12 月底。2018 年锁阳价格指数走势见图 2-26。

锁阳是西北地区的野生药材，近些年生态恶化，造成锁阳资源逐年锐减，加之政府保护生态限制采挖，产地产出货源减少。锁阳家种技术仍待突破，市场保健品需求增加，供需矛盾日益凸显，从长期来看，后市仍被商家看好。

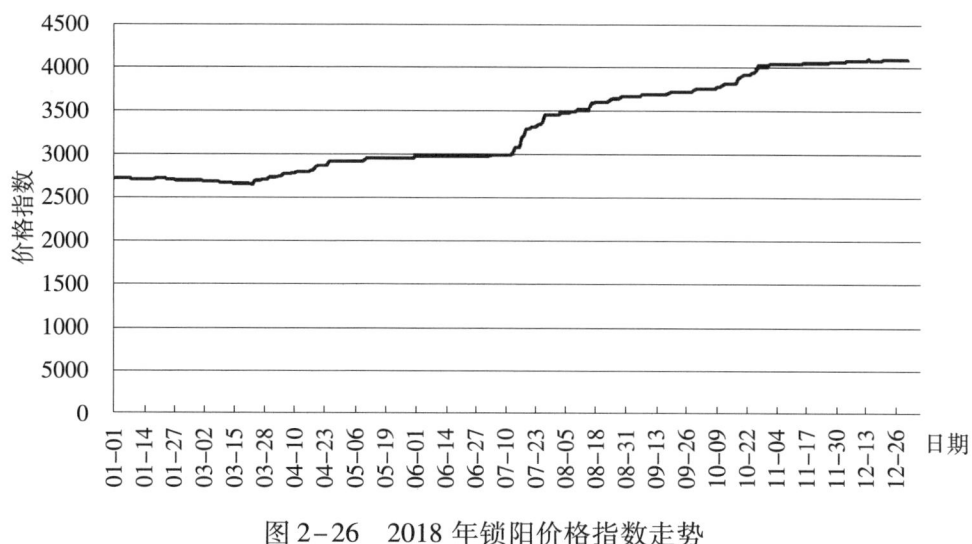

图 2-26 2018 年锁阳价格指数走势

- **白头翁**

白头翁属于小三类野生品种，多是专营商捎带经营，其历史价格行情也多是平稳运行。因其属于野生资源，也有着大多数野生资源品种价格波动的特性，随着野生资源的渐少，劳动力工价的提升，采药人员的减少，白头翁行情呈现稳步上升之势。

2018 年白头翁价格上涨，主要还是由于新版《中国药典》的施行，用药标准提高，致使不同产区不同含量的白头翁价格出现分化，含量高的货紧价高，含量不够的货销量少价格平稳，例如，当前辽宁货价格为 40～45 元，而河北货价格却高达 70～75 元，价格差距较大。2018 年白头翁价格指数走势见图 2-27。

随着国家用药监管力度的加大，当前中药材质量标准已不是单纯看外观，更看内在含量，优质优价将成为市场销售主流。估计，近期白头翁价格两极分化现象仍将持续。而相关机构应加大对白头翁的科研力度，加快野生变家种的步伐，以缓解当前用药紧张，保持用药质量和安全，维护价格的稳定发展。

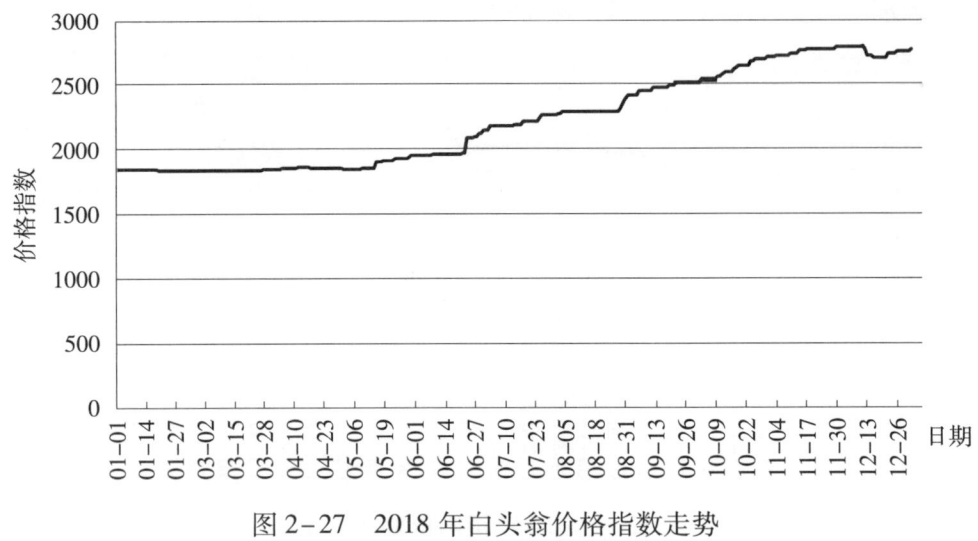

图 2-27　2018 年白头翁价格指数走势

- 紫河车

紫河车在本年度价格指数上涨幅度约 50.15%，进入 2018 年初，亳州市场紫河车统货售价在 840 元左右，选货要价 900 元左右，相对 2017 年底的价格均有上涨趋势。到 3 月，市场货源走动转缓，行情出现小幅震荡，价格下滑到统货价格在 830 元左右，选货价格在 890 元左右。8 月之后，紫河车库存薄弱更加凸显，市场统货价格上涨至 1100 元，选货价格高达 1200 元。紫河车虽然没有被《中国药典》收录，但常作为保健品使用。随着人们生活水平的提高，保健意识增强，市场需求量还是比较大的。据专营商介绍，紫河车每年的需求量都在上升，截至 2018 年底，紫河车统货价格上涨到 1200 元左右，选货价格在 1300～1400 元。2018 年紫河车价格指数走势见图 2-28。

紫河车本年度上涨的主要原因是市场可供货源不足，国内市场管控加强，进口货源口岸控制较严格，来货量整体减少，但需求量增加，市场供不应求。近期市场货源整体走势顺畅，经营商多要价坚挺，若 2019 年市场供应仍得不到补充，后期行情还会继续上涨，市场经营商对其后期比较看好。

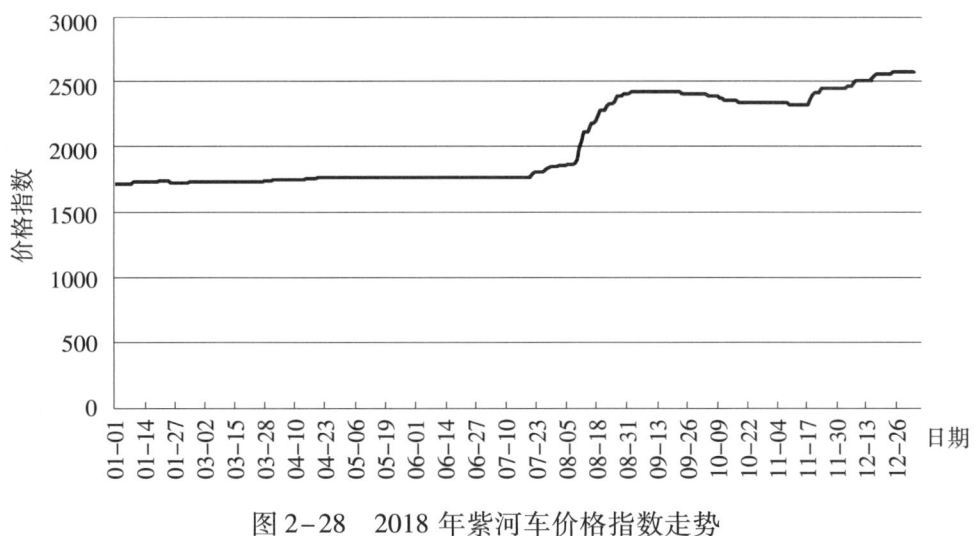

图 2-28　2018 年紫河车价格指数走势

- **罗布麻叶**

罗布麻叶属于野生小品种，在全国产区不少，但主产区是在新疆和天津地区。目前市场流通的主要有河北货和新疆货，因河北货含量高，价格略高于其他产区。罗布麻叶具有降血压、降血脂的显著效果，近年来需求有所增加，但受产地供应充足制约，行情一直在低谷运行。

在外出务工人员增多的大背景下，农村采药人员缩减，罗布麻叶持续价低使得产地农民弃采。因此，在 2018 年 3 月，罗布麻叶价格便迅速拉升至 28 元。进入 6 月，随着产新开始，价高刺激药农采集积极性，产量增加，行情又迅速回调至 20~22 元，随后行情保持平稳运行。2018 年罗布麻叶价格指数走势见图 2-29。

此次罗布麻叶价格上涨，一是由于多年价低，农民弃采；二是由于采药人员减少，劳动工价居高不下支撑，库存逐渐消化；三是由于产地林业部门加大对野生药材资源的监管保护，产量缩减。当前，罗布麻叶价格与前几年相比仍处于高位，但有强力因素支撑，后市行情大跌也不易，估计近期罗布麻叶行情以小幅震荡为主。

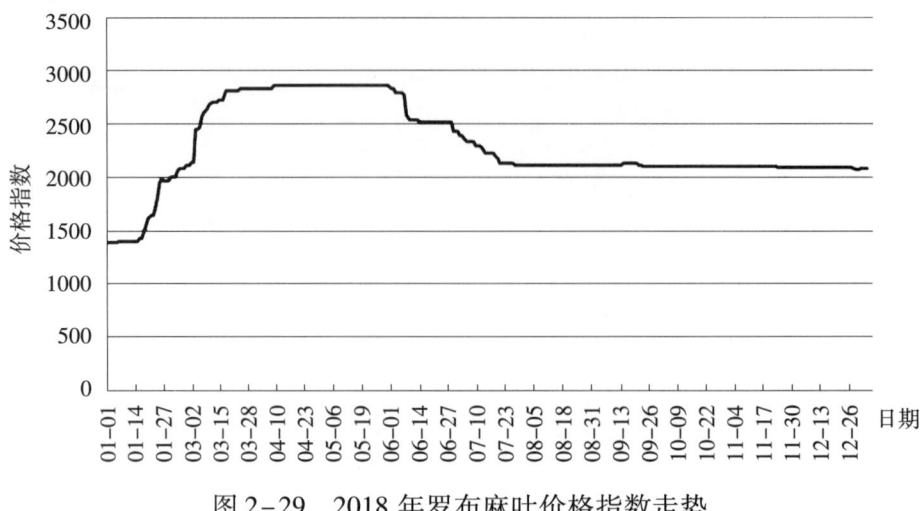

图 2-29　2018 年罗布麻叶价格指数走势

二、跌价品种市场分析

• 白及

截至 2018 年 12 月底，白及在本年度价格指数跌幅达到 78.90%。随着白及种植技术的逐步成熟，以及在地可采挖量的逐年攀升，2018 年白及产量突破历史高峰。截至第四季度末，白及各产地新货产出持续增多，货源供应远远大于需求，行情持续下跌。2018 年白及价格指数走势见图 2-30。

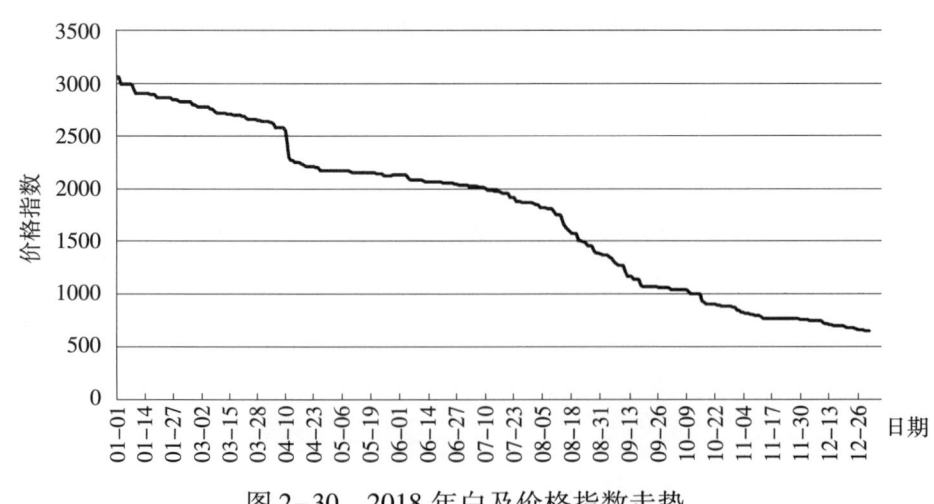

图 2-30　2018 年白及价格指数走势

白及价格持续下跌的主要原因是各产地过度盲目种植，造成生产过剩。近三四年来，白及种植的面积大幅扩张，使得今年各地区产量持续飙升，随着产新的深入，产地和市场的白及新货上市量持续增多，供应量已远超过市场需求量，导致白及行情持续下跌。6月底，白及统货价格从1月的500元左右持续下跌到约350元，第二季度价格指数下跌幅度为21.8%。进入第三季度，白及迎来产新采挖的高峰期，产地货源持续增多，加之市场需求下降，行情继续下跌。9月底，白及统货价格下跌到200~300元，第三季度价格指数持续下跌幅度为47.61%。进入第四季度，由于各地区货源走动不佳，货源又持续增多，使得大批种植散户出现恐慌性抛售，行情出现持续下跌。截至12月底，白及统货价格下跌到100~130元。

2018年白及行情持续下跌，种植农户损失惨重。经过一年的持续下跌，行情下跌已到阶段性底部，白及短期的种植预期和风险得到阶段性释放，产地种植户出现大幅缩减，年底各地区白及收购商家增多，行情逐步进入转稳之势。但是由于2018年白及产量达到新高，短期内白及的库存销售压力较大，后市行情变化的不确定性仍旧存在，种植经营户应注意规避风险。

- 草果

2018年1月，草果产新基本已结束，产区以及市场货源均较丰，市场商家多持观望态度，货源走动量不大，行情稳中有落。到了3月，春节后寻货商家依然不多，货源走动不快，商家购进不积极，行情持续呈现下降状态。4月，草果统货价格下滑至65元。随后，受产区行情反弹影响，市场人气再次提高，货源走动较前期明显加快，市场行情随之被拉升，玉林市场草果价格从65元反弹至69元。由于此次反弹的人为因素较多，在反弹过后货源依旧得不到实际消化，商家购进较为谨慎，行情转为震荡回调。6月，玉林市场草果价格从69元下滑至60元。到了7月，距离草果产新还有一个月左右，市场关注度依旧较高，有商家对市场价格进行拉动，行情出现上涨，玉林市场草果价格上涨至70元左右。随后，产区进入产新，草果生长良好，其产量只增不减，随着货源不断上市充斥，加上正值销售淡季，货源走动显缓，致使行情不断下滑。10月，玉林市场草果价格下滑至38元左右。随后，虽然进入草果销售旺季，但整体市场走动量并不乐观，加上新货不断冲击市场，市场关注人气涣散，截至年底，行情平稳运行。2018年草果价格指数走势见图2-31。

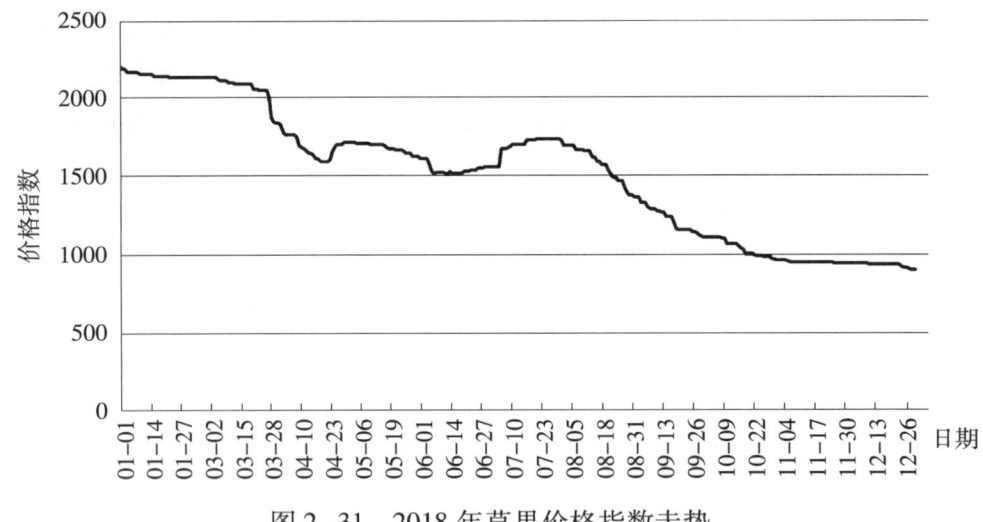

图 2-31 2018 年草果价格指数走势

2017年7月，草果价格达到165元的历史高点，但如此高的价格大多都是人气跟资金拉动的成果，所以在这之后，若没有资金继续跟进和货源实质性消化，价格自然而然就会下滑，回归合理价位，随后的事实也证实了这一观点。2018年草果种植面积有增无减，更是抑制了草果行情的发展，行情延续下滑之势。

随着草果价格的不断走低，部分商家还囤有高价库存，如果资本再聚，拉动行情上升也是有可能的，但是该品相对于其他大宗香料品种来说，市场需求并不大，庞大库存尚未得到实际消化仍是价格上涨的一大阻力，所以建议投资者不可盲目跟风，见好就收。

- 娑罗子

近年来，娑罗子各产区种植面积有所增加，而需求却没有明显增加，加之商家手中尚有陈货，抛售心理较强，行情一直处于缓慢下滑。

从2018年1月开始，由于娑罗子销路狭隘，少有商家关注，货源成交量不大。9月底，娑罗子价格从32元下滑至27元。到了10月，娑罗子临近产新，商家手中陈货尚未消化，产区又传来增产消息，持货商急于抛售，行情加速下滑，价格从27元下滑至月底的23元。随后，行情逐渐转稳。2018年娑罗子价格指数走势见图2-32。

2012—2016年娑罗子的高价刺激产区大量种植，采收积极性增加，大量货源入市，而娑罗子销路不广，需求量不大，货源一时得不到消化，加上该品不好保存，需放冷库，持货商抛售心理较强，因此从2017年娑罗子产新后期，行情一直下滑。

目前娑罗子产区长势良好，产地买家不多，高价库存尚有，由于需求不大，货源还处于一个长期的消化之中，但由于劳动成本提高，目前娑罗子价格低下，不排除会有小幅反弹的可能。

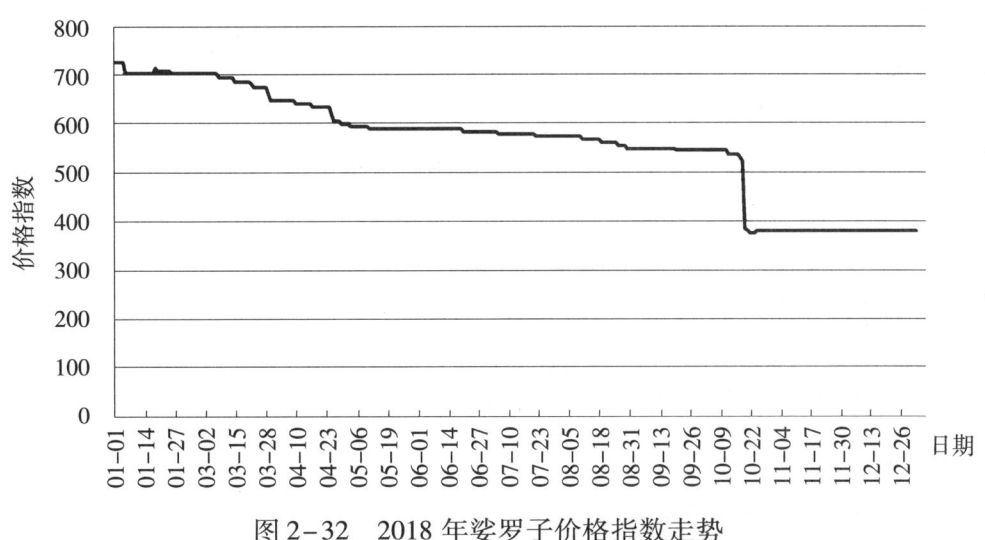

图2-32　2018年娑罗子价格指数走势

● 覆盆子

从2013年，覆盆子在药材市场开始从一个小三类品种华丽变身为受市场关注的明星品种，在低迷的药市中独树一帜，但它的疯狂在2018年产新之后戛然而止。

2018年初，覆盆子价格达到300元，产新前甚至达到320元。到4月准备开始产新，覆盆子行情开始松动，到了5月产新，行情更是狂泻。至8月中旬，市场覆盆子浙江统货陈货价格为140～150元不等，新货为100元左右，四川统货价格为40～43元。经过8月中旬至10月底的平稳运行后，覆盆子行情继续下滑，2018年底，浙江统货陈货价格为120～130元，新货为95～100元，四川统货价格为38～40元。2018年覆盆子价格指数走势见图2-33。

覆盆子跌价主要是因产量大增造成的。由于价格的一路高涨引起产地的普遍扩种，2014年以前市场都是野生货为主，涨价后农户看见经济效益，多把野生的挖回种在自家田地。由于覆盆子对土壤要求不严格，只要种下去，基本都能成活。前两年栽种的覆盆子目前已经开始结果、产出，2015年覆盆子的野生产量还大于家种的产量，而2016年覆盆子的家种产量基本与野生产量持平，家种总产量呈逐年增加的态势。2017年覆盆子总产量应该略大于需求量，但因有资金介入，庄家硬撑起覆盆子价格。2018年，因为产新前天气好，大多家种覆盆子进入丰产期，又因全国各地多有扩种，产量大增，所以2018年一开始产新价格就腰折。产新以后，随着新货的不断上市，手里有陈货的都急于出货，价格一路走跌。

在流通方面，今年产新后价格下跌幅度过大，药农采收不积极，也不愿意卖货；绝大部分药商处于观望中，不敢买货；药企愿意购买个头大、含量够的家种陈货，新货走动不佳。后期价格稳定以后，市场都是正常走货，药企基本都是按需采购。

覆盆子产量因扩种地域宽广，可以说是全国遍地开花，产新数量难以统计。新货的产量绝对大于市场的需要，含量满足药典要求的货应有200吨左右。但随着新货含量的提高，陈货的价格优势越来越弱。

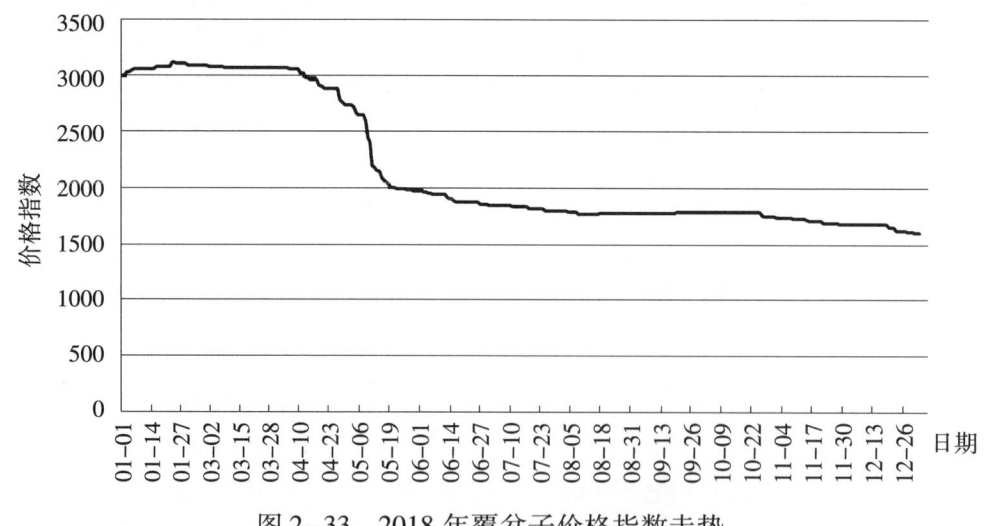

图2-33 2018年覆盆子价格指数走势

- **葛花**

截至2018年12月底，本年度葛花价格指数跌幅为-46.67%。在2017年，由于各产地货源的持续减少，产地市场货源库存薄弱，葛花价格从20元持续攀升到60元左右的历史高价。随着2017年葛花产新继续深入，在10月左右行情迎来反转下滑。

进入2018年第一、第二季度，随着市场需求的减少，葛花新货库存消化不足，行情继续小幅回落，第二季度末，价格回落至40～45元之间。进入第三季度，产地葛花进入生长花期，长势良好，新的货源产出明显增多，随着新货的小批量上市，前期仍有部分库存货源有待消化，使得葛花行情持续疲软，价格小幅回落至30元左右。进入第四季度，随着各产地新货上市量的逐渐增多，市场关注度较低，需求疲软，货源整体走动缓慢，行情出现较快回落，截至年底，价格跌至每千克20元左右。预计后市行情将根据市场需求的回暖情况出现一定幅度的反弹。2018年葛花价格指数走势见图2-34。

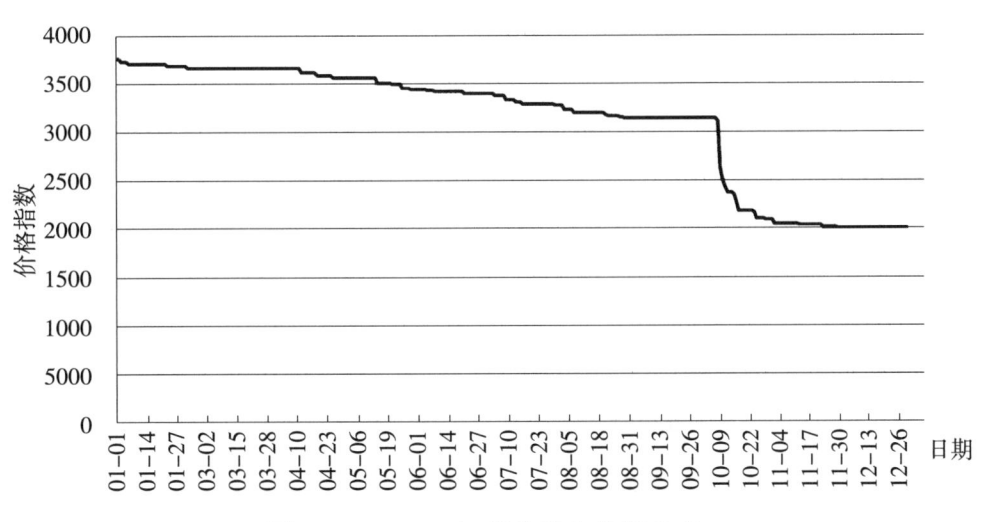

图2-34　2018年葛花价格指数走势

- **西红花**

2018年1—12月，亳州市场的西红花一级进口货（下同）由10 500元下滑至6000元左右。2018年西红花价格指数走势见图2-35。

国内西红花进口主要来自伊朗，受西方国家对伊朗经济制裁影响，伊朗西红花出口西方国家受阻，货源转向涌入我国。国内库存不断充实，加之市场需求放缓，2018年亳州市场西红花市场价格不断走低。

受西红花高价刺激，2010年以来国内许多地区不断尝试种植并成功，2018年国内发展西红花的种植产新面积是2017年的3倍，仅亳州市谯城区2018年西红花的产新面积已达3000亩以上，并将继续扩大种植面积。受国内西红花产量增加影响，西红花价格落入近三年的低谷。

国内西红花种植采收成本高，按西红花种球50元/千克计算，每亩用种球300千克，每亩仅种球投入需15 000元，第一年西红花每亩地产干品0.5～0.7千克，第二年产1千克左右，西红花从种植、采收到加工，全部人工操作。西红花较高的种植成本以及不断上升的市场需求抑制西红花价格进一步下滑。2018年11月底，随着国内西红花的产新结束，亳州市场西红花行情止跌转稳。西红花药食两用，随着市场需求不断增加，西红花后市货源将逐步走畅，并有小幅反弹的趋势。

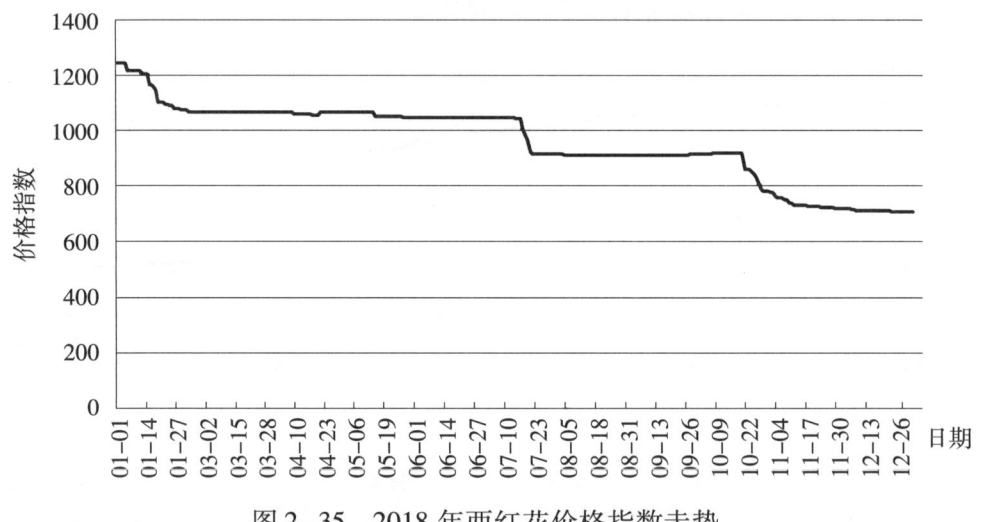

图2-35 2018年西红花价格指数走势

- **薤白**

薤白原为野生小品种，随着野生资源逐步萎缩，需求增加，价格上涨。2010年，人工种植薤白受到重视，并且取得不错的发展。薤白药食两用，年需求量约2000吨，鲜品也可以作为蔬菜食用，亩产鲜品1000～1300千克，按折干率5∶1计算，效益可观。而且薤白生产发展快，生产周期短，只有3个月左右，生产易恢复。

2017年薤白受低价、库存薄弱、天气及部分资金介入影响，价格逐步上涨。到2017年10月，亳州市场陕西统货价格上涨至55元左右高价。高价会刺激产区药农的采挖热情和人工种植的积极性，产新量会增加，行情回调下滑。

2018年1月，随着薤白大面积种植结束不久，薤白市场价格已由55元左右的高价逐步回落至40元左右。5月，薤白产新结束，市场和产地货源充足，走动缓慢，行情继续下滑，价格滑落至30元左右。12月，货源继续走动迟缓，价格回落至28元左右。2018年薤白价格指数走势见图2-36。

薤白人工种植已经形成规模，市场货源较丰，供应已经大于需求，后市将继续保持低价徘徊一段时间。

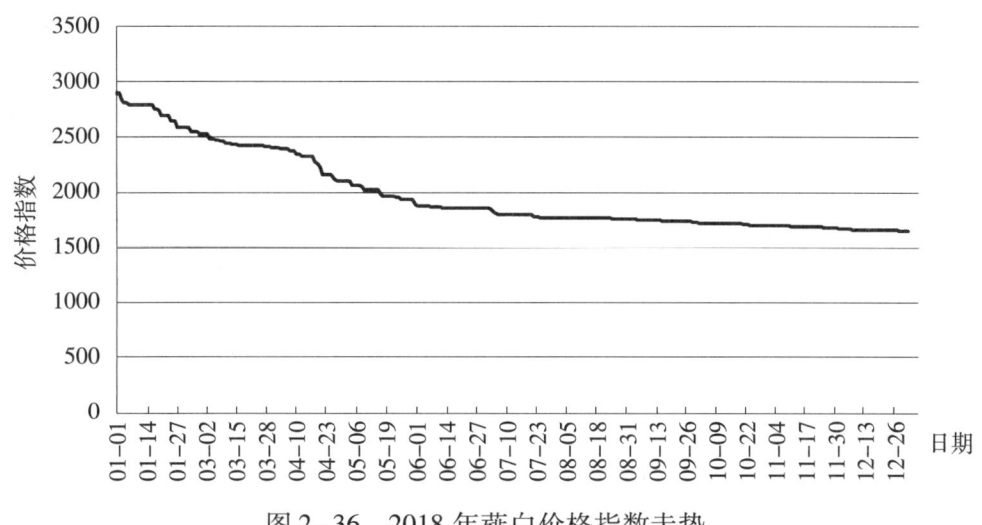

图2-36 2018年薤白价格指数走势

- 龟甲

随着2015年新版《中国药典》的颁布实施，国家对市场上的龟甲胶含量进行严格检查，发现许多厂家的龟甲胶含量不达标，迫使厂家购买符合药典标准的龟甲加工龟甲胶，导致正品龟甲价格不断上涨。2017年4月亳州市场旱龟甲下甲统货（下同）售价涨至380元左右。

龟甲价格上涨，也促进乌龟养殖业的发展，浙江、广东、广西、湖北等地中华草龟养殖发展迅速，市场货源逐渐增多，价格迅速走低。到2018年1月，亳州市场龟甲价格回落至310元左右。随着市场需求的疲软，6月龟甲市场价格继续回落至220元左右。12月回落至170元左右，并有进一步下滑之势。2018年龟甲价格指数走势见图2-37。

龟甲市场年需求量为1000～1500吨，货源主要来自野生和家养中华草龟，2018年市场需求整体疲软，库存相对较丰。持续低价也降低了产区药农继续采收的积极性，随着市场货源的消耗，龟甲市场经历一段疲软行情后，后市有望逐步走稳。

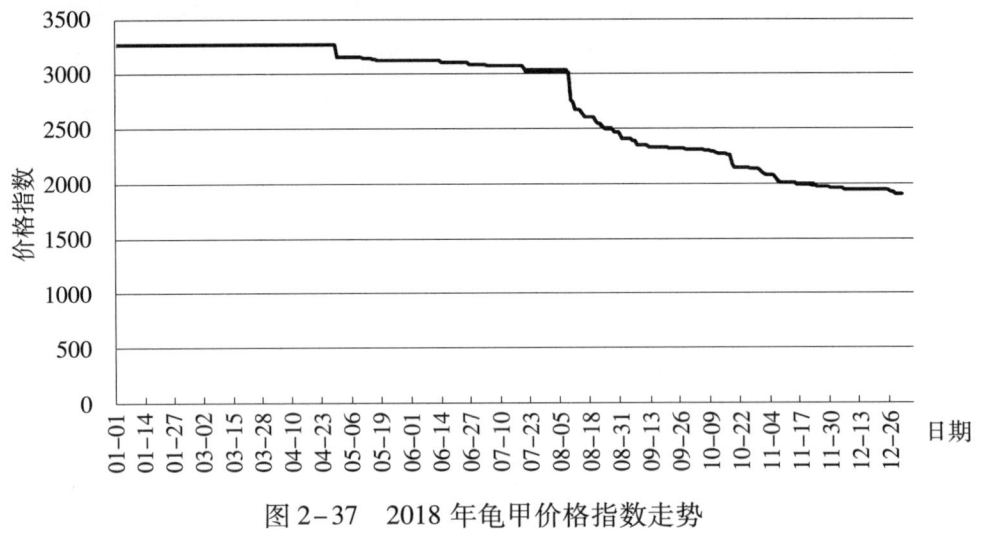

图 2-37 2018 年龟甲价格指数走势

- **莪术**

莪术在中药材市场属于二类常用药材，销量一般，因此，市场商家关注力度相对不大。莪术产地多，且有进口货冲击，历史上价格也多是在低位平稳运行，市场上也多是专营商购销，以批量交易为主。

2016 年因生产缩减，库存薄弱，商家关注力度增加，莪术价格上涨。2016 年价涨，刺激 2017 年生产恢复，但因新货集中上市需要到 2018 年春季，因此，莪术价格大跌主要表现在 2018 年。货量增加而市场整体需求不足，双重因素叠加，更促使 2018 年莪术行情一直处于颓势。截至 2018 年 12 月，莪术价格跌至 7 元。2018 年莪术价格指数走势见图 2-38。

莪术价格不高，当前价位将促使产地生产缩减。加上莪术用量一般，商家关注力度小，因此，库存总量并不是严重过剩的情况下，估计短期内，莪术行情仍将在低位震荡。

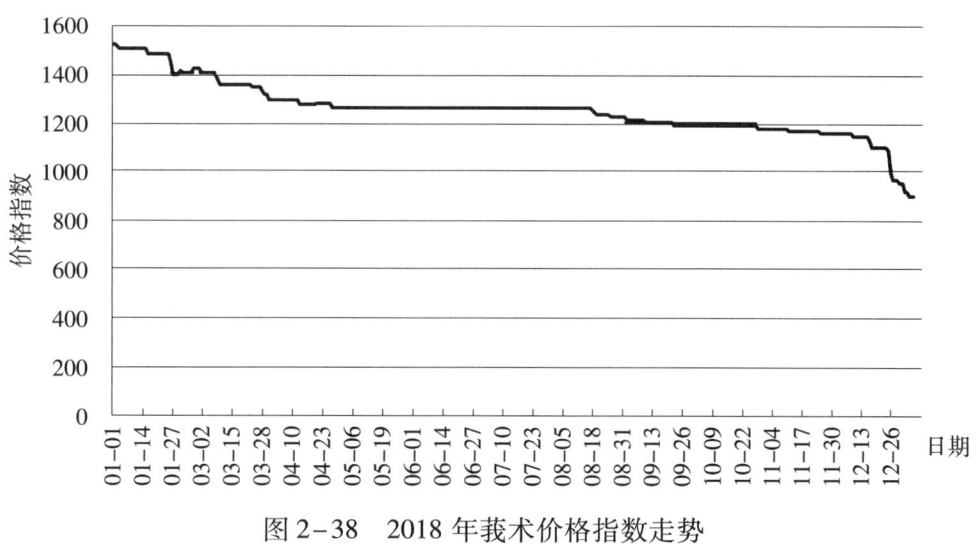

图 2-38 2018 年莪术价格指数走势

- 枳壳

2018 年 1—5 月，枳壳行情基本保持稳定。从 2018 年 6 月产新开始，枳壳行情开始大幅下滑，截至 2018 年 12 月中旬，江西产地枳壳价格稳定在 17～18元。2018 年枳壳价格指数走势见图 2-39。

2018 年随着精准扶贫政策的加大实施，江西产区枳壳种植面积在大幅增加，整体产量在未来几年都呈现大幅增加趋势，在中药材市场低迷、枳壳年使用量没有增加的情况下，产量大幅增加，引起了市场商家恐慌，纷纷出售手中货源，行情逐步下跌。

截至 2018 年底，江西新干枳壳库存比较充足，产地收购商大多勤进快出、薄利多销，产地整体货源走动不是很顺畅，在湖南沅江和江西都大面积种植枳壳的背景下，枳壳的低迷行情预计还会持续，后市行情不被看好。

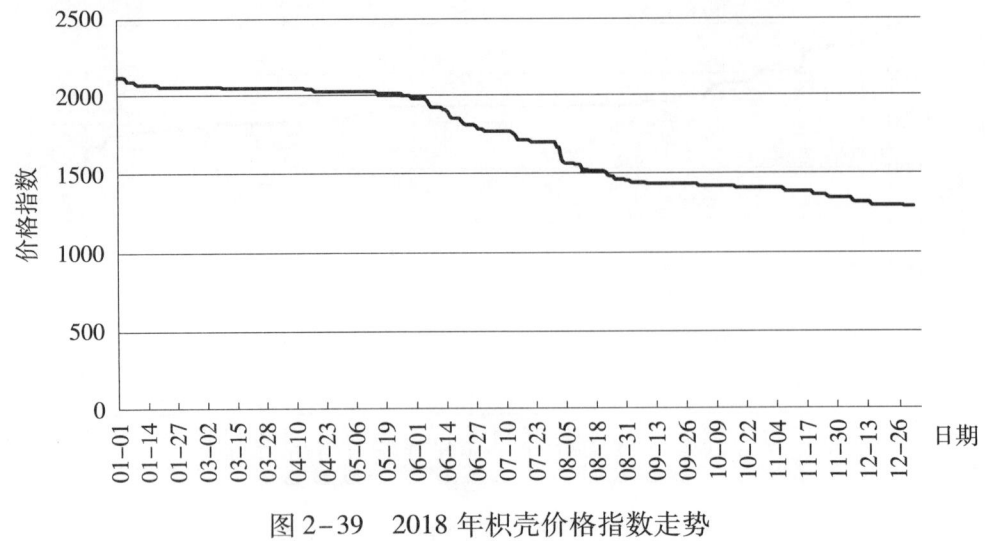

图 2-39　2018 年枳壳价格指数走势

- 三七花

今年 1 月开始，由于临近年关，市场寻购商较多，三七花货源走销顺畅。2 月底，三七花价格稳中趋升，价格从 360 元上升到 390 元左右。3—4 月，市场货源供需较为稳定，行情保持稳定运行。5—6 月，市场可供货源充足，商家关注度不高，行情小范围震荡下滑。7 月开始产新，新货逐步上市，由于新货干度普遍欠佳，加之今年产量比 2017 年增多，市场陈货尚足，商家多数持观望态度，不敢轻易入手，货源走销缓慢，三七花价格持续下滑。截至 12 月底，行情持续疲软运行，价格下跌到 210 元左右。2018 年三七花价格指数走势见图 2-40。

三七花具有降血压、降血脂的功效，故受到越来越多人的认可，发展诸多保健品应市，因而，近年来市场需求量在增多，农户种植积极性也较高。连年来种植面积持续扩大，导致产区、市场积压的库存过多，市场货源出现供大于求的局面，加上商家售货心切，致使产新时价格一路下滑，目前库存量较足，后期若无大批量拉动，行情依然不太乐观。

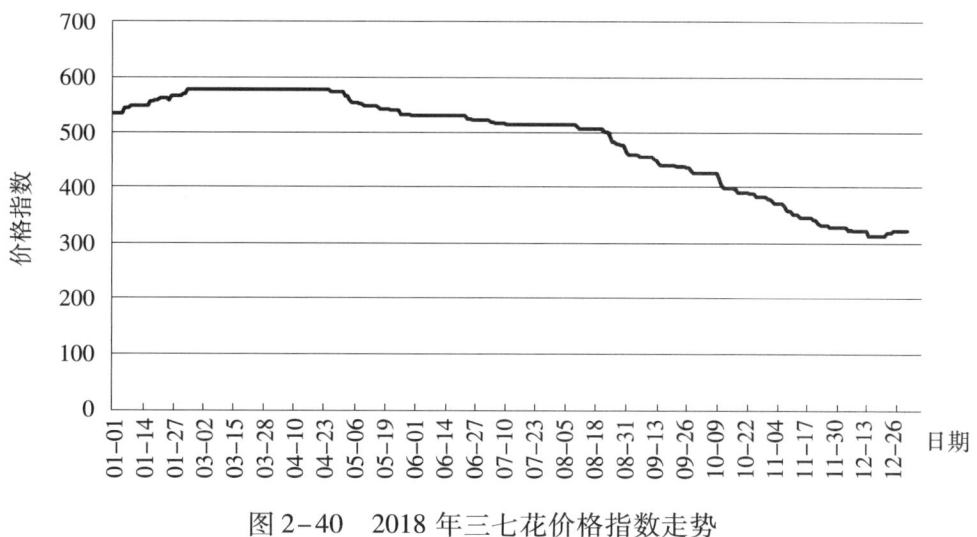

图 2-40 2018 年三七花价格指数走势

- 益智

益智之所以备受关注，是因为其行情每年都波动频繁，产区较为集中，90%以上的货源产于海南，因而极易入手囤积操作。近几年不断有资本介入，加上益智整体的产量盘面本身不大，稍有炒作都极容易引起行情波动。

2018 年益智的行情直线下滑。1—5 月，益智尚未到产新期，市场货源走销稳定，行情相对平稳在 48 元。进入 6 月，益智即将迎来大产新，囤货商担忧产新量较大，开始恐慌性地大量抛售手中货源，在市场需求没有增加反而下降的情况下，大量陈货上市冲击市场，益智行情继续下滑。7 月，益智开始大量产新，种植户和产地收购商不愿留有库存，纷纷降低价格出售手中新货，行情加速大幅下滑，从 48 元下滑至 35 元。截至 12 月底，益智行情已经基本维持稳定，价格在 35～36 元之间波动。2018 年益智价格指数走势见图 2-41。

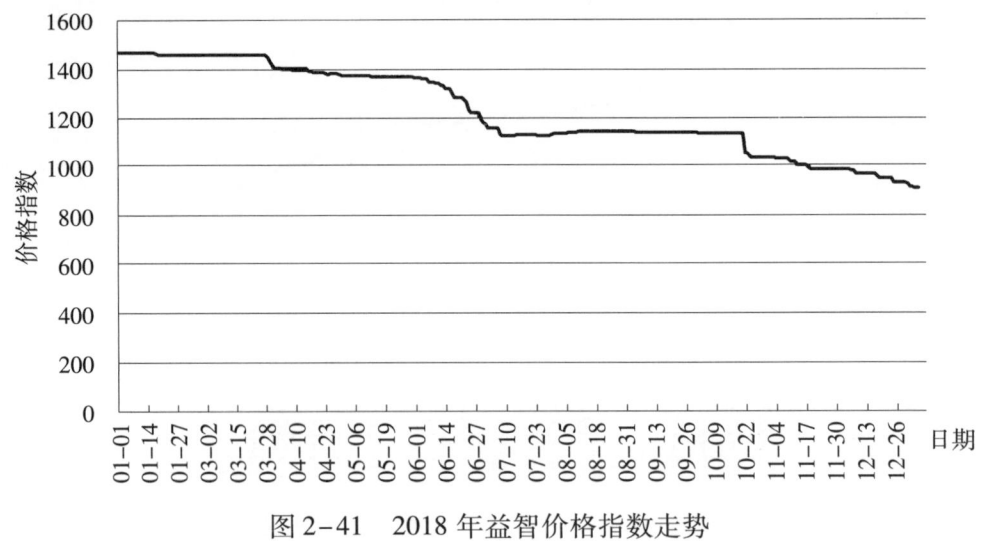

图 2-41 2018 年益智价格指数走势

- 韭菜子

韭菜子属小品种，因市场整体销量不大，其专营性较强，外围商家少有关注。

2017 年新货产量较大，导致市场来货量不断增多，货源得不到良好的消化，行情一直呈稳步下滑趋势。2018 年 3 月，安国市场韭菜子统货价格从 1 月的 40 元左右下滑至 35 元左右。4—6 月，市场由于缺乏实际需求的拉动，货源走动迟缓，商家为了规避风险多采取随购随销模式，加之安国市场 6 月开始市场大检查，货源走动不见好转，市场库存尚丰，行情又有所下滑，安国市场韭菜子统货价格下滑至 30 元左右。7—9 月正值市场销售淡季，货源整体走销不佳，价格小幅下滑至 28 元左右。10 月韭菜子进入产新期，今年新货产出有量，市场虽进入实销阶段，但整体需求不畅，货源走动不快，行情仍呈下滑趋势。截至年底，韭菜子统货价格下滑至 25 元左右，韭菜子市场和产地可供货源充沛，后市行情应以平稳为主。2018 年韭菜子价格指数走势见图 2-42。

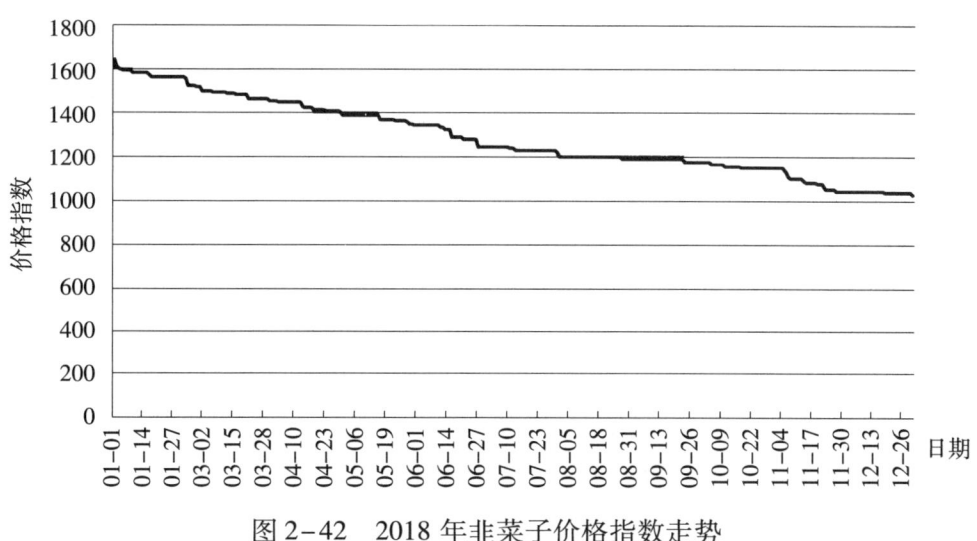

图 2-42 2018 年韭菜子价格指数走势

- 凌霄花

凌霄花前两年价位较高，刺激了药农的种植积极性，产地种植面积翻倍扩展，这两年新货总体产出量增加几倍，使得其价格逐渐下滑。1月初亳州市场凌霄花统货价格为55元左右，相比2017年最高78元的行情，今年持续走下坡路。6—8月是凌霄花的产新季节，新货大量上市，加上市场淡季，整体走势缓慢，行情再度下滑，统货价格为45～50元。到第四季度，行情一直持续下滑到2018年年底的35元左右。凌霄花的高价周期早已结束，迎来的将是漫长的低迷阶段。2018年凌霄花价格指数走势见图2-43。

从长远来看，凌霄花的行情下滑不会止于2018年，凌霄花具有易种植，易管理的性质，即使价格便宜也有农户愿意种植，长期库存充足，新货产新量增加，但年需求量不增加，使得其行情在短期内不易恢复。市场经营商对其行情走势情况较失望，也多是花茶类经营，该品种市场关注商家不多，后市行情不容乐观。

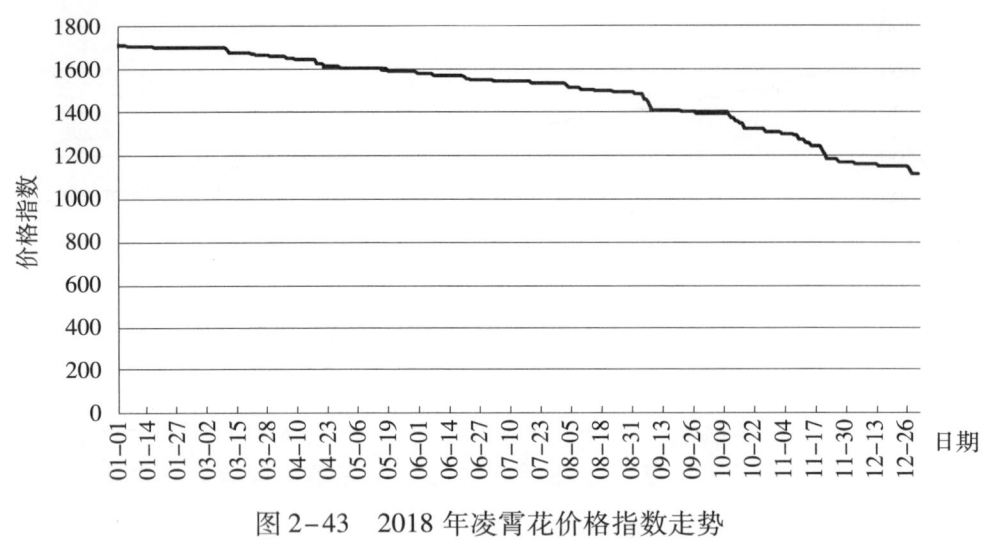

图 2-43 2018 年凌霄花价格指数走势

- 荜茇

荜茇属于冷背调料品种，时有调料专营商捎带经营。荜茇货源供应主要靠进口，其行情波动主要看口岸来货量，因国外产地情况不易调查，而且销售少，因此，市场商家少有关注。

2012—2015 年荜茇行情维持在高位运行，刺激产地扩大栽培，提高采收积极性，而市场需求量小。因此，来货量的增加和库存的积累，致使 2018 年荜茇行情进一步大幅下跌。截至 12 月，价格下跌至 25～30 元。价格越降，专营商购销越谨慎。当前市场走销缓慢，专营商多是以销定购，防范后期价格下跌的风险。2018 年荜茇价格指数走势见图 2-44。

当前，荜茇正处价格下跌通道中，短期内行情仍将在低谷徘徊震荡。

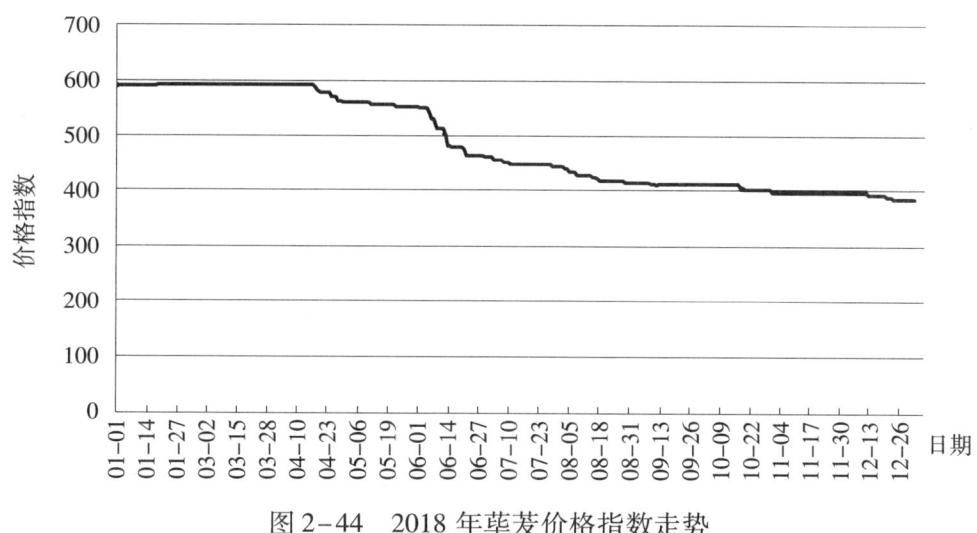

图 2-44　2018 年莗芨价格指数走势

- **太子参**

在 2018 年第二季度，太子参正值生长期，由于受高温天气的影响，多产地太子参爆发叶斑病，使太子参苗部分枯萎坏死，影响太子参根部生长。受此影响，太子参产量出现不同幅度的减少。6 月底，随着产新的临近，市场价格小幅震荡上涨，第二季度震荡幅度为 2.8%。

第三季度初期，由于太子参大量的产新采挖及新货上市，使得货源增多，货源一时走动缓慢，行情价格疲软，出现短期的震荡回落。第三季度末，随着太子参的产新结束，产地行情逐步趋于稳定，市场价格小幅震荡下滑，第三季度震荡幅度为 8.21%。进入第四季度，由于新货产量大，近期购货商家少，货源走动缓慢，行情继续下滑。第四季度末，产地集市太子参货源走动较快，行情价格逐步企稳，短期内太子参新货仍处于消耗期，预计短期内行情价格趋于平稳运行。2018 年太子参价格指数走势见图 2-45。

由于太子参行情持续下滑，产地农户种植的积极性大幅受挫，2018 年种植面积出现不同幅度的缩减，随着今年太子参种植的结束，产地新货源的不断消耗，行情价格逐步企稳，预计短期内行情以稳为主，后市行情变化将在后期生长及货源减少时出现不同幅度的波动。

图 2-45 2018 年太子参价格指数走势

三、其他热门品种市场分析

● 党参

据报道，岷县和渭源县 2018 年上半年习惯性种植生产规模较大，商家对党参关注不足，产新前不断缓跌 2 元。10 月，党参进入产新期，由于 2018 年党参种植面积很大，再加上 2017 年库存尚有，市场产生了一定恐慌情绪，一产新便出现有价无市的状态，接下来行情开始下滑。截至 12 月底，亳州市场甘肃统货价格已经从 10 月的 41 元下滑至 39 元，而甘肃渭源市场供党参药厂货价格也从 10 月的 30 元左右下滑至 27 元左右，鲜货行情也是越走越低，价格疲软。2018 年党参价格指数走势见图 2-46。

12 月底，党参鲜货交易已经基本告一段落，产地市场已经有部分干货面世，大部分加工户正在积极加工。而上市的党参干货走动相对缓慢，不少商家也处于观望状态。

随着春节的临近，党参走动会进一步减少，价格也会随之稳定。不过，总的来说，2019 年党参后市整体行情仍不容乐观。

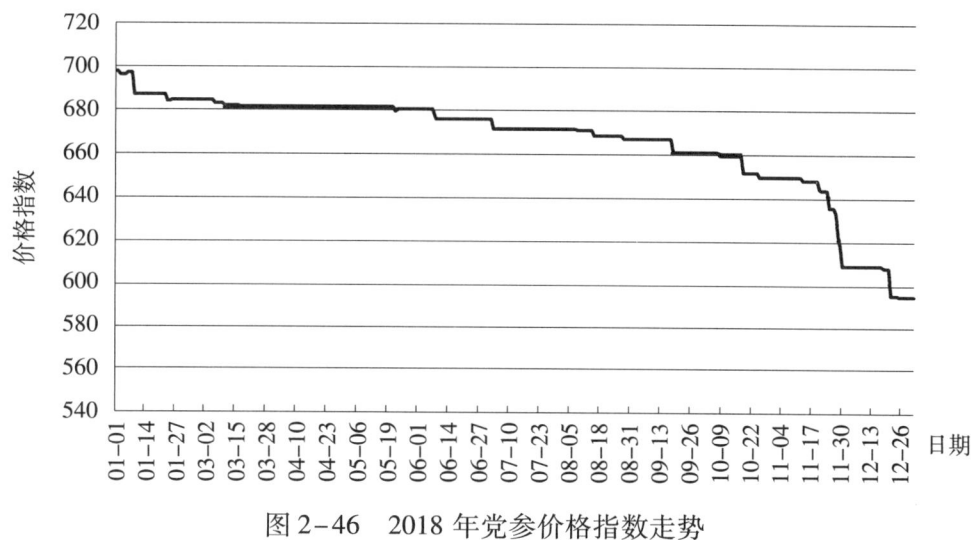

图 2-46 2018 年党参价格指数走势

- **连翘**

连翘属野生品种，产于太行山高山群岭中，极易受疫情、资本因素和极端天气影响，造成行情波动。在每年花期 3—5 月，倒春寒等恶劣天气是影响当年产量的重要因素。花期如果经持续 4～7 天连续零度以下的低温寒潮天气，当年产量就会受影响。因此，每年 3—5 月是奠基全年产量及行情变化的重要节点。

今年清明节期间，主产地山西、河南、湖北、陕西等地降雨、降雪，且持续多天零度以下低温天气，由于当时还在花期，受灾情况还无法确定。在 5 月前后，产地部分商家已嗅到商机，开始囤货，带动价格初步上涨。第二季度末，湖北省郧西县连翘价格为生晒货 36 元左右，水煮货 38 元左右。

在第二、第三季度中期青翘临近产新，商家关注力度增强，人气攀升，各大市场商户前往产地上山考察，开始大量囤货，带动价格再次上涨。6 月底，山西省新绛县连翘开始产新，价格为鲜货 11 元左右，生晒货 40～42 元，水煮货 43～45 元。

正常情况下，7 月初至 9 月初连翘产新结束，而今年连翘在花期受寒潮天气影响，部分产区受灾严重，大部分产区产新期于第三季度末才结束，产量为历年最少，预计今年连翘新货干品总产量约 1600 吨，随着产新减产情况逐渐明朗，在产新初期，新货干品还未大量上市，连翘价格就开始逐步攀升。7 月中旬，山西省新绛县连翘价格为鲜货 13～14 元，生晒货 43～45 元，水煮货 46～48 元。

第三季度末，连翘产新结束，新货大量上市，由于价格较高，新货干度欠缺，市场商家多持观望态度，行情趋于平稳，价格微滑。10月底，亳州市场连翘价格为生晒货41～42元，水煮货43～44元。

截至12月底，随着全国中药材市场重点整治，各大市场需求不畅，产地及市场货源充足待售，商家关注力度减弱，持货商售货意愿增强，货源走动缓慢，行情疲惫，各大市场商家多以勤进快销为主，产地货源小批量走动缓慢，行情疲软，价格再次下跌。亳州市场连翘价格为生晒货38元，水煮货42元。2018年连翘价格指数走势见图2-47。

预计短期内连翘行情价格将趋于平稳运行，如果明年连翘在花期内没有遭受灾害性低温，后市行情将继续下滑。

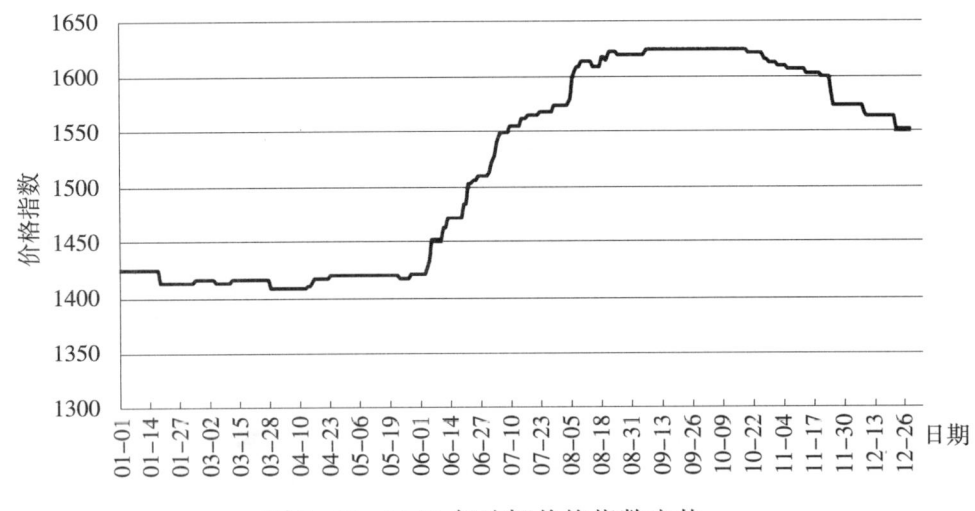

图2-47　2018年连翘价格指数走势

- 麦冬

麦冬在2月底开始产新，产新前，产地和市场货源都不多，在企业正常年初的采购需求拉动下，货源走动较为顺畅，行情也显坚挺，进入3月，随着新货陆续上市，货源得到补充，行情缓慢下滑，在小幅震荡中运行，成都市场麦冬中统货价格由产新前的82元左右下滑至62元左右。7月中上旬，麦冬主产区四川绵阳遭遇了持续性大面积暴雨，使在地麦冬不同程度地受灾，在正常需求拉动和商家关注度增高的情况下，大商家介入，带动行情上涨，麦冬中统货价格由62～63元逐渐上升至80元左右。截至12月底，行情仍然在坚挺中运行。2018

年麦冬价格指数走势见图2-48。

目前产地还有部分货源待售，且货源多数集中在大客户商家手中，农户和散户手中货源不多，近期到产地寻货商家虽多，但实际购销量并不大，持货商家要价依然坚挺。成都市场货源量不多，商家购货多以实际需求为主，谨慎购销中。

麦冬属大宗常用品种，年需求量较大，受近几年药厂日趋严格的用药标准影响，市场合格货源量不大，产地货源多数集中在大客户商家手中，所以，短期内麦冬行情将在坚挺中运行，新产地较多，且麦冬用途多样，后期的麦冬行情将随着在地麦冬产出量的变化而变化。

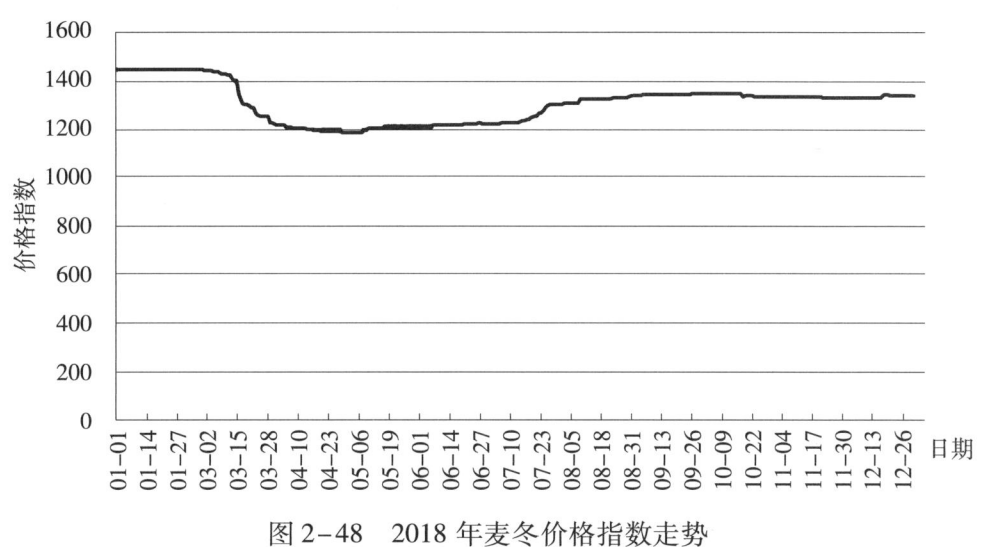

图2-48　2018年麦冬价格指数走势

- **黄连**

进入2018年的药企采购季，黄连行情小幅波动平稳运行。5月初，药市逐渐进入销售淡季，受市场需求不旺影响，商家关注度降低，行情出现疲软。5月底，成都市场鸡爪黄连价格从140元左右下滑至135元左右，单支黄连价格从150元左右下滑至140元左右，商家多按需购进。8月底，临近产新，受市场货源存量充足影响，部分持货商家出货意愿增强，行情开始缓慢下滑。11月底，单支黄连价格从140元左右缓慢下滑到115元左右，鸡爪黄连价格从135元左右下滑至100元左右。进入12月，部分产区已经停止采挖，产新基本结束，购货商家增多，行情出现小幅反弹。截至12月中旬，成都市场单支黄连价格为 120 元左右，鸡爪黄连价格为 105～115 元。2018 年黄连价格指数走势见图 2-49。

由于历史上曾有超过 200 元的高价位，关注黄连的商家较多，2014 年种植扩种面积较大，致使黄连存量较多，2015 版《中国药典》颁布后，用药单位对黄连质量的要求越来越严格，目前产出的黄连质量差异较大，部分持货商家出货意愿增强，致使前期行情出现疲软下滑。

黄连是一个生长年限较长的品种，近几年行情低迷，使种植面积逐年递减，且部分种植户对在地黄连疏于管理，在地黄连长势也不如以前，所以现市场新货好货并不多。在正常需求拉动下，近期行情出现小幅反弹，短期内行情将以坚挺为主。由于国家对中药材的监管力度加强，用药严格，而社会库存有量，后期的黄连行情将逐渐进入两极分化状态。

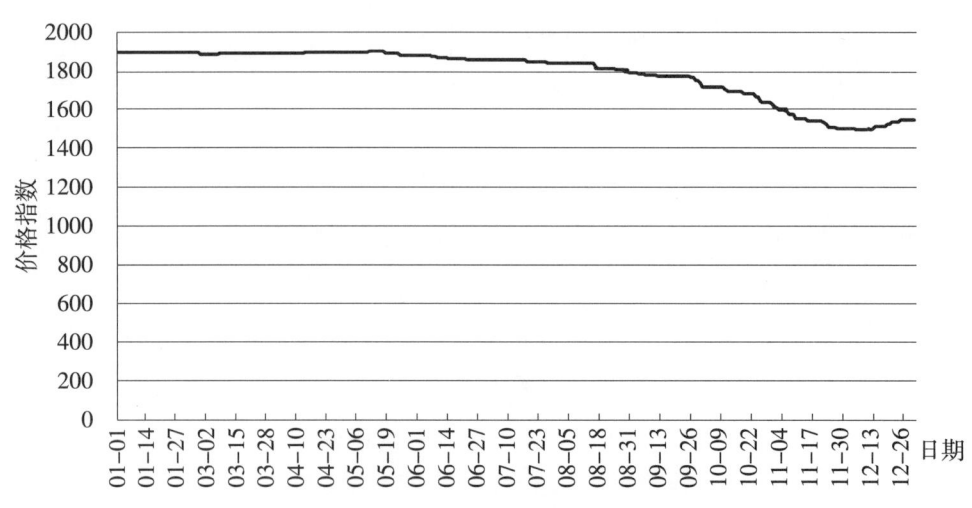

图 2-49　2018 年黄连价格指数走势

- 黄芩

今年春，流感波及全国范围，作为刚需用料，黄芩价格坚挺，货物购销走动顺畅，6 月开始随着补货完成，市场监管曝光，重点饮片重点整治专项在全国范围内展开，有大货的商家开始持观望态度，减少风险。但由于种子减产，籽种行情微涨，加上 8 月环保整治的开展，加工户也减少加工量，价格进一步向下探。10 月开始产新，由于新货冲击，价格下调 1～2 元。陕西陈统货价格为 18～19 元，山西统货价格为 21 元，鲜货价格为 6.5～7 元，足年份的黄芩货少。随着冬至的到来，12月黄芩基地已经上冻，鲜货采挖也基本告一段落，产地加工户忙着加工，新货还未上市。产新以来，黄芩价格也有小幅下滑，亳州市场山西家种黄芩统货价格从21元下滑至20元左右。2018年黄芩价格指数走势见图2-50。

黄芩价格下滑的主要原因是市场走动较差，市场库存积压，随着产新的到来，产地和市场都急于出掉手中的部分库存，以待观察产新情况。

但从产新的情况来看，2018年黄芩鲜货产量总体呈调整趋势，而且根条质量也较往年差，陈货库存也多为次货，好货难求。因此不少商家看好后市，认为后市行情下滑的可能性很小，特别是好货，预计后市还有一定的上涨空间。

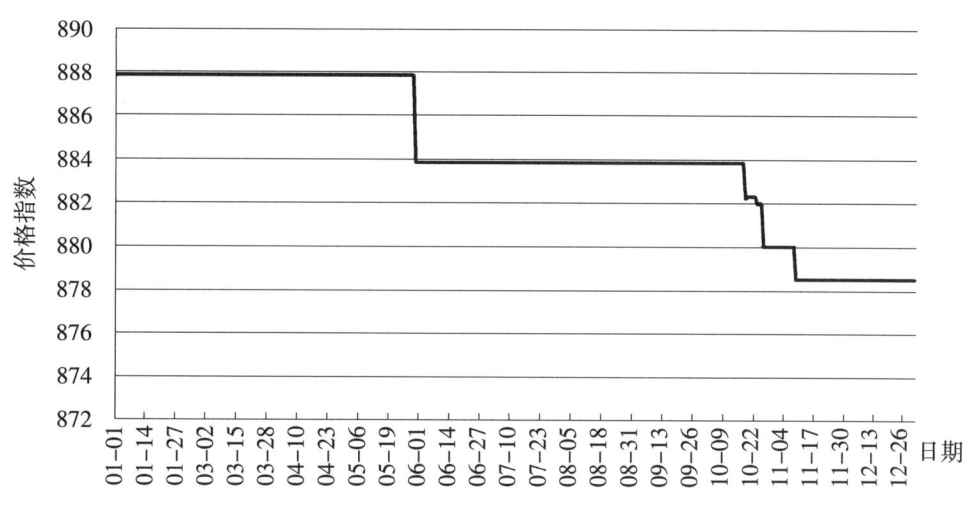

图2-50　2018年黄芩价格指数走势

- 丹参

2018年丹参在亳州市场的价格稍微上涨，涨幅为1.35%。1月山东丹参统货在亳州市场的价格为16元左右。2月市场走快价格上扬，种苗走势也加快。3月采挖速度减慢，价格升至17元并保持。进入11月，丹参产新来临，市场行情疲软，价格下滑。12月市场价格回落至16.3元左右并有继续下滑的趋势。2018年丹参价格指数走势见图2-51。

2015年随着丹参种植面积增加，市场价格落入低谷。2016年虽因价低导致全国丹参种植减少，然库存仍丰，在11元低价震荡。2017年丹参产区种植面积继续减少，并且在生长期间，山东主产区受旱灾影响减产，市场价格上涨。2018年初持续保持高价。受年初高价影响，2018年产区种植面积扩大了30%～40%，受行情利好影响，当时山东丹参种植的鲜根种苗价格为 0.06～0.07 元/株，较 2017 年同期高出 1 倍。产区种植规模的扩大，结构性地减少了丹参干品市场的供应量，维持了丹参高价期。2018 年产新时，丹参产新量较 2017 年增加 30%～40%，市场需求减缓，丹参后市将持续下滑。目前产新已结束，2019 年各丹参产区种植热情仍不减，市场行情将陷入低谷。

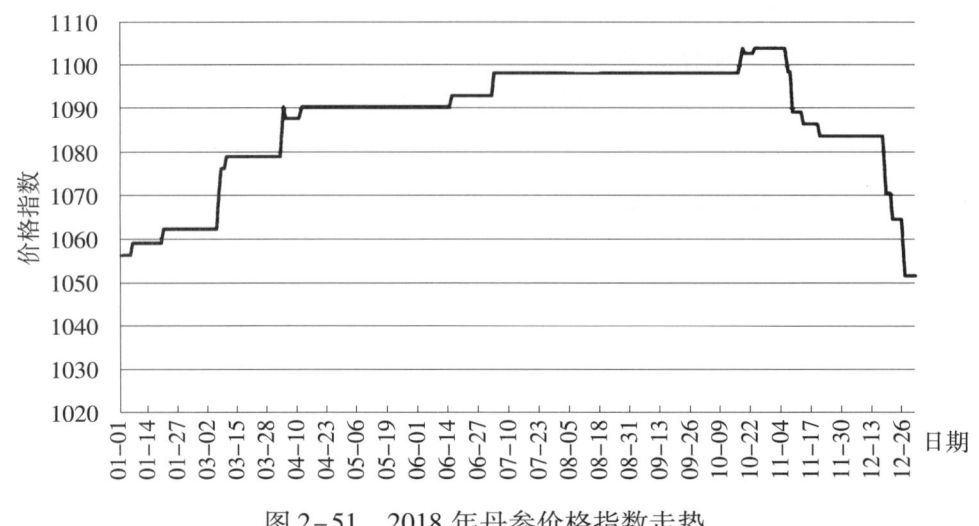

图 2-51　2018 年丹参价格指数走势

- 黄芪

2018 年年初到年中，由于黄芪庞大的在地和在库积压量，商家看弱后市，市场购销不积极，一直处于平稳状态。10 月，黄芪开始产新，在大面积种植和庞大的库存下，黄芪价格开始不断走低。而产新后，产地黄芪鲜货走动迟缓，价格稳中有降，鲜货中条价格为 4 元，按 3∶1 的折干率计算，加上人工费和损耗，加工成干货后的成本达到 14 元。截至 12 月底，亳州市场黄芪中条价格已经从 10 月的 17 元下滑至 15 元左右。甘肃市场黄芪中条价格为 15.5 元，无限接近近 7 年的最低价 15 元，种植利润同比已经相当低了。2018 年黄芪价格指数走势见图 2-52。

黄芪鲜货正处加工期，预计在 2019 年 1 月初开始上市，新货上市将会冲击旧货行情，预计未来黄芪行情将稳中见跌。

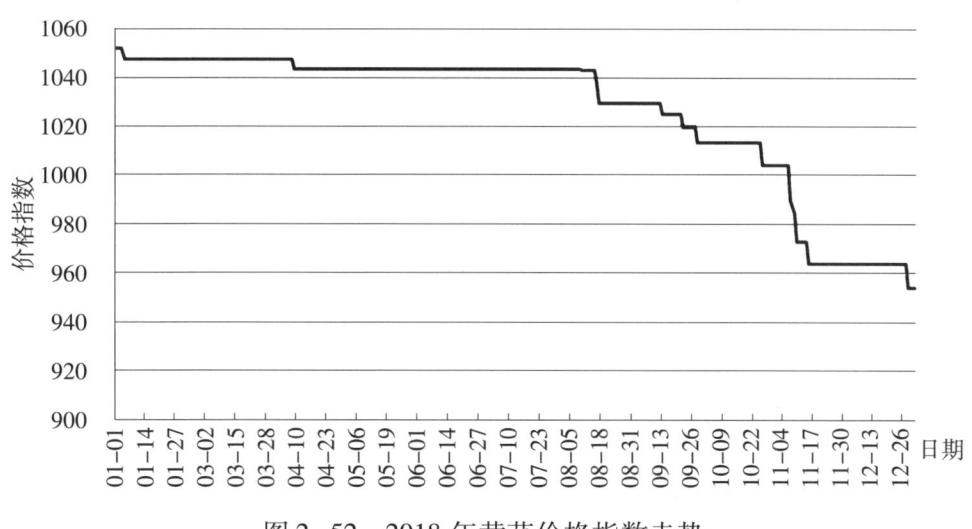

图 2-52　2018 年黄芪价格指数走势

- 金银花

2018 年 1 月开始，金银花继续保持 2017 年坚挺上扬行情，亳州市场山东统货 130 元左右，市场库存薄弱。5 月，金银花产新来临，药商、药厂、凉茶厂等需求商到产区增加收购力度，金银花行情迅速上涨至 160 元左右。由于头茬花产新量少，显现出行情继续上扬，6 月金银花行情升至 210 元左右。7 月行情趋于平稳，行情调整至 200 元左右。由于接近历史高价，成交量降低，12 月金银花行情调整至 190 元左右。2018 年金银花价格指数走势见图 2-53。

金银花是重要的清热解毒类疫情品种，年需求量约 1.3 万吨，药食两用，应用广泛，茶饮需求量较大，由于前几年价低，药农疏于管理，植株出现老化现象，加上采摘成本高、除草剂滥用等原因，2018 年河北、河南、山东三大主产区产能相比正常减弱，陈旧库存空虚，供给与需求矛盾显现，因此金银花价格大涨。冬春之交是疫情的高发期，金银花市场关注度开始增加，货源走动顺畅，行情坚挺，短期将继续保持并有小幅上扬之势。但由于 2017 年、2018 年金银花的高价行情，促使产区大力发展金银花种植，2019 年 5 月新产区的产量将影响金银花的后市行情变化。

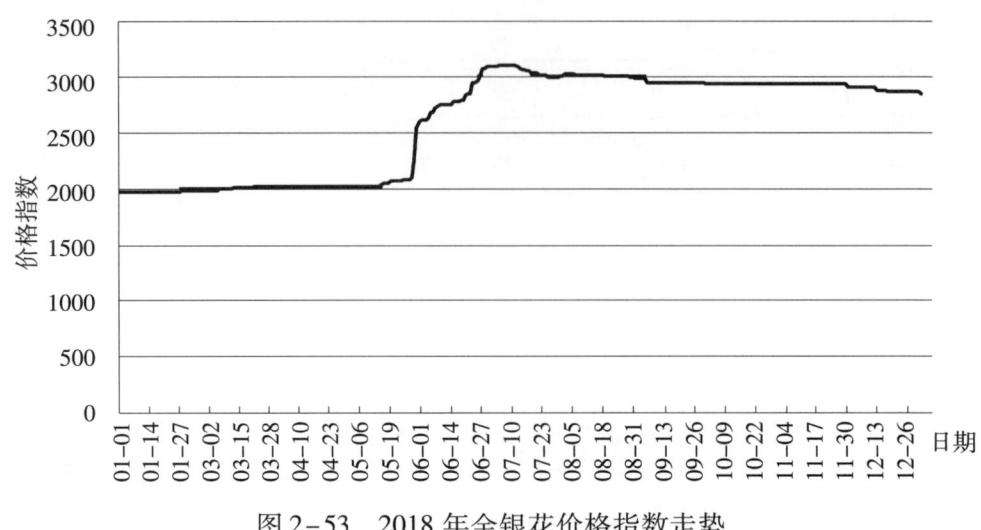

图 2-53 2018 年金银花价格指数走势

- 红花

因新疆、云南两大产区交替产新，全年不间断，近年来红花的关注力度下降，其价格近几年一直在成本价徘徊。低价促使产地生产缩减、库存消化，在第一季度，市场货源走动多以实销为主，行情无明显波动，市场上的云南货和新疆货基本持平，安国市场红花统货价格在 100 元左右。第二季度云南红花进入产新期，受当地干旱天气影响，新货产量减少，产地购货商家增多，货源走动较快，带动行情上涨。7 月虽新疆产区进入产新，但产量不大，导致红花持续上涨至 120 元左右。因短期内价涨迅速、涨幅过大，且专营商手中已多有存货，因此进入第三季度，产地购货商转少，货源走销不快，行情转稳。进入第四季度，市场货源进入实销阶段，两地货价基本一致，小批量走量畅快，行情在小范围内波动。截至 2018 年底，红花统货价格在 120～125 元之间。2018 年红花价格指数走势见图 2-54。

红花的生长周期较短，单产量低，采摘成本较高，但今年红花价位较好，属于历史最高价，带动产区药农的种植积极性，后市行情将波动调整。

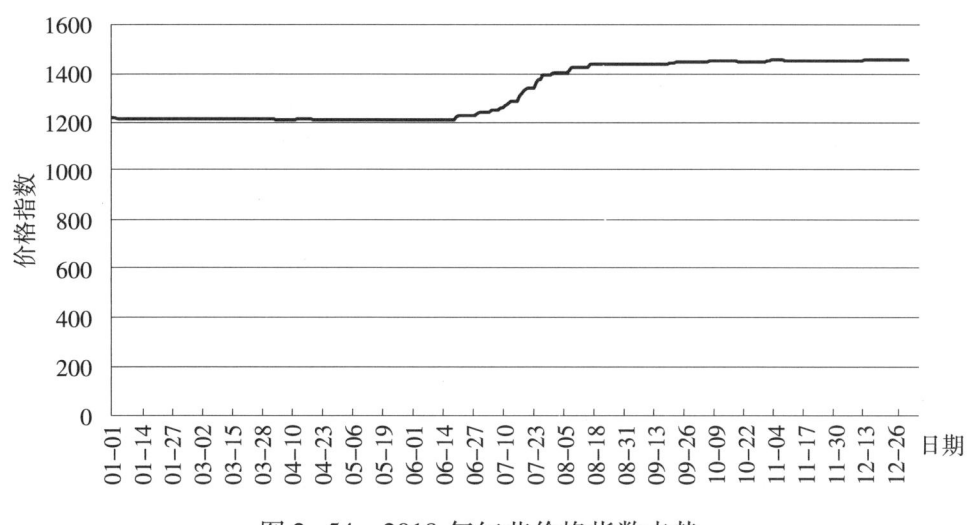

图 2-54　2018 年红花价格指数走势

- 蒲公英

蒲公英为草药类品种，生产易恢复，行情多平稳。因此，蒲公英历史上多是在低位平稳运行，行情一直少有波动。

蒲公英适应性强，产区较多，家种、野生资源并存，且家种是一年种植，可几年收获，如管理到位，一年可收割 4～6 茬，亩产量较高，生产易恢复。受前几年价低影响，家种生产缩减，2017 年底蒲公英籽曾一度高达每千克 200 元，创历史新高，这一方面反映生产基础薄弱，种子难寻，但同时也说明产区种植积极性在增加，因此，2018 年蒲公英行情也是"前高后低"：5 月中旬前，价格不断升高，达到历史最高价，是受 2017 年产量少、库存少因素支撑。后期价格下跌，是随着新货上市量增加，致使价格回调。2018 年蒲公英价格指数走势见图 2-55。

近两年，蒲公英作为有机、绿色食品，其以清热解毒的药效闻名，故消费量有一定增加，亦是其不断涨价的助推力。

蒲公英野生含量高，家种与野生的价格差距较大，尤其是符合《中国药典》标准的野生货源价更高，当前，在用药监管趋严的背景下，估计野生与家种的价格将一直保持较大差距。

家种蒲公英的生产易恢复的特性，决定了其价格难以再向上，种植户不要盲目跟风。野生货受采收工价提升、采挖人员减少的因素影响，产量也难以大增，估计近期野生蒲公英行情走势以稳为主，而家种品将震荡下滑。

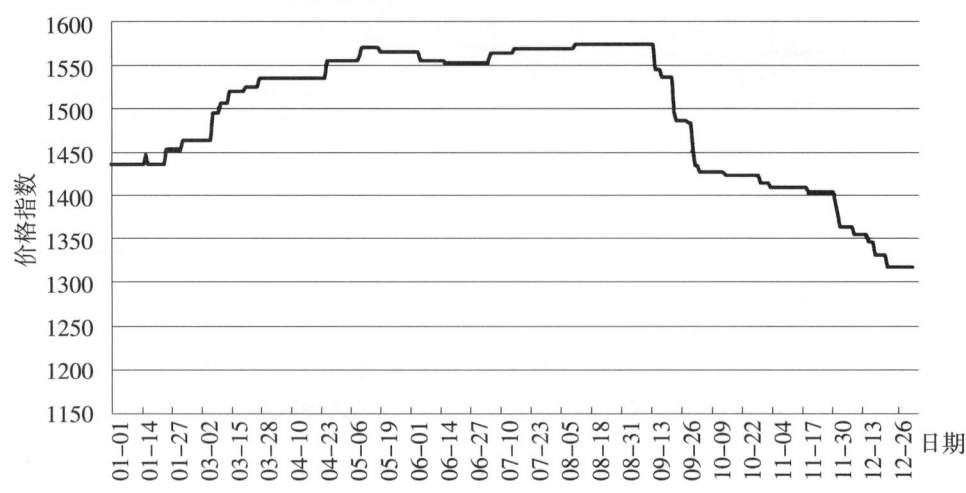

图 2-55　2018 年蒲公英价格指数走势

- **吴茱萸**

吴茱萸是近两年市场上的明星品种，经过两年的行情大涨后，进入 2018 年，上涨行情并没有停止的意思。2018 年上半年，吴茱萸价格指数继续上涨近 20%。6 月底，吴茱萸江西中花市场报价为 480～500 元，小花价格在 420～450 元。

持续高价极大地刺激了吴茱萸种植户的积极性，不仅仅是江西产区在大面积扩种，广西、湖南等地也开始大面积扩种吴茱萸。2018 年 8 月吴茱萸迎来产新，由于吴茱萸挂果率较高，再加上多个地方大量扩种，2018 年正是开始挂果的时期，所以今年的吴茱萸产新量比往年大大增加，产新没多久就已经有大量新货上市，冲击市场行情，导致行情大幅下滑。至 9 月产新末期，吴茱萸中花价格为 300 元左右，小花价格为 250 元左右。但对于种植户而言，相比于 2015 年的 80 元，今年这样的行情依然有很大的利润，种植积极性依然很高。

2018 年 10 月，吴茱萸进入实际消化阶段，货源走销转畅，行情开始出现小幅上调，截至 12 月底，吴茱萸走销稳定，行情也趋于平稳，小花价格为 260～280 元，中花价格为 330～350 元。2018 年吴茱萸价格指数走势见图 2-56。

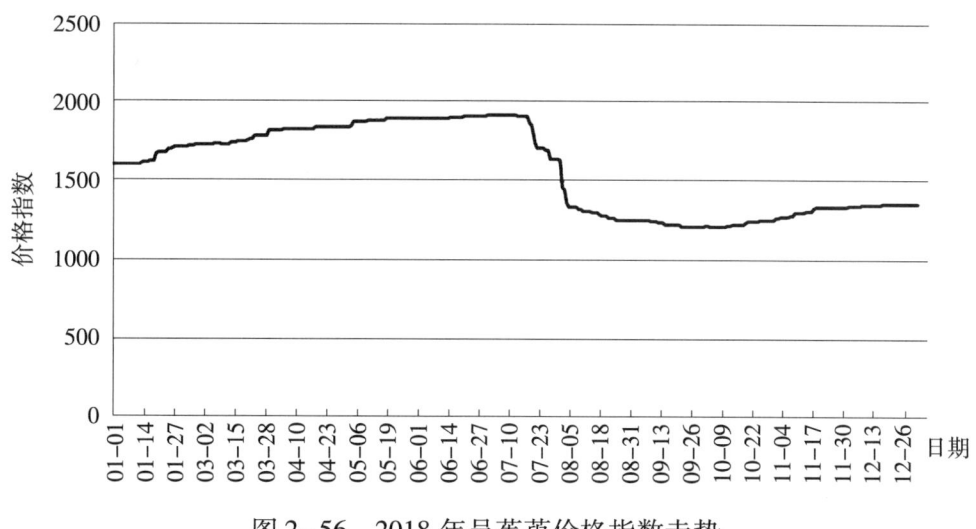

图 2-56　2018 年吴茱萸价格指数走势

● 三七

中秋节过后，三七新货陆续上市，产新就此拉开序幕。新货的到来对于本就疲软的三七行情造成了一定的冲击，截至 12 月底，亳州市场 60 头三七价格从 10 月初的 220 元下滑至 185 元，而其间 11 月份最低更是跌至 175 元。价格的下滑并未让货源的走动有所加快，萧条依旧。2018 年三七价格指数走势见图 2-57。

2017 年价格小幅上涨之后，三七价格一直处于下滑趋势，主要原因还是库存量大。虽然三七的需求量较以前已经有很大幅度的提高，但近两年市场经济萧条，各种中药材走动都有所放缓，因此庞大的库存得不到消化，价格也自然走下坡路。接下来，三七还将继续面临种植面积调减和库存消化的漫长过程。

图 2-57　2018 年三七价格指数走势

- **白豆蔻**

白豆蔻主产地在印尼的爪哇、苏门答腊、加里曼丹等地区，我国的白豆蔻几乎全部依赖进口。

2018 年 1 月，市场上不断有产区来货，持货商出售较为积极，市场货源消化不佳，行情逐步下滑至 4 月中旬，白豆蔻价格从 55 元下滑至 35 元。到了 4 月底，口岸来货受阻，市场来货量显紧，关注度一下被拉高，商家惜售心理加强，行情出现反弹。随后，获悉产区反映今年产量减少，商家关注力度再一次增加，口岸来货依旧不大，商家购进积极，货源走动加快，随着库存的进一步消化，持货商惜售心理加强，行情一路飙升。9 月，玉林市场白豆蔻价格上涨至 60 元。由于价升过猛，市场一时无法接受，商家购货量下降，货源走动变缓，行情转为下调，白豆蔻价格下滑至 56 元。随后，口岸来货虽然不多，但由于香料整体市场走势不佳，白豆蔻一直处于消化，行情平稳。2018 年白豆蔻价格指数走势见图 2-58。

白豆蔻是需求量较大的品种之一，近年来销量达到 3000 多吨，也是市场商家较为关注的品种。进口品种的行情跟口岸来货量息息相关。由于今年口岸来货量较少，加之产区传来有减产迹象的消息，从而推动了行情的快速上升，而实际上市场库存还尚未完全消化，产新状况还未明朗，所以在高价后采购商谨慎心理加强，行情稍有回调。

近年来口岸来货量不大，老库存得到一定消化，预计短期内下滑幅度不大，后市根据口岸来货和市场消化状态，行情还会有所调整。

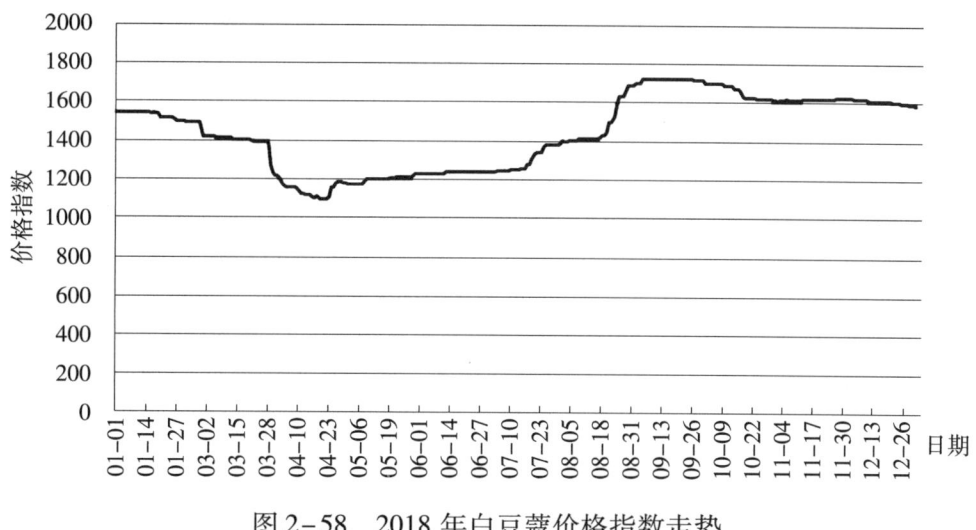

图 2-58　2018 年白豆蔻价格指数走势

- **蔓荆子**

2015 版《中国药典》的颁布确定了江西蔓荆子的市场地位，给予其行情上涨的契机。江西产区的蔓荆子为单叶蔓荆子，个头较小，其含量和浸出物是药典标准的 2～3 倍，备受药厂和商家青睐；而进口和云南等产区的蔓荆子为三叶蔓荆子，其含量和浸出物均低于药典标准，只能作为替代品限制使用。

经营商家表示，蔓荆子年需求量约 1000 吨，而目前能达到药典标准的货还不足百吨，缺口较大，供求矛盾十分突出。近年来食药监部门对中药材质量高度重视，中药材种植领域已是重点监管领域，这使得达标的单叶蔓荆子更加稀缺，行情不断上涨，特别是从 2017 年底开始，上涨的速度加快了。

由于存在供应缺口，加上市场情绪的推波助澜，2018 年初延续了上一年底的快速上涨行情，元旦至春节前就涨了约 50%，2 月初蔓荆子进口统货市场报价在 22～25 元，云南统货报价 25 元左右，江西统货报价 220～230 元。随着行情的上涨，蔓荆子有价无市，2—6 月价格在高位平稳运行。7 月正是蔓荆子产新的时节，受持续高价影响，蔓荆子产新出现了抢青现象。新货的补充缓解市场供应压力，价格开始回落。但产新抢青，也导致后续的产量下降，所以至 9 月，蔓荆子行情又有所回升。截至 2018 年底，蔓荆子江西统货价格为 200 元左右，云南统货价格为 18～20 元。2018 年蔓荆子价格指数走势见图 2-59。

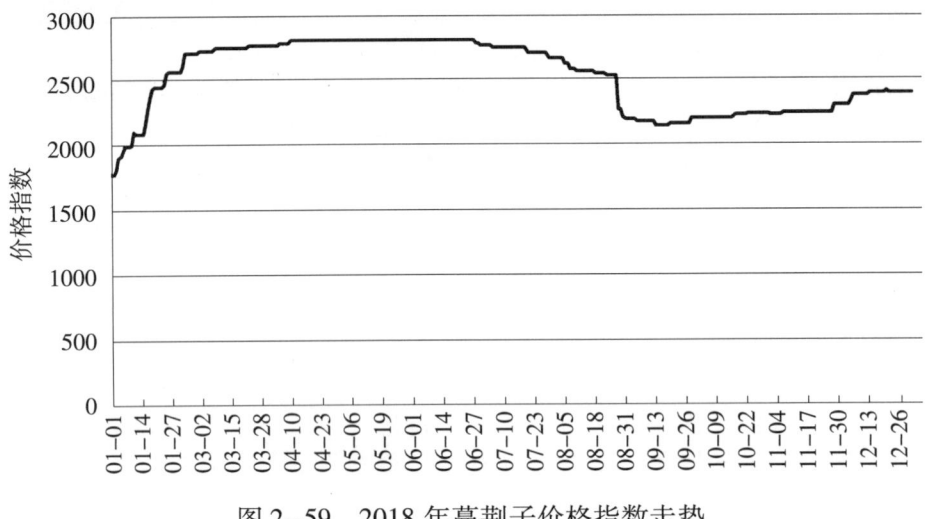

图 2-59　2018 年蔓荆子价格指数走势

- 山柰

山柰属于香料品种，产区主要分布在广西、广东，另外也有大量货源来自进口。山柰基本通过玉林市场销往全国，但每年销量有限，市场货源走销量也不大。2017 年的山柰行情大幅上涨，导致山柰产区的种植积极性大大提高，种植面积也大幅扩增，在市场需求有限的情况下，这势必会引起行情大幅下滑。2018 年 1—3 月是山柰的产新时期，新货上市不多，货源大多集中在产地加工户手中，山柰也一直保持平稳运行。4—9 月是香料品种的淡季，再加上进口货源的冲击，山柰行情开始大幅下滑。进入 10 月后，山柰开始进入旺季，玉林市场商贩开始来产地大量拉货，山柰价格也开始进入反弹阶段。截至 12 月，市场进口山柰统货价格为 28～30 元，云南山柰统货价格为 37～38 元。2018 年山柰价格指数走势见图 2-60。

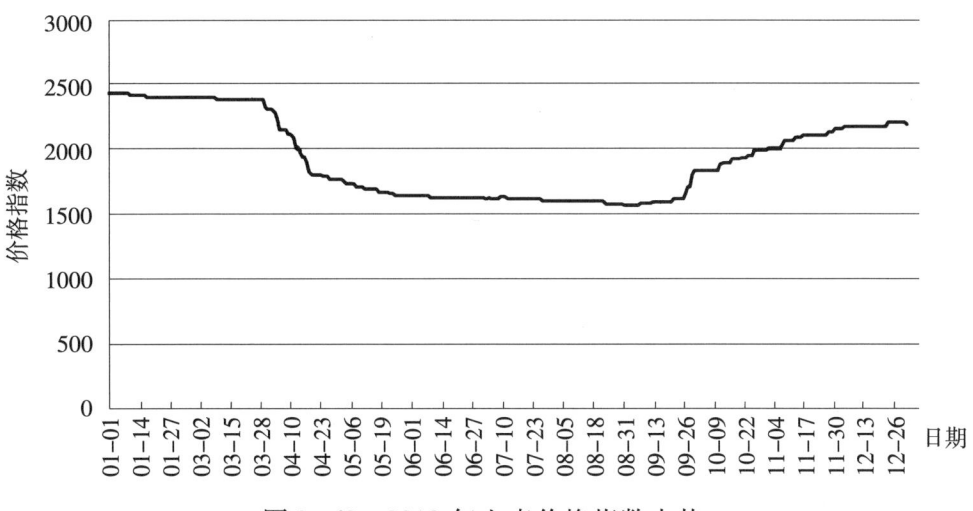

图 2-60　2018 年山奈价格指数走势

第三章

中药材价格数据挖掘与大数据发现

第一节 聚类分析

康美·中国中药材价格指数涵盖的515个中药材品种涨跌走势不尽相同。对2018年515个品种的指数走势数据进行挖掘分析，通过聚类分析可将515个品种的走势特征分为四大类14小类，走势聚类的整体情况如表3-1所示。

表 3-1 走势聚类的整体情况

趋势特征	走势特征	品种数量
上涨	稳步上升	5
	分阶段上升	18
	先平后升	19
	先升后平	9
	反"Z"字形	29
下跌	稳步下降	16
	分阶段下降	33
	先平后降	44
	先降后平	8
	"Z"字形	14
震荡	"V"字形	10
	倒"V"字形	7
	震荡	12
稳定	变化幅度小	291

一、上涨

（一）稳步上升

价格指数稳步上升的品种不多，仅5个，分别是广藿香、白蔹、诃子、安息香、胡黄连（表3-2）。从图3-1可看出，这5个品种的指数走势基本是直线上行。

表3-2 "稳步上升"品种

序号	1	2	3	4	5
1	广藿香	白蔹	诃子	安息香	胡黄连

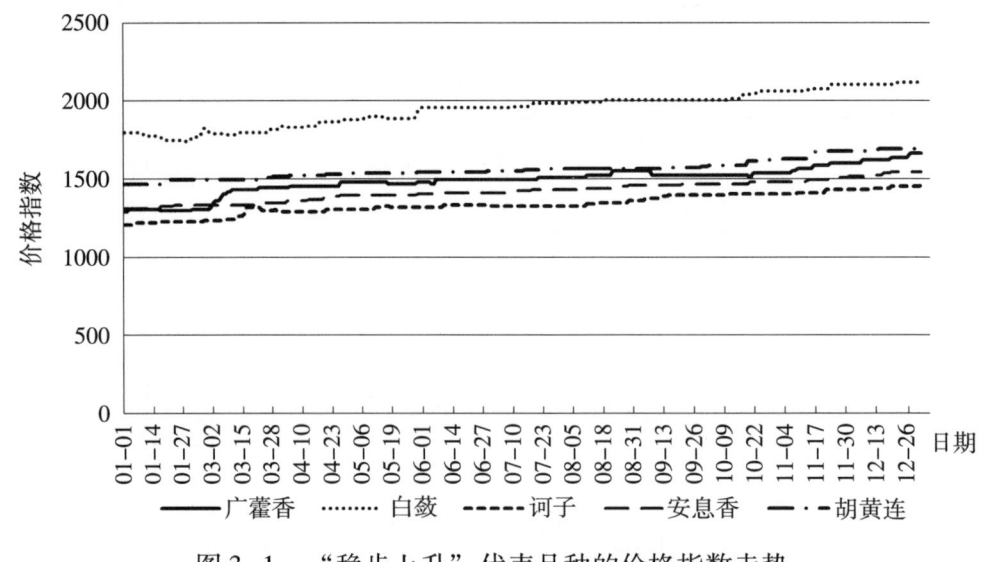

图3-1 "稳步上升"代表品种的价格指数走势

（二）分阶段上升

共有18个品种指数走势属于分阶段上升（表3-3）。从图3-2可看出，分阶段上升的品种走势整体保持上升，但具有分阶段的特点。例如，天葵子的走势分两个连续上升的阶段，西青果则是多次、快速地上调。

表 3-3 "分阶段上升"品种

序号	1	2	3	4	5	6	7	8	9	10
1	天葵子	西青果	冰片	锁阳	旋覆花	白扁豆	八角茴香	锦灯笼	山楂	没药
2	姜黄	雷丸	海螵蛸	石楠叶	樟木	鸡血藤	拳参	地龙		

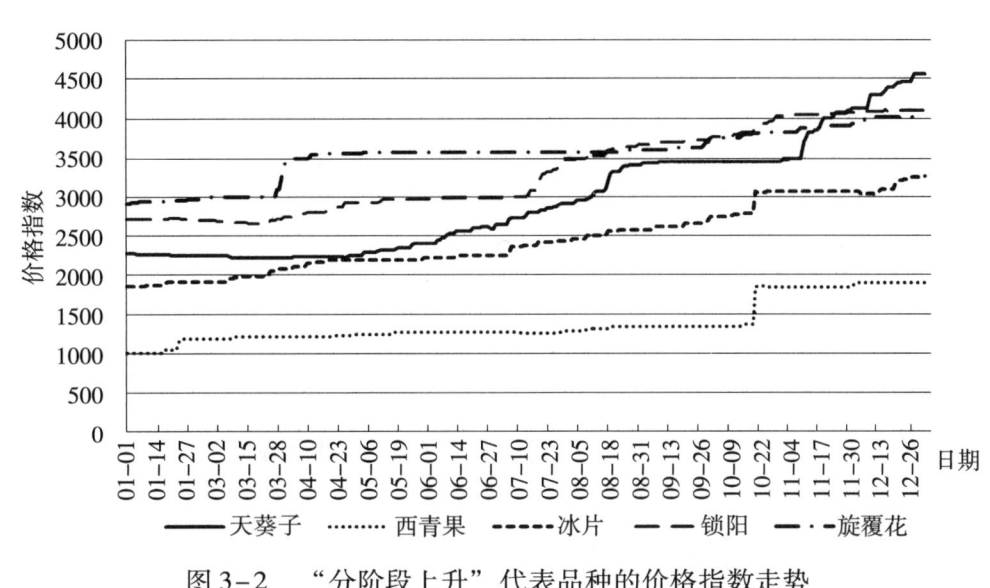

图 3-2 "分阶段上升"代表品种的价格指数走势

(三) 先平后升

19 个品种指数走势呈现先平后升(表 3-4)。从图 3-3 可看出,这类品种均是在年初保存一段稳定的行情,随后出现持续至年底的上涨行情。

表 3-4 "先平后升"品种

序号	1	2	3	4	5	6	7	8	9	10
1	石决明	白头翁	合欢花	骨碎补	石膏	鹅不食草	白毛藤	马鞭草	防己	薏苡仁
2	夏天无	大黄	琥珀	川牛膝	土荆皮	冬凌草	滇枣仁	独活	预知子	

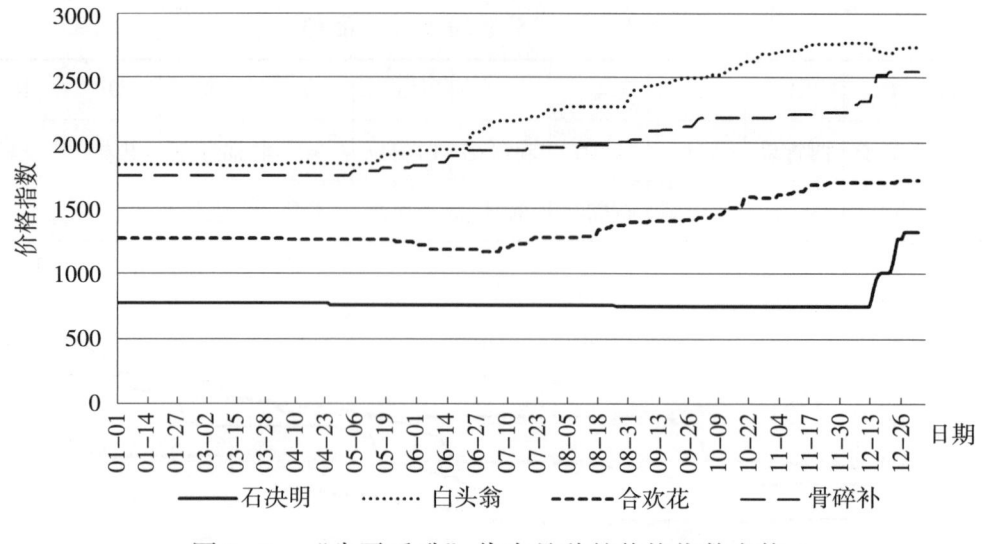

图 3-3 "先平后升"代表品种的价格指数走势

(四)先升后平

指数先升后平的品种有 9 个(表 3-5)。从图 3-4 可看出,先升后平的走势呈现为年初指数持续上升,随后出现平稳行情,并持续至年末,其变化效果类似先平后升的品种,只是发生顺序颠倒了。

表 3-5 "先升后平"先品种

序号	1	2	3	4	5	6	7	8	9
1	苦地丁	龙胆	苍术	鱼脑石	蛇莓	血竭	百合	猪牙皂	滑石粉

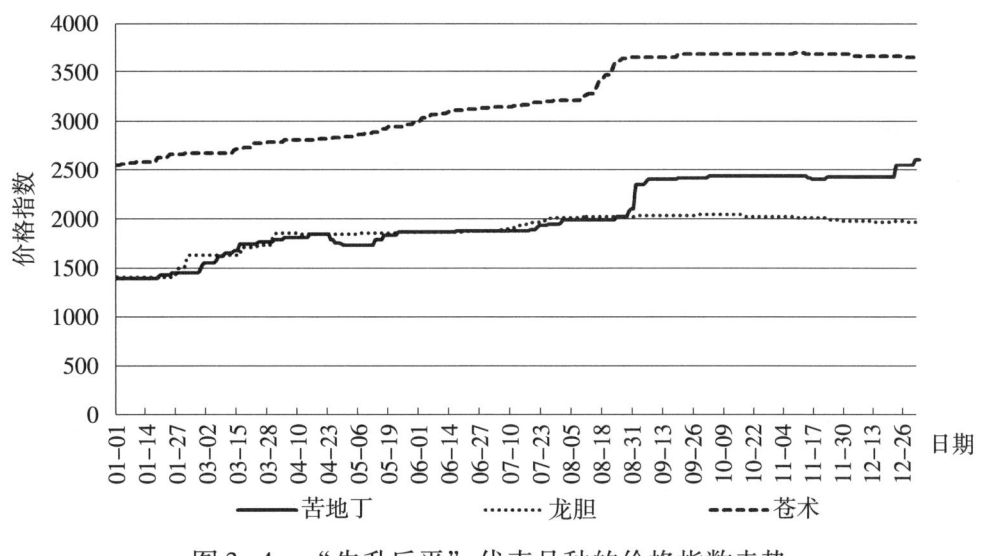

图 3-4 "先升后平"代表品种的价格指数走势

(五) 反 "Z" 字形

反 "Z" 字形即为 "平－涨－平" 的形态。2018 年指数走势呈现反 "Z" 字形的品种有 29 个（表 3-6）。从图 3-5 可看出，反 "Z" 字形代表品种的指数走势在年初、年终是稳定的，在年中的某个时间段出现一次明显的上涨行情。

表 3-6 "反'Z'字形"品种

序号	1	2	3	4	5	6	7	8	9	10
1	碧桃干	海藻	海龙	樟脑	苦杏仁	金银花	紫河车	草豆蔻	酸枣仁	南五味子
2	雷公藤	柏子仁	郁李仁	刘寄奴	紫草	金橘叶	佛手花	红花	龙骨	海马
3	黄瓜子	牵牛子	淫羊藿	枸骨叶	麻黄根	垂盆草	月季花	僵蚕	地榆	

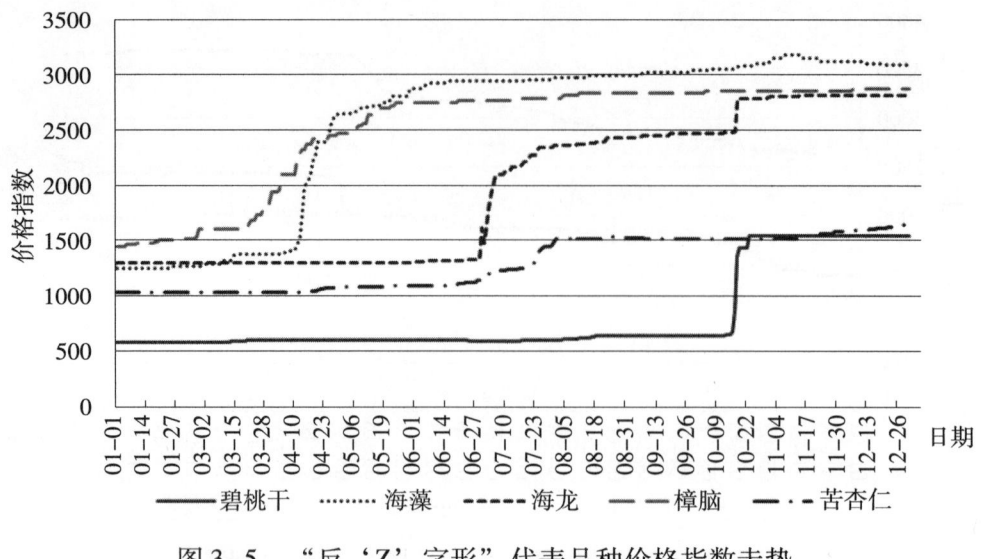

图 3-5 "反'Z'字形"代表品种价格指数走势

二、下跌

(一) 稳步下降

稳步下降的品种有 16 个（表 3-7），比稳步上涨的品种多，契合 2018 年总指数整体下行的特点。从图 3-6 可看出，稳步下降代表品种的指数走势图呈现直线下行。

表 3-7 "稳步下降"品种

序号	1	2	3	4	5	6	7	8	9	10
1	韭菜子	凌霄花	浙贝母	透骨草	野菊花	芫蔚子	半边莲	防风	白术	延胡索
2	菊花	母丁香	蛇床子	公丁香	急性子	连钱草				

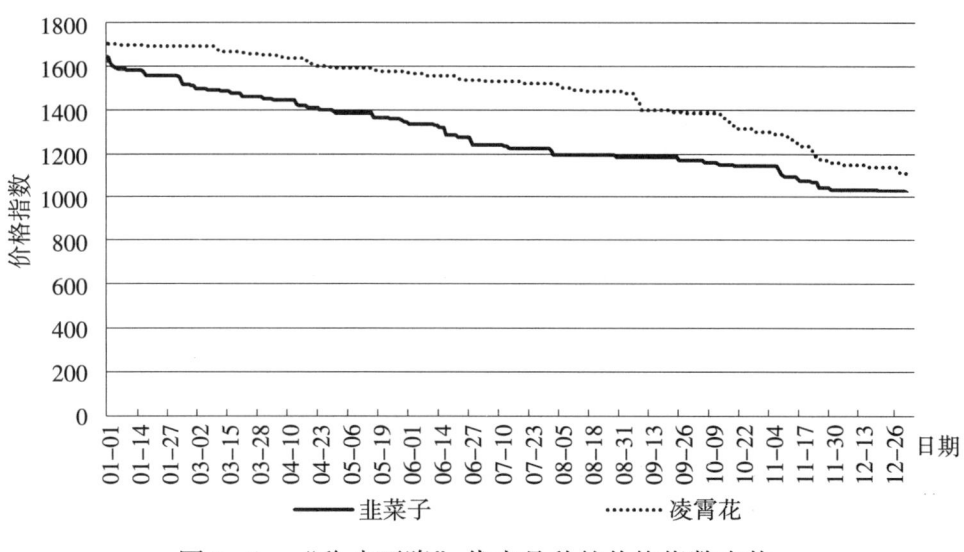

图3-6 "稳步下降"代表品种的价格指数走势

(二) 分阶段下降

分阶段下降的品种比较多，达到33个（表3-8）。从图3-7可看出，分阶段下降的品种会有多次或多段下行的行情，例如，白及的下滑行情至少可以分为3段，每一段的下滑速度不尽相同。

表3-8 "分阶段下降"品种

序号	1	2	3	4	5	6	7	8	9	10
1	白及	草果	西红花	莪术	益智	片姜黄	猪苓	藕节	砂仁	木槿花
2	鹿角霜	瓜蒌子	桑螵蛸	天冬	天花粉	金果榄	鸡冠花	郁金	党参	细辛
3	青蒿	干蟾	龙葵	昆布	瓜子金	大蓟	葶苈子	海金沙	北沙参	伊贝母
4	金樱子	栀子	奶母果							

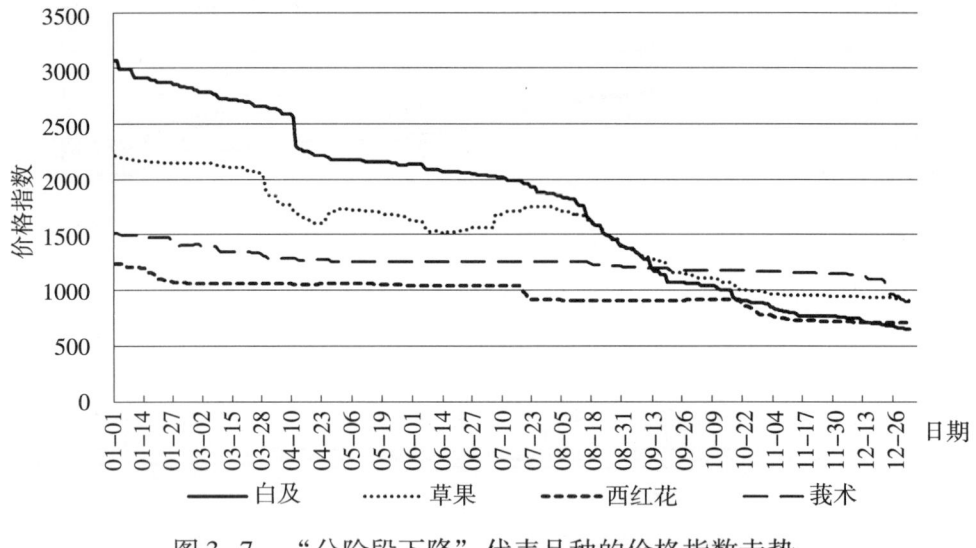

图 3-7 "分阶段下降"代表品种的价格指数走势

(三) 先平后降

2018年,康美·中国中药材价格指数总指数在上半年缓慢下滑,下半年下滑速度明显加快,走势先平后降。2018年,除变价幅度较小[①]的品种外,指数走势形态为先平后降的品种最多,达到44个(表3-9)。从图3-8可看出,本类代表品种的指数走势形态为年初走势基本平稳一段时间,随后指数出现下行,直至年底也未停止下行趋势。

表3-9 "先平后降"品种

序号	1	2	3	4	5	6	7	8	9	10
1	龟甲	枳壳	山茱萸	瓜蒌皮	三七花	荜茇	前胡	三七	玳玳花	金蝉花
2	芡实	皂角刺	射干	红参	白前	陈皮	羌活	荔枝核	扁豆花	款冬花
3	黄连	薄荷	瓜蒌	阿魏	楮实子	椿皮	西洋参	青皮	牡丹皮	萹蓄
4	蝉蜕	当归	茵陈	山慈菇	地肤子	紫花地丁	田基黄	牛蒡子	枸杞子	木芙蓉叶
5	儿茶	白参	鸭跖草	黄芪						

---

① 本节所指"变价幅度较小"含义是当年价格指数最大值/最小值低于1.1。

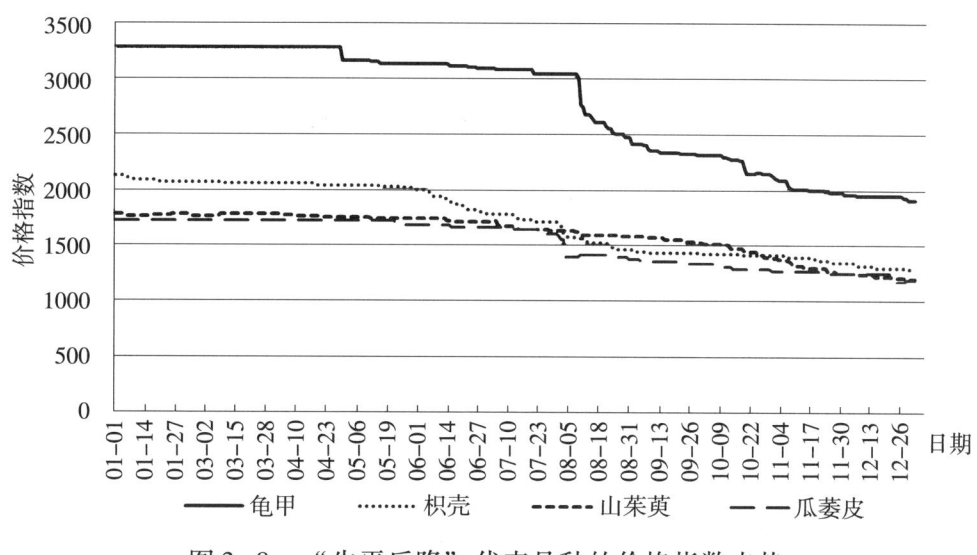

图 3-8 "先平后降"代表品种的价格指数走势

（四）先降后平

指数先降后平的品种不多，只有 8 个品种（表 3-10）。从图 3-9 可看出，指数先降后平的品种在年初时行情下滑，随着下降压力的释放，指数在年底前恢复稳定。

表 3-10 "先降后平"的品种

序号	1	2	3	4	5	6	7	8
1	薤白	橘核	胡椒	桔梗	娑罗子	榧子	莲子	白芍

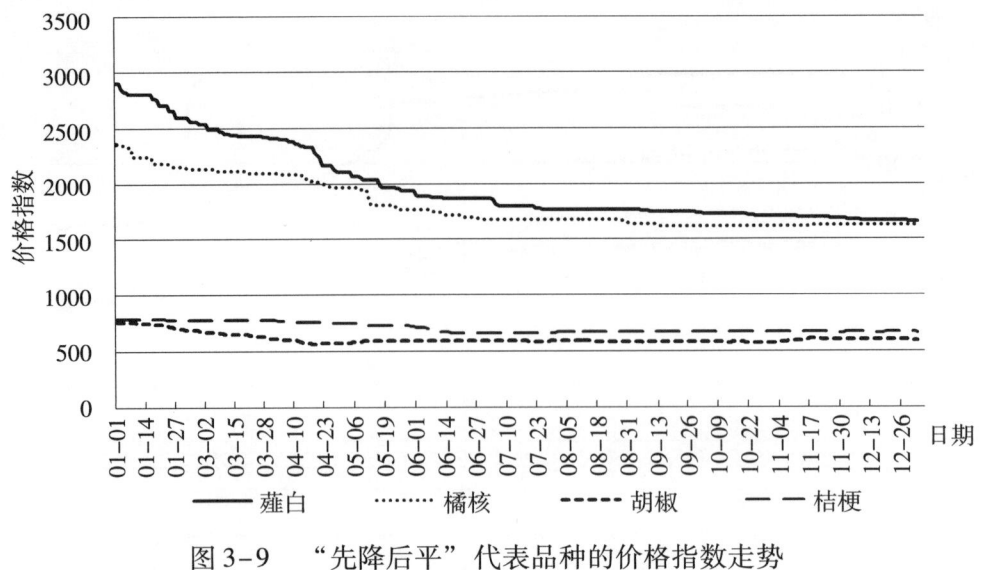

图 3-9 "先降后平"代表品种的价格指数走势

(五)"Z"字形

指数走势形态呈现"Z"字形的品种有 14 个,如覆盆子、葛花等品种(表 3-11)。从图 3-10 可看出,"Z"字形的品种在年初指数基本保持稳定,但随着行情的走低,其出现了一次行情断崖式下跌,如覆盆子、葛花,或逐渐下滑,如蒺藜,但在年底前又都停止了下滑的态势,平稳运行至年底。

表 3-11 "'Z'字形"的品种

序号	1	2	3	4	5	6	7	8	9	10
1	覆盆子	葛花	广金钱草	蒺藜	枳实	吴茱萸	青果	千年健	槐米	夏枯草
2	桂圆	桂圆肉	大枣	石莲子						

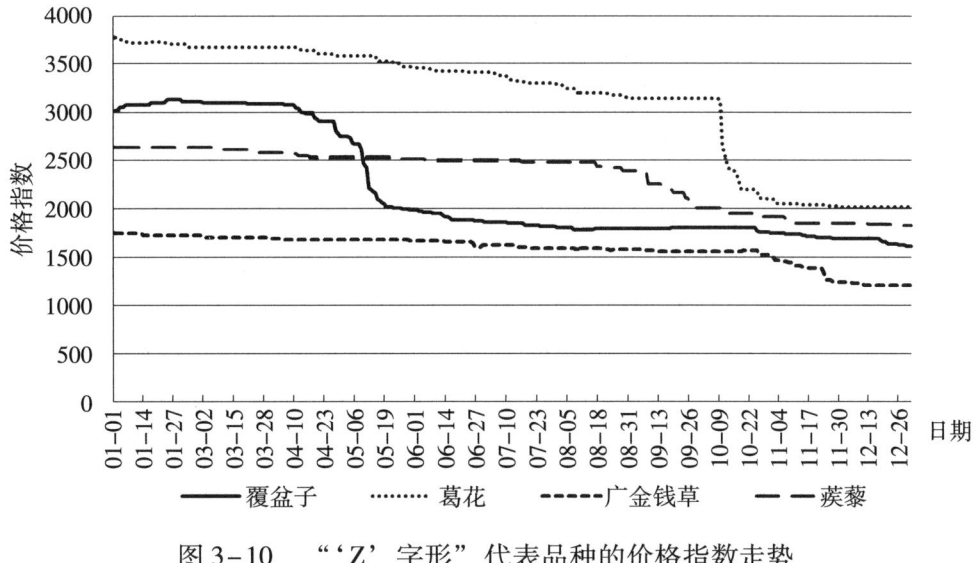

图 3-10 "'Z'字形"代表品种的价格指数走势

三、震荡

(一)"V"字形

山柰等 10 个品种的指数走势均经历了先降后升的过程，呈现"V"字形形态（表 3-12）。从图 3-11 可看出，本类代表品种的价格指数均出现一次明显下滑后再出现一次明显上升，形态虽不是标准的"V"字，但符合其"先下后上"的特点。

表 3-12 "'V'字形"品种

序号	1	2	3	4	5	6	7	8	9	10
1	山柰	黑芝麻	肉豆蔻	麦冬	胖大海	荆芥	火麻仁	光慈菇	厚朴花	决明子

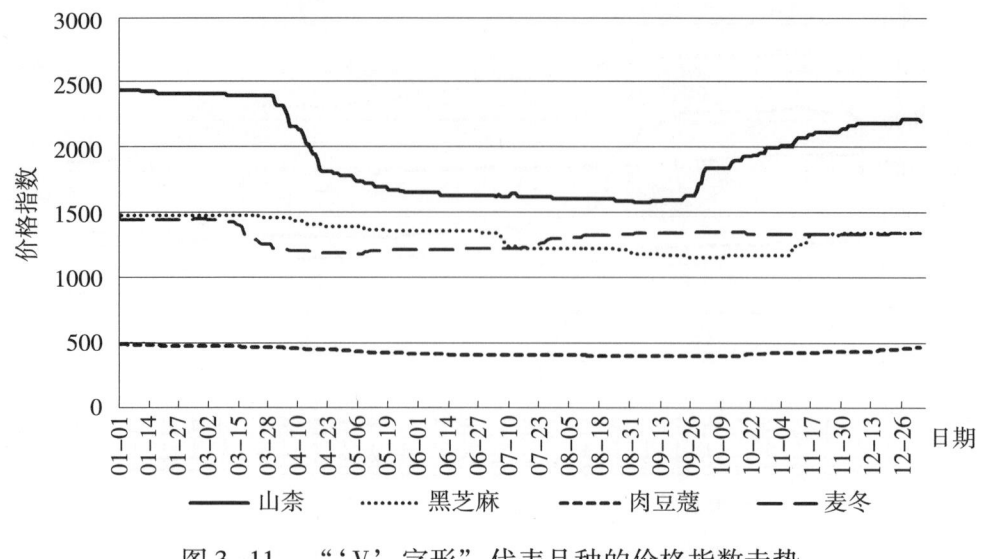

图3-11 "'V'字形"代表品种的价格指数走势

(二) 倒"V"字形

指数走势呈倒"V"字形的品种有7个（表3-13）。从图3-12可看出，倒"V"字形的走势特点是经历一次明显上升后再经历一次明显下降。

表3-13 "倒'V'字形"品种

序号	1	2	3	4	5	6	7
1	木鳖子	罗布麻叶	重楼	蒲公英	连翘	槟榔	桑椹

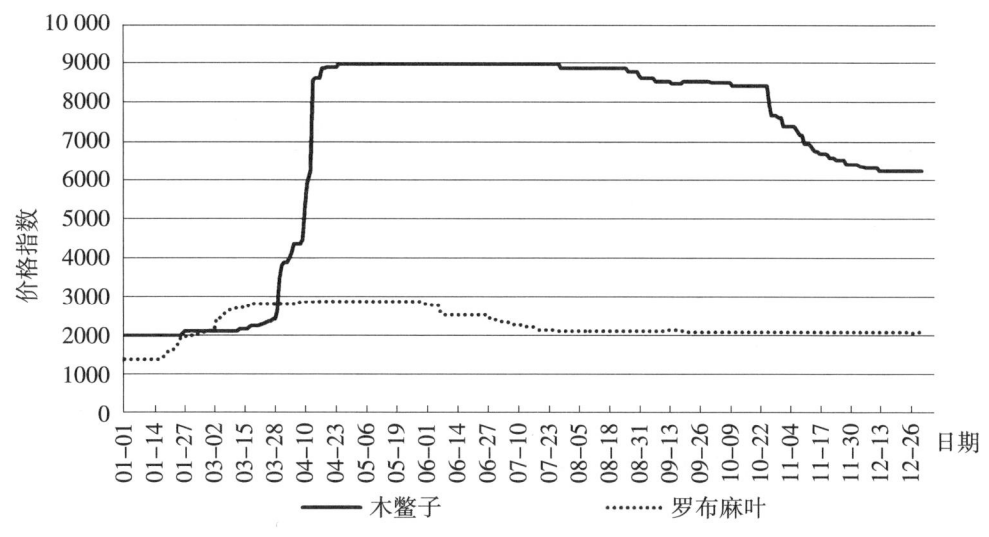

图 3-12 "倒'V'字形"代表品种的价格指数走势

(三) 震荡

本类指数经历多次明显上涨和下跌,形成震荡的走势形态,如蔓荆子、白豆蔻等12个品种(表3-14)。从图3-13可看出,本类指数代表品种蔓荆子的价格在一年内经历了明显上涨,明显下跌,再明显上涨的过程,不稳定性就是此类品种的特点。

表 3-14 "震荡"品种

序号	1	2	3	4	5	6	7	8	9	10
1	蔓荆子	白豆蔻	知母	乌梅	泽泻	太子参	五味子	桃仁	苍耳草	佛手
2	白花蛇舌草	大青叶								

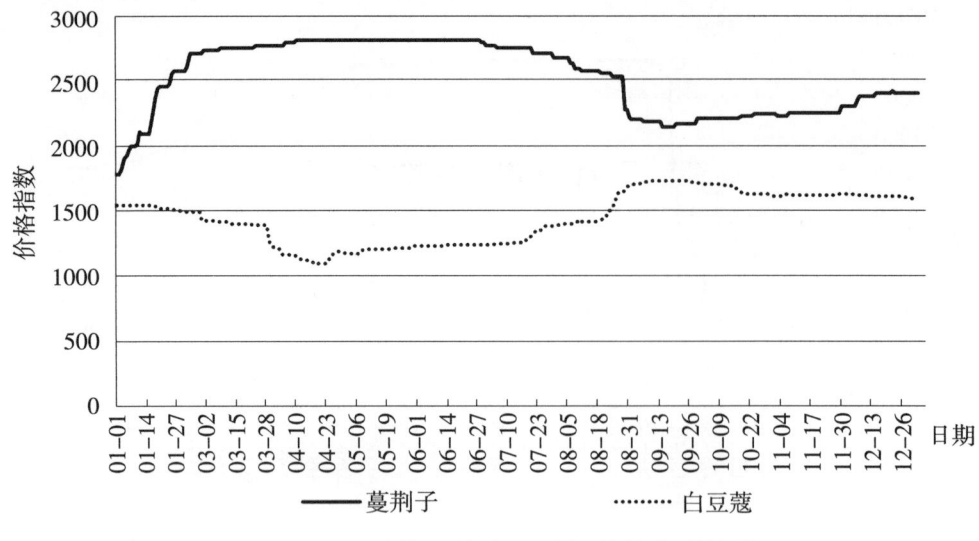

图 3-13 "震荡"代表品种的价格指数走势

四、稳定

康美·中国中药材价格监测的 515 个指数品种中，291 个品种在 2018 年保持价格稳定或小幅变动。本类品种的指数走势几乎是水平的，没有明显变化（图 3-14）。从图 3-14 可看出，这些价格稳定的品种，采购企业、长期经营的商户是非常青睐的，但对热衷炒作、投机的商户来说，没有吸引力。

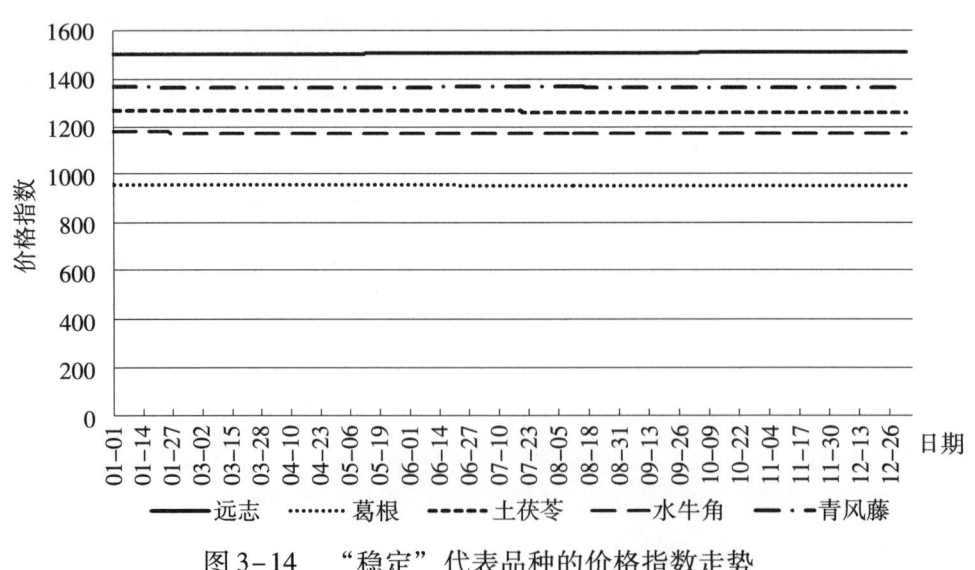

图 3-14 "稳定"代表品种的价格指数走势

第二节 相关性分析

经过对康美·中国中药材价格指数监测的 515 个品种在 2018 年的价格指数走势进行相关性分析，得到 26.5 万对相关关系。分析结果显示，不少品种之间存在较强的相关性。这些品种价格指数走势的高度相关有其自身品种属性关联的原因，但大多是偶然的原因。例如，金蝉花、楮实子、干蟾的生产地、产新期、药用部位、功效都没有较高的重合度（表 3-15），但是它们 2018 年的价格指数走势相关性却非常大（图 3-15）。

表 3-15 金蝉花、楮实子、干蟾品种特性概况

品名	主产地	产新期	药用部位或类别	功效
金蝉花	浙江，安徽	6—7 月	菌、藻类	解表药
楮实子	安徽，湖北，江苏	8—9 月	果实、子仁类	补虚药
干蟾	全国	4—8 月	动物类	清热药

金蝉花、楮实子和干蟾两两间的相关系数[①]均达到了 0.990 以上，说明它们的价格指数的变化状态（上涨、下跌、平稳）几乎是同步的。金蝉花、楮实子、干蟾指数走势在 8 月前均表现为阶段性的下调，且幅度都很小（图 3-15）。8 月初开始，上述三个品种指数几乎同步明显下调，且下行速度均是由快转缓。

---

① 相关系数：用以反映变量之间相关关系密切程度的统计指标。相关系数通常用 γ 表示，γ 的取值范围在 -1 和 +1 之间。当 $\gamma>0$ 时，表示两变量为正相关；当 $\gamma<0$ 时，表示两变量为负相关。γ 的绝对值越大，相关程度越高。

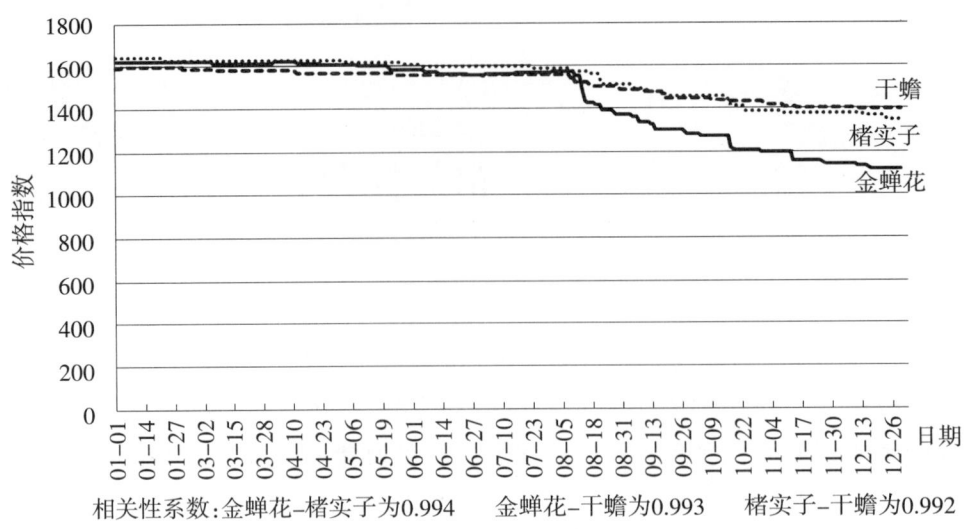

相关性系数:金蝉花-楮实子为0.994　　金蝉花-干蟾为0.993　　楮实子-干蟾为0.992

图 3-15　金蝉花、楮实子和干蟾的价格指数走势对比

蒺藜和羌活的行情走势相关性也非常强,它们的价格指数走势相关系数达到 0.993。从图 3-16 可以看出,二者的指数走势线接近重叠,主要是它们的指数起点、变化状态和变化幅度均非常相似。二者行情在 2018 年春节之前均保持平稳,春节过后行情有所松动,并小幅下滑,4 月中旬至 8 月中旬行情出现阶段性小幅下滑,8 月中下旬一轮下滑后,9 月伊始便同步快速下行,但随着行情走低,下行速度也在不断减缓,直至 11 月、12 月几乎保持平稳。

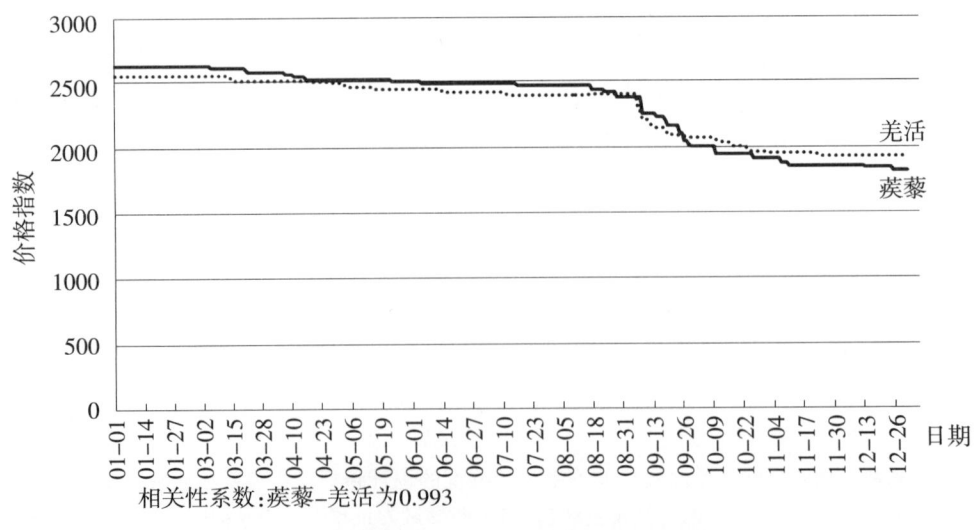

相关性系数:蒺藜-羌活为0.993

图 3-16　蒺藜和羌活的价格指数走势对比

紫草和草豆蔻是价格上涨且相关度非常高的品种，相关系数达到0.991。两个品种的指数走势同步性较高，且形态非常相似（图3-17）。1月至7月中旬，草豆蔻指数基本保持平稳，紫草指数小幅平稳上扬。7月中旬，草豆蔻、紫草指数行情几乎同步快速上调，然后都逐渐放缓上行速度，并于9月至12月底保持稳定。

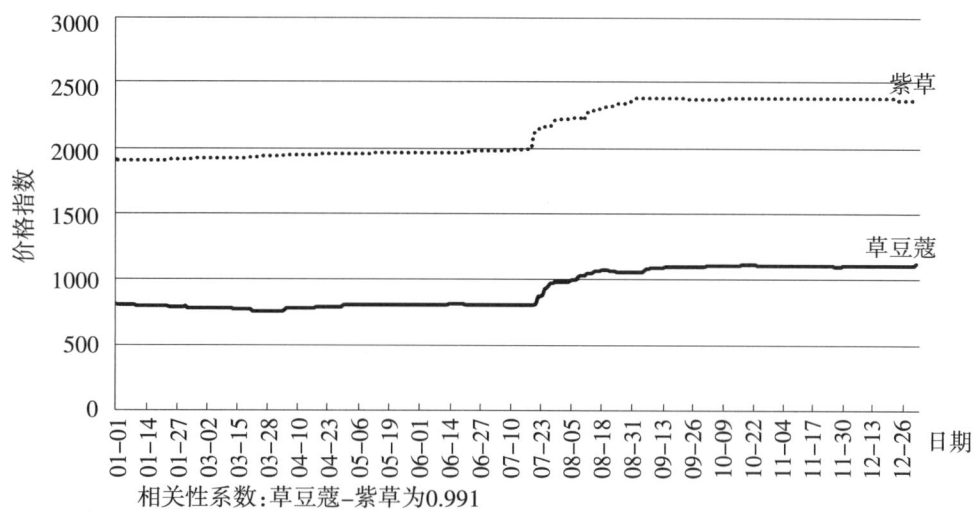

图3-17　紫草和草豆蔻的价格指数走势对比

鹅不食草和山茱萸指数相关系数为-0.992，负相关性极高。二者走势线呈现相反的趋势（图3-18），1月至6月初，二者价格基本保持稳定，6月中旬，鹅不食草指数开始直线上扬，山茱萸指数则几乎同时呈现相反的、接近直线的下滑。

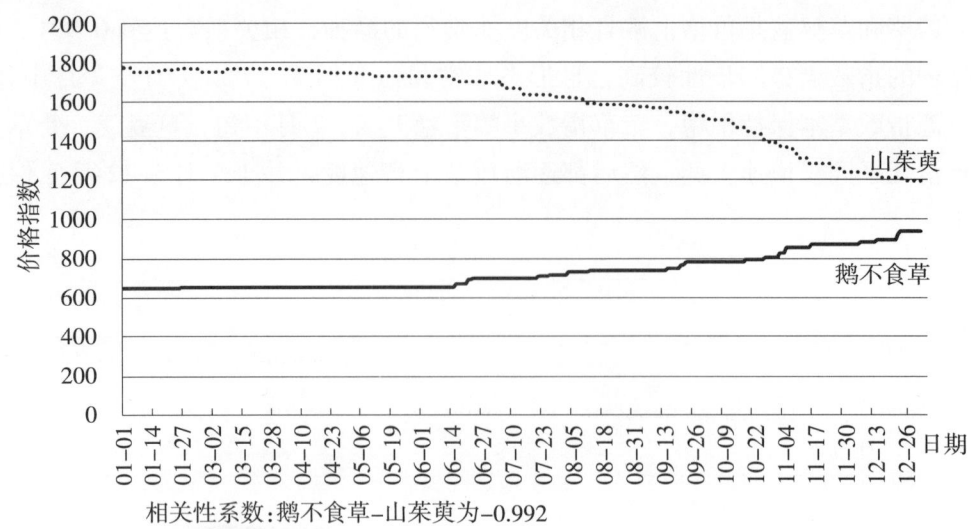

相关性系数：鹅不食草-山茱萸为-0.992

图 3-18　鹅不食草和山茱萸的价格指数走势对比

南五味子和桂圆的价格指数同样有着接近对称的走势形态。南五味子指数在 7 月至 9 月上扬速度由缓转急再转缓，在此时间段内，桂圆指数同样是由缓转急再转缓，只不过是方向与南五味子相反（图 3-19）。由于桂圆指数在年初就处于较低水平，因此其变化的幅度较南五味子指数并不明显，但并不妨碍它们在变化方向上的负相关性。

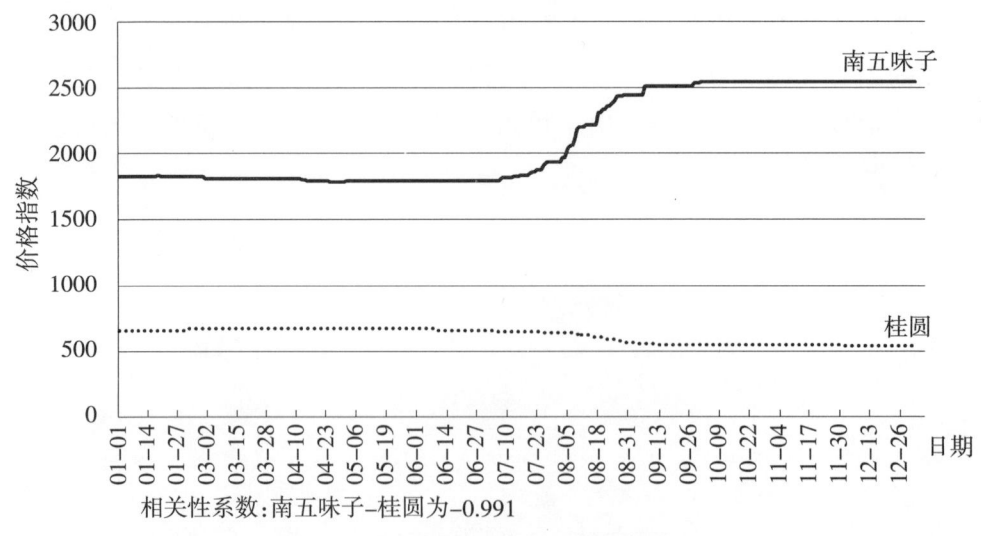

相关性系数：南五味子-桂圆为-0.991

图 3-19　南五味子和桂圆的价格指数走势对比

益智和锦灯笼的价格指数走势更显奇特（图 3-20），在益智指数明显变化的几个时间点——3月下旬、6月、10月中旬，锦灯笼指数也有反应，且变化方向与益智指数相反。特别是6月，益智指数经历一段下行过程，锦灯笼则持续上行，并在益智指数恢复平稳时，锦灯笼行情恢复平稳。10月中旬益智指数出现一次小的跳跃式下跌，锦灯笼几乎同时出现一次相反的跳跃式上涨。

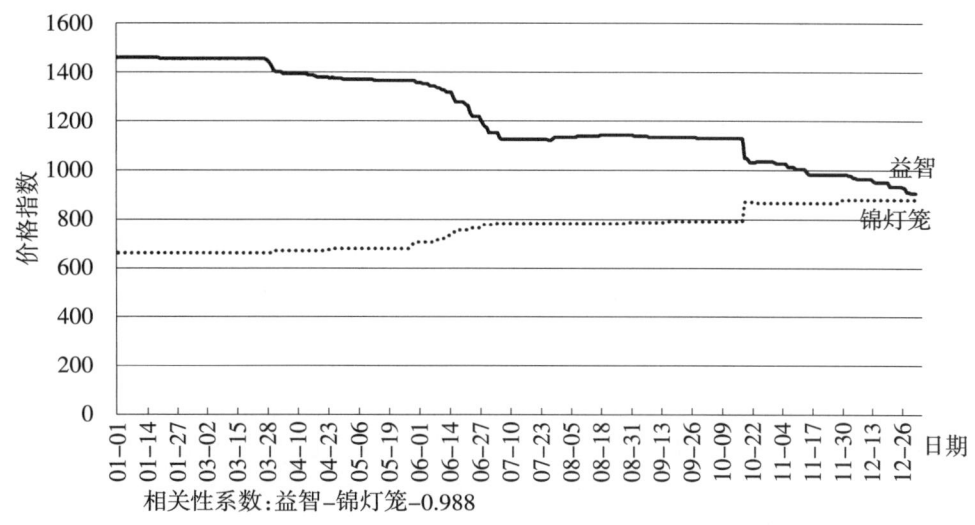

图3-20　负相关较高的益智和锦灯笼的价格指数走势对比

第三节　热点监控

通过对各大中药材资讯平台的监测，运用自然语言处理的方法，分析2018年度中药材市场的舆情动向，可以反映2018年中药材市场的热点。2018年共监测到中药材专业资讯54 658条，覆盖了中药材专业市场以及产地一线、产地集市、产地市场的中药材生产和贸易动态。

一、资讯热点概览

通过自然语言处理的方法,对 54 658 条资讯进行分词并统计词频①,计算分词的资讯比率②。

从计算结果看,资讯比率超过 10%(即每 10 条资讯中至少有 1 条资讯出现过该分词)的分词超过 30 个(图 3-21)。其中"元"的资讯比率接近 95%,比率非常高,说明各平台都比较关注中药材价格的问题。另外,"行情""价格""售价"等与价格相关的关键词资讯比率也很高,排在分词资讯比率榜的前列。

关键词"货源"的资讯比率排在第二位,资讯率接近 75%。货源通常描述的是货物供应、货物流通的信息,"货源"资讯比率较高说明市场对货物的供应、流通交易非常关注。在资讯比率榜中也能看到"走动""走销""购销"等与流通交易相关的关键词。

值得注意的是,关键词"近期""目前"的资讯比率超过 30%,关键词"后市"资讯比率超过 10%,说明市场除了关注当前的市场状况外,还非常关注市场的后期变化。"产新""新货"的资讯比率均达到 15%,说明市场对产新的关注度较高。

二、资讯热点产地与市场

根据对省市(地区)关键词的统计(图 3-22),"四川"的资讯比率达到 6.4%,排在第一,且遥遥领先于其他省市(地区)。"云南""安徽""甘肃"分列第二至第四位,资讯比率均达到 4% 以上。四川、云南、安徽、甘肃这些省份均为我国重点的中药材生产大省,除拥有全国最大药材市场的安徽外,其他三个均为西部省份。产地资讯热度与产地生产规模相关性较强。

---

① 词频:一条资讯出现过该分词,则该分词词频累计 1,未出现则累计 0。如 100 条资讯出现过分词"冬虫夏草",则"冬虫夏草"的词频为 100。

② 资讯比率:分词在该资讯平台的词频与该平台资讯量的比值。如康美中药网总资讯量为 100 条,"冬虫夏草"在康美中药网的 50 条资讯中出现过(词频为 50),则冬虫夏草在康美中药网的资讯比率为 50%。本书所指"资讯比率"为分词在各平台的"资讯比率"的均值。

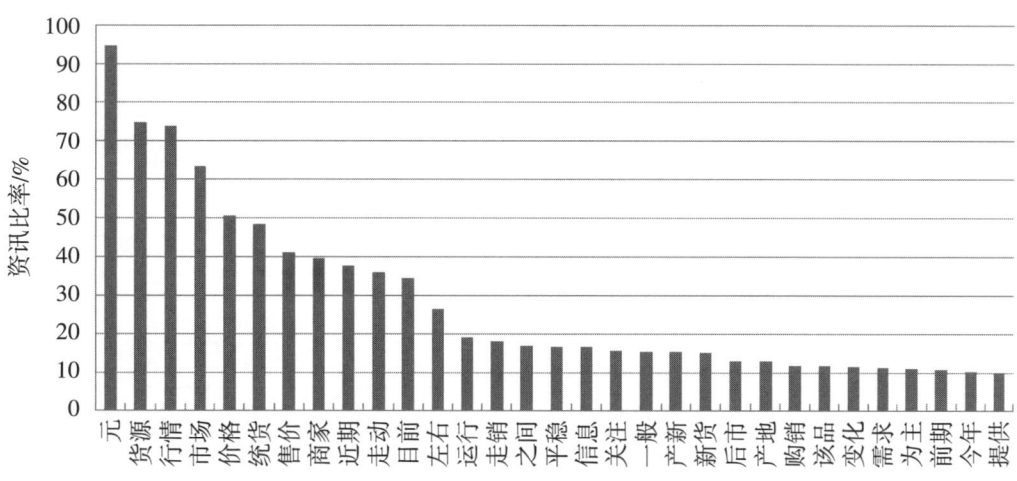

图 3-21　2018 年主要分词资讯比率排行

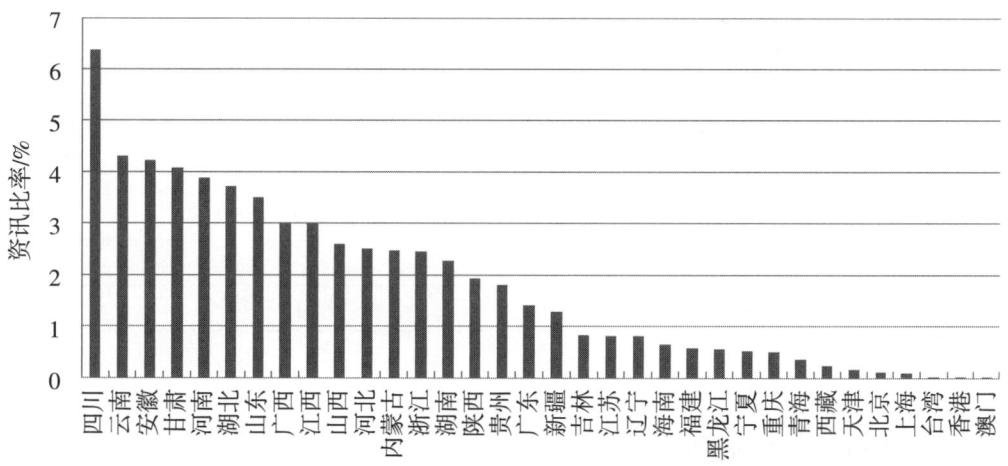

图 3-22　2018 年各省市（地区）资讯比率排行

通过对 17 个重点中药材市场的关键字进行匹配和统计，得到各个市场的资讯比率排行（表 3-16）。从表 3-16 中可以看出，安徽亳州中药材市场的资讯比率远高于其他市场，这也进一步说明该市场在全国中药材市场中的重要性。成都荷花池中药材专业市场、河北安国中药材市场、广西玉林中药材专业市场是我国最大的中药材市场之一，它们的资讯比率也比较高，说明这些市场也受到行业的较多关注。

表3-16 各省市资讯比率排行情况

市场	匹配关键字	资讯比率/%
安徽亳州中药材市场	亳州	5.914
成都荷花池中药材专业市场	荷花池	0.898
河北安国中药材市场	安国	0.683
广西玉林中药材专业市场	玉林	0.406
湖南省邵东县廉桥药材专业市场	廉桥	0.141
中国·文峰药材交易城	文峰	0.127
江西樟树中药材市场	樟树	0.116
湖北李时珍中药材专业市场	李时珍	0.016
广东省普宁中药材专业市场	普宁	0.007
吉林抚松长白山人参市场投资发展有限公司	长白山	0.003
云南昆明菊花园中药专业市场	菊花园	0.002
重庆市解放路药材专业市场	解放路	0
山东省鄄城县舜王城药材市场	舜王	0
湖南省长沙市高桥中药材专业市场	高桥	0
哈尔滨三棵树中药材专业市场	三棵树	0
东北参茸中药材市场	参茸	0
云南省文山州三七国际交易中心	文山*交易中心①	0

三、资讯热点品种

2018年，资讯比率最高的品种为党参，其资讯比率非常接近1%，其次依次是连翘，其资讯比率为0.8%，与第一名相差较大。草果、当归、麦冬、覆盆子、黄连、黄芩、丹参等品种的资讯比率均超过0.7%。

根据2018年中药材品种的资讯热度，制作了2018年中药材词频热点字符云（图3-23）。图中的药材名称在2018年的药材资讯中出现频率越高（资讯比率越高），其字体越大。通过此图可以直观了解2018年中药材市场的品种热点。

---

① 用"文山""交易中心"组合成关键词。

图 3-23　2018 年中药材词频热点字符云

第四节　互联网大数据监测

互联网是现在人们获取信息的主要渠道之一，搜索引擎作为网络信息的一个重要入口，汇集了海量信息，中药材的市场表现也可以反映在搜索行为上。同样地，搜索行为的监测可以用于市场的决策上。本节内容通过 2018 年百度的监测数据，分析 2018 年网民对"中药材"相关关键词搜索的特点。因为很多人对"中药材""药材"并不区分，为了更广地覆盖"中药材"相关的搜索行为，以使得统计数据更准确，本节选择"中药材+药材"作为监测关键词（"需求分析"部分除外），即将"中药材"与"药材"的数据进行叠加。

一、搜索指数[①]趋势

从 2013 年至 2018 年"中药材+药材"的搜索指数趋势来看（图 3-24），

[①] 搜索指数是以网民在百度的搜索量为数据基础，以关键词为统计对象，科学分析并计算出各个关键词在百度网页搜索中搜索频次的加权和。根据搜索来源的不同，搜索指数分为 PC 搜索指数和移动端搜索指数。

整体搜索趋势呈现下滑态势，搜索指数年度均值从1438点滑至1035点，下滑幅度大约为28%，其中2018年较上年下滑10%，下滑趋势较2017年有所收敛，主要得益于下半年PC端及移动端的搜索均没有向下的趋势。

2018年，"中药材+药材"的移动端搜索指数呈现先降后升的趋势，2018年末移动端搜索指数为690点左右；PC端搜索指数在2018年稳中有升，年末PC端搜索指数约为360点。移动端、PC端的搜索指数已经有较明显的分化。主要是由于智能手机的普及，移动上网已成为重要的上网方式。

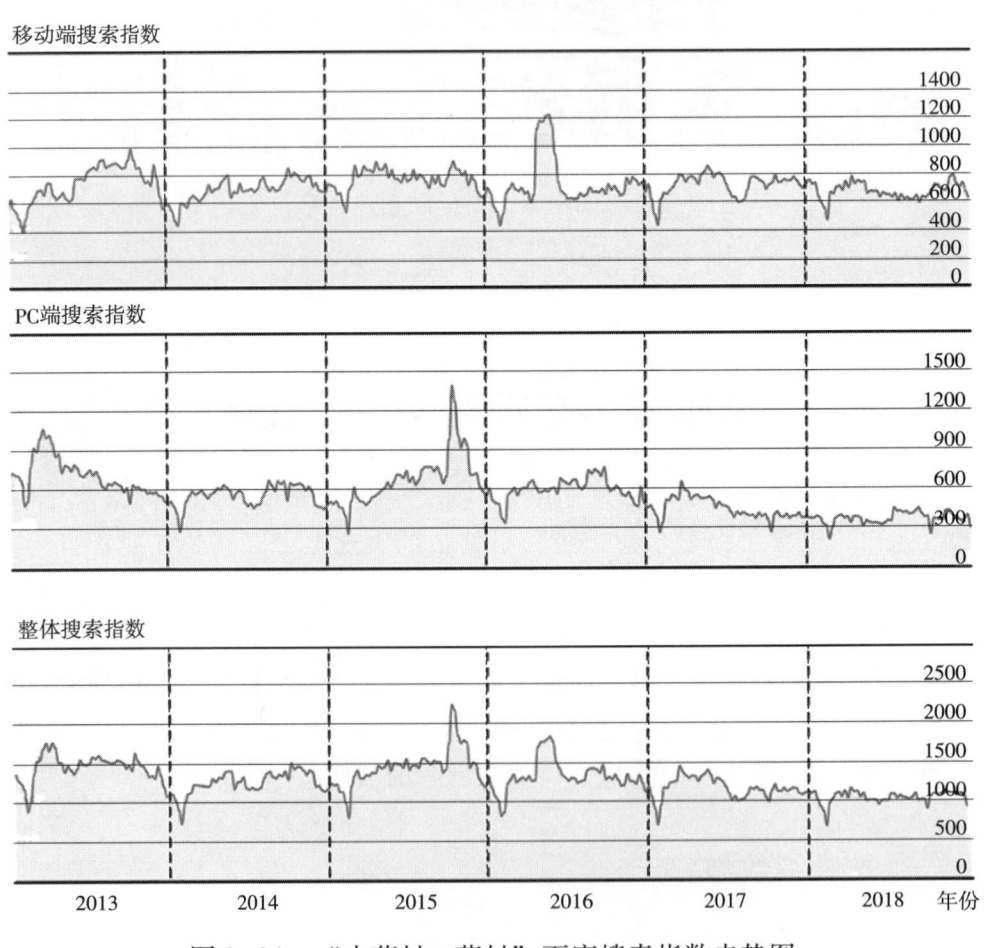

图3-24 "中药材+药材"百度搜索指数走势图

二、人群画像（PC 端）

1. 地域分布

从图 3-25 可知，2018 年全年搜索"中药材 + 药材"的用户最多在广东省，且明显高于其他省（市），表现与 2017 年一致。2018 年四川用户占比较 2017 年有所减少，但仍排在第二位。浙江以微弱优势超过河南，排在第三位，河南、山东并列第四。安徽则超越上年排在第十位的陕西，新晋排行榜前十名。

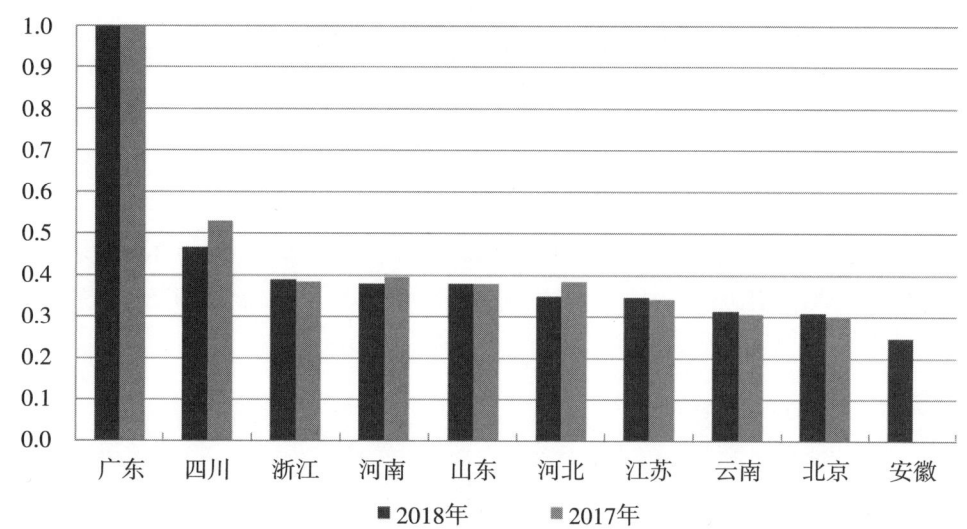

图 3-25 "中药材 + 药材"搜索人群数量排前十的省（市）

注：据百度用户搜索数据，采用数据挖掘方法，对关键词的人群属性进行聚类分析，给出用户所属的省份、城市及城市级别的分布和排名，反映关注该关键词的用户来自哪些地域。柱的高低只表示相对值，即以最大的地区（广东）为标准，其他地区与最大地区比较。

2. 人群属性

从图 3-26 可看出，从年龄上看，搜索"中药材 + 药材"的人群年龄结构较 2017 年相似。30～39 岁人群占比仍然达到 50% 以上，较 2017 年增加了 2 个百分点。20～29 岁人群占比变化最大，由 2017 年的 15% 下降到 2018 年的 12%，变化幅度达到 20%。50 岁及以上人群占比由 4% 上升至 6%。从 2018 年与 2017 年的数据对比来看，关注中药材的人群占比有向中青年、中老年倾向的趋势。

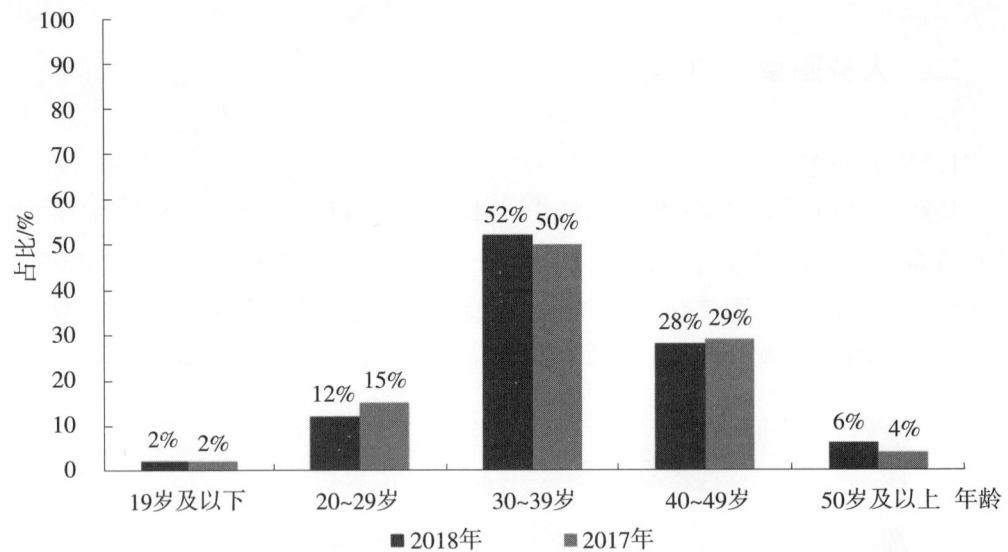

图 3-26 "中药材+药材"搜索人群年龄分布

从性别上看，2018 年较 2017 年也有变化（图 3-27）。2017 年搜索"中药材+药材"的男性比例为 60%，2018 年此比例下降了 3%，为 57%。男性、女性的比例差距有所缩小。

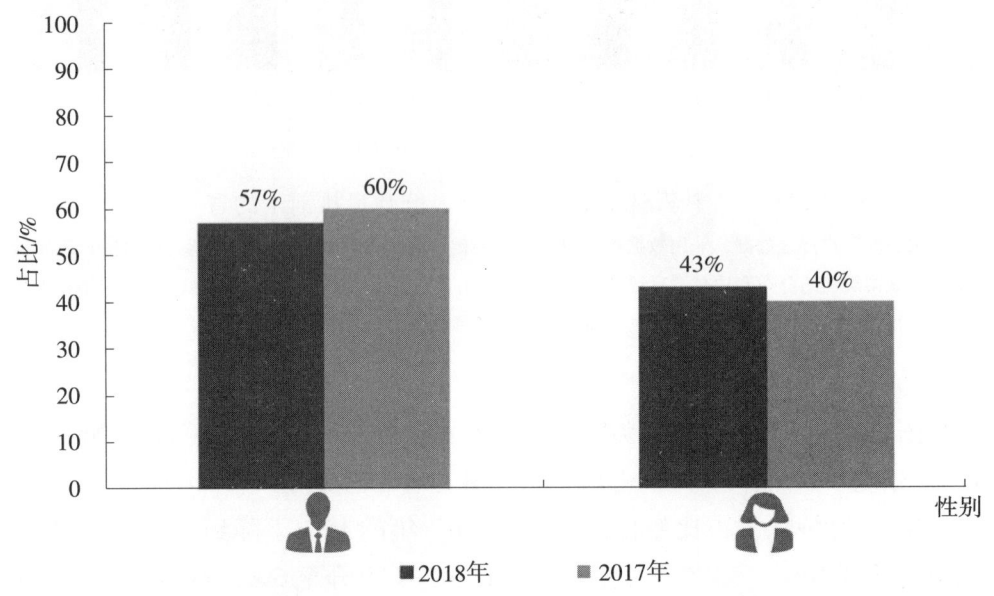

图 3-27 "中药材+药材"搜索人群性别分布

注：根据百度用户搜索数据，采用数据挖掘方法，对关键词的人群属性进行聚类分析，给出用户所属的年龄及性别的分布和排名。反映关注该关键词的用户的性别和年龄分布。

三、需求分析

1. 需求图谱①

百度指数的"需求图谱"不对"中药材+药材"进行统计,只分开统计"中药材"或"药材"。因为"药材"的搜索量更稳定,没有下滑的趋势,且在药农、药商口语中通常使用"药材",因此本部分以"药材"为关键词进行分析。同时,百度指数的"需求图谱"只展示一周的信息,因此本部分选择春节药材市场开市(2018-02-19—2018-02-25)、年中搜索量较大(2018-07-09—2018-07-15)、2018年年底(2018-11-12—2018-11-18)三个代表性时间段来分析。

2018年与2017年的搜索关联情况有相似之处,也有明显差异的地方。相似之处有:①在2018年三个代表性时间段里,"中药"依然是与"药材"搜索相关性很高的词;②"种植"只在药材普遍种植的时节(年初)被较高地关联搜索;③信息药材资讯网站,如中药材天地网、药通网、康美中药网、东方中药材网等均被关联搜索。不同之处在于,2017年与"药材"搜索关联较高的"亳州""市场""安国"等交易市场相关的关键词,在2018年的三个代表性时间段中没有凸显。另外,榜单类的信息是2018年较为突出的点,如类似"最具潜力""最贵""排名"的关键词多次出现在搜索需求分布图中。"药材"搜索需求分布情况如图3-28所示。

---

① 需求图谱:通过用户在搜索该词前后的搜索行为变化中表现出来的相关检索词需求。相关词距圆心的距离表示相关词与中心检索词的相关性强度;相关词自身大小表示相关词自身搜索指数大小。

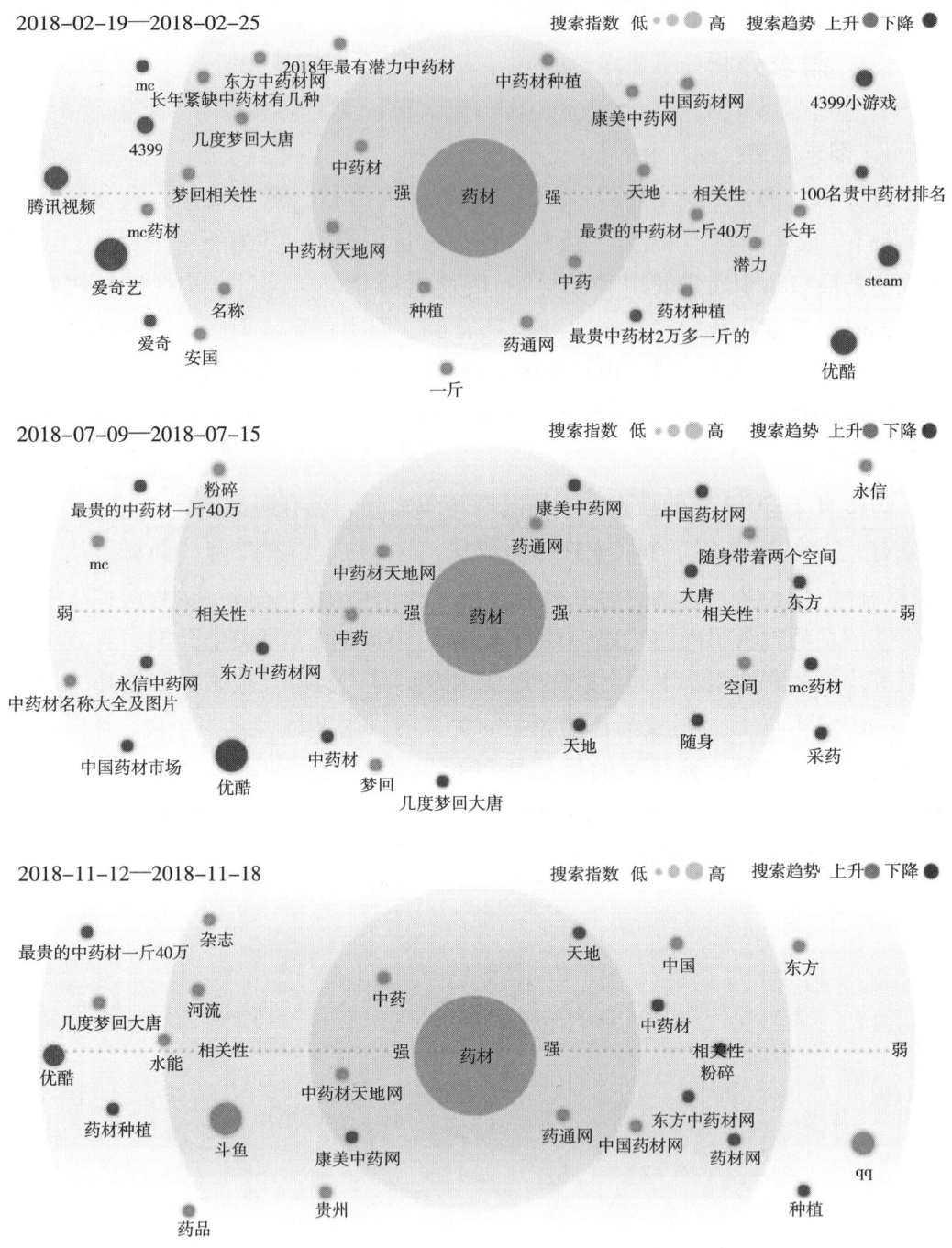

图3-28 "药材"搜索需求分布图

2. 相关词分类

从相关词的结构看，2018年"药材"的来源相关词①与去向相关词②大体上相似，并与2017年基本一致。"中药"在三个时间段的排名依旧较高。无论是来源相关词还是去向相关词，资讯平台的相关词较2017年更靠前。"药材"的搜索相关词分类如图3-29所示。

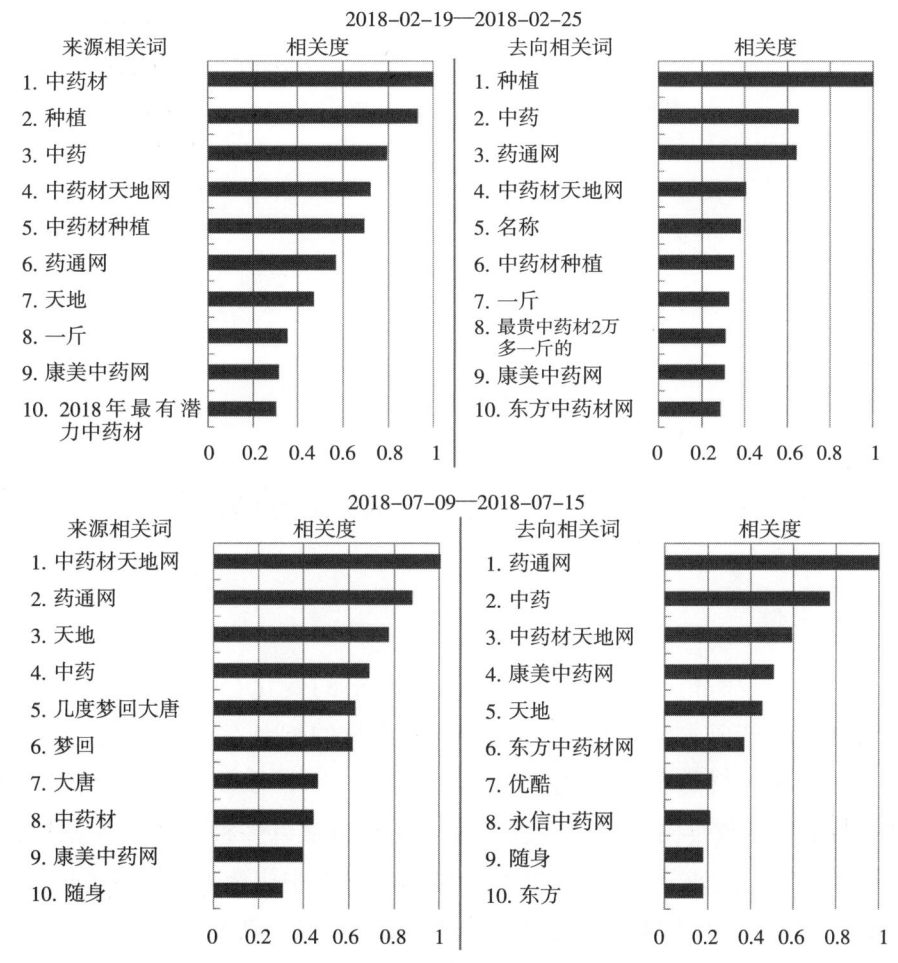

---

① 来源相关词：过滤出中心词上一步搜索行为来源的相关词，按相关程度排序得出，反映用户在搜索中心词之前还有哪些搜索需求。柱的长度只表示相对值，即以最大的相关词为标准，其他相关词与最大相关词比较。

② 去向相关词：过滤出中心词下一步搜索行为来源的相关词，按相关程度排序得出，反映用户在搜索中心词之后还有哪些搜索需求。柱的长度只表示相对值，即以最大的相关词为标准，其他相关词与最大相关词比较。

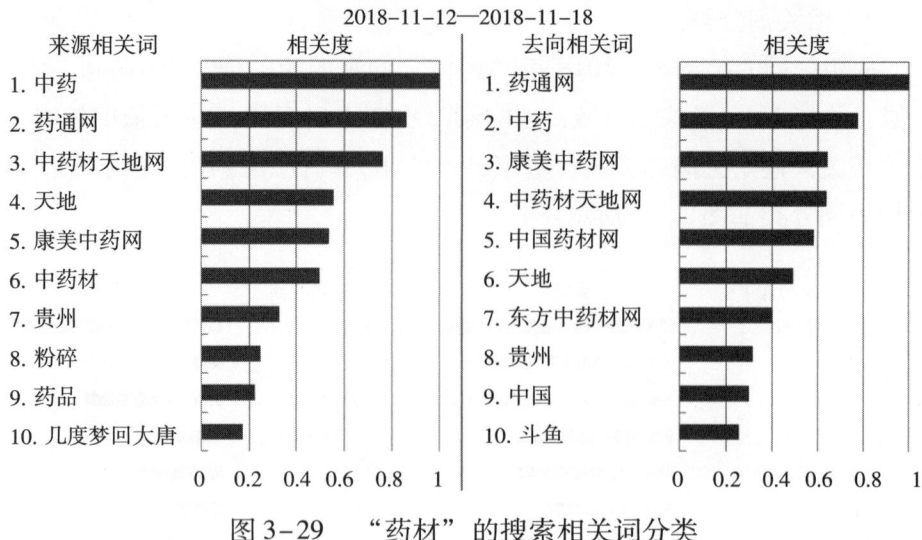

图 3-29 "药材"的搜索相关词分类

第五节 中成药成本变动分析

中药材作为中医药产业的上游产品,其价格的变化会直接影响下游中药饮片、中成药的生产成本。中药饮片为单一中药材的炮制品,因此其生产成本的变化即为对应中药材的价格变化,该变化可以参考本书第二章第三节关于中药材品种指数涨跌导致价格变化的分析。而中成药通常以多种中药材为原料,其成本变化还需要考虑其成分中药材的占比,本节特别对中成药生产成本进行分析。

中成药生产的原材料成本包括中药材原料成本、辅料成本、包材成本等,本节仅分析成本占比最大的中药材原料成本的变化。

根据米内网及百度搜索风云榜数据显示,丹红注射液、六味地黄丸等中成药销售额较大,其影响范围广,具有较强的代表性,本节主要分析这些流通、销售额较大的具有代表性的中成药。另外,还根据对中成药方剂库与康美·中国中药材价格指数的结合分析,整理了一些受中药材原料价格变化影响较大的中成药方剂。

一、代表性中成药

根据米内网的数据显示,注射用血栓通(冻干)、丹红注射液等中成药产品在公立医疗机构终端销售额较大。这些销售额较大的产品中,很多产品原料为中药材提取物或单一成分,例如,注射用血栓通(冻干)原料为三七提取物——三七总皂苷,因此不作为本部分分析的主题。本部分选择丹红注射液、醒脑静注射液、康艾注射液、脑心通胶囊进行分析。另外,从百度搜索风云榜中选取网友较为关注的中成药六味地黄丸、蒲地蓝消炎片、安宫牛黄丸、牛黄解毒片进行分析。

1. 丹红注射液

丹红注射液的主要原料是丹参和红花,其中丹参含量接近75%,但由于红花价格比丹参高很多,因此丹红注射液原料的主要成本来自于红花,红花的价格变化对其成本变化影响较大。虽然含量占比较大的丹参在2018年价格指数微跌0.5%,但红花的价格指数上涨了19.3%,直接带动了丹红注射液中药材原料总成本上涨13.1%(图3-30)。

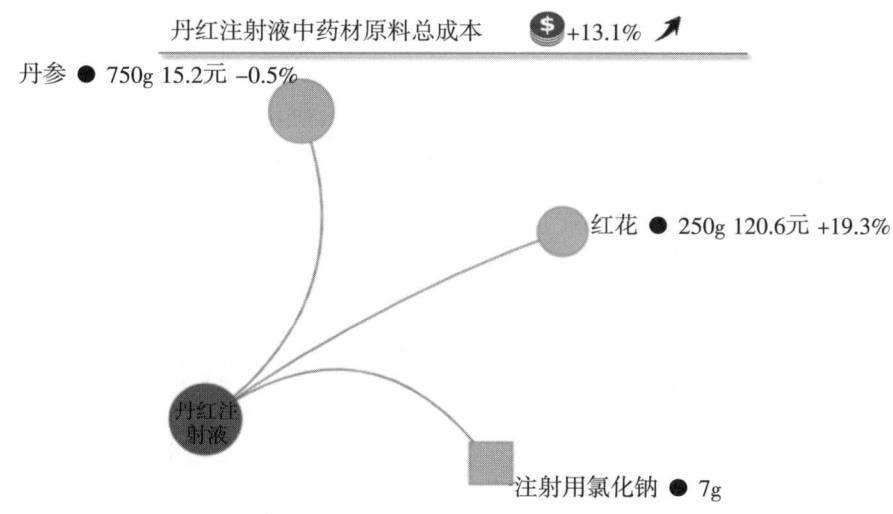

图3-30 丹红注射液中药材原料成本变化

注:丹参在此中成药处方中的含量、2018年年底均价(不同规格在六大市场的均值)、2018年指数或均价涨跌幅度这三个数值自左向右依次排列并用空格隔开,简化表示为"750g 15.2元 -0.5%",以便于观察。注射用氯化钠非价格监测品种,其图标用方形表示,本部分分析不考虑其成本变化。其他品种以及本章节下列各图同理。

2. 醒脑静注射液

郁金和栀子是醒脑静注射液最主要的原料，二者含量合计占比达到88%。从2018年郁金和栀子的价格指数的变化来看，二者分别下跌了14.9%、9.5%，但醒脑静注射液的中药材原料总成本却上涨了39.3%，主要是因为其原料中还包含人工麝香这样名贵的中药材，而人工麝香均价在2018年上涨了39.5%。冰片的含量占比虽然很低，但是其价格达到300元/千克以上，相对郁金、栀子要高出很多，且冰片价格指数在2018年上涨达到75.8%，对醒脑静注射液原料总成本的影响也较大（图3-31）。

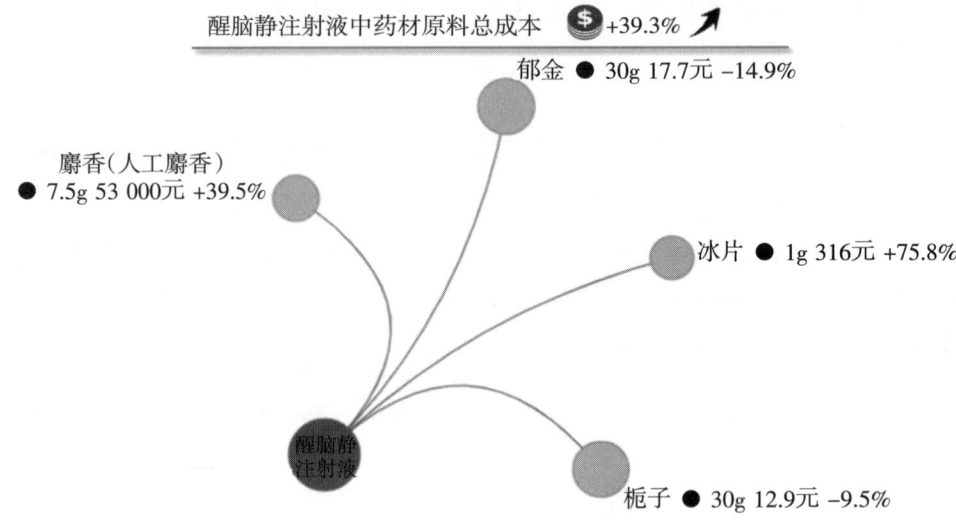

图3-31　醒脑静注射液中药材原料成本变化

注：麝香是方剂记录的原料名，但实际通常使用人工麝香做原料，且人工麝香是价格监测品种，因此此处标注的价格及价格变化数据选自人工麝香，不影响分析。

3. 康艾注射液

康艾注射液的两个主要原料黄芪和白参的价格指数在2018年分别下跌了9.2%、8.7%，使得康艾注射液中药材原料总成本下降了8.8%（图3-32）。

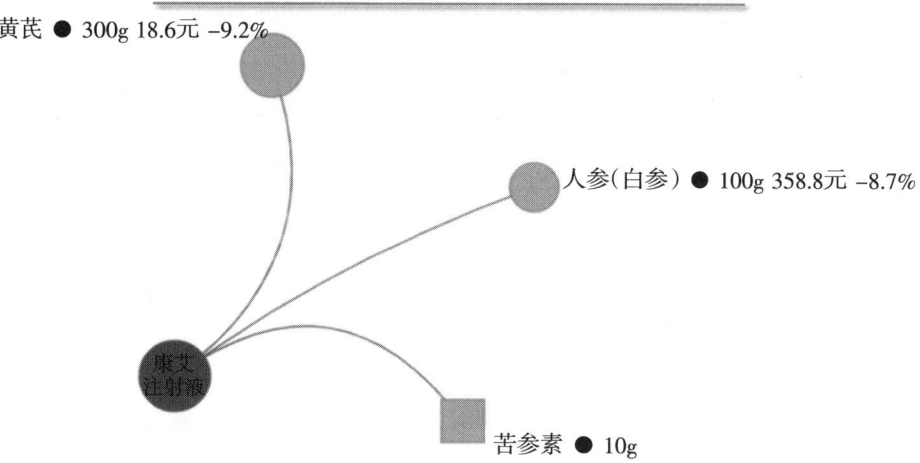

图 3-32　康艾注射液中药材原料成本变化

4. 脑心通胶囊

脑心通胶囊的原料较为复杂，共有 16 种原料，且除黄芪外，各种原料含量相对比较均衡。除全蝎、水蛭、地龙这些动物类中药材以及红花的单价相对较高外，其他品种的单价都不高。脑心通胶囊成分的复杂性以及低价占主导的特性也使得其原料成本相对稳定，一味中药材变价很难对其造成较大影响。

同时，脑心通胶囊原料中药材在 2018 年变价幅度普遍较低，保障了其 2018 年的原料成本基本不变化，年底仅比年初小幅下跌 1.1%（图 3-33）。

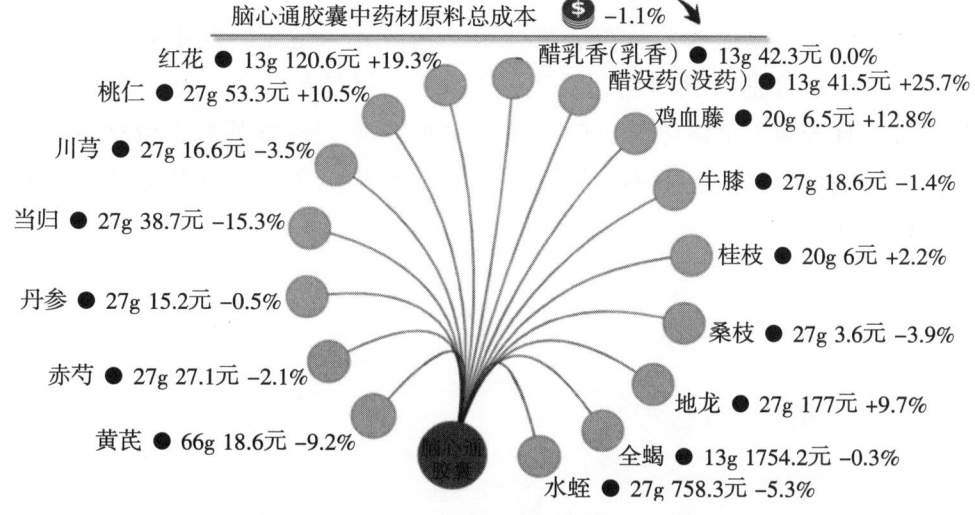

图 3-33　脑心通胶囊中药材原料成本变化

5. 六味地黄丸

六味地黄丸是消费者熟知的中药方剂，其由6味中药制成，其中熟地黄含量最大。2018年地黄的价格指数下跌3.2%，牡丹皮和泽泻的价格指数也分别下跌了16.2%、12.2%，山药、茯苓价格仅小幅上涨。六味地黄丸中药材原料价格跌多涨少，致使其原料总成本下跌5.1%（图3-34）。

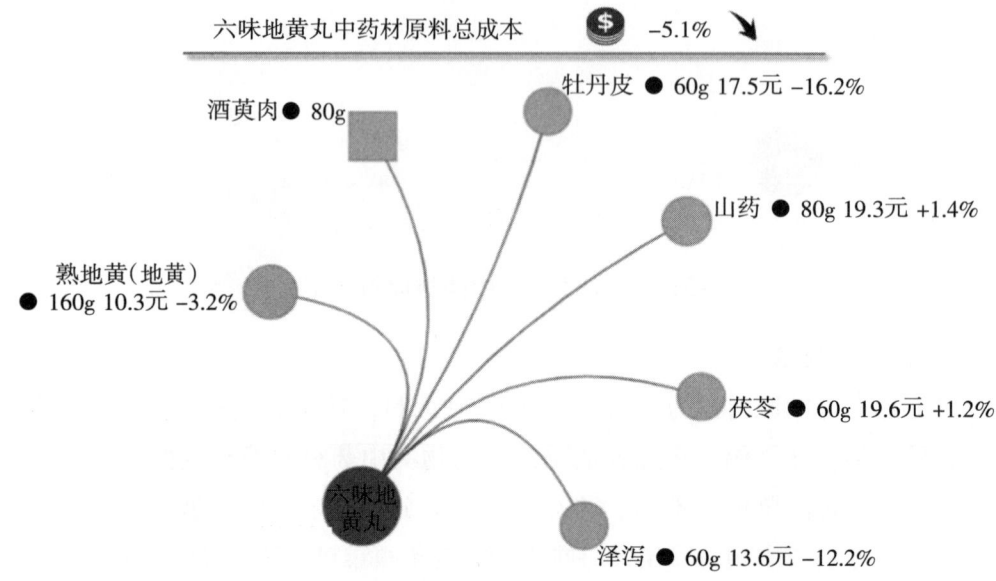

图3-34　六味地黄丸中药材原料成本变化

6. 蒲地蓝消炎片

蒲地蓝消炎片原料为蒲公英、板蓝根、黄芩和苦地丁，其中蒲公英的成分占了一半。2018年蒲公英价格指数下跌8.2%，但是苦地丁上涨了86.9%，涨幅非常大，且苦地丁价格比蒲公英价格高50%以上，所以苦地丁价格变化对蒲地蓝消炎片成本的影响也不小。综合来看，2018年蒲地蓝消炎片原料总成本提高3.9%（图3-35）。

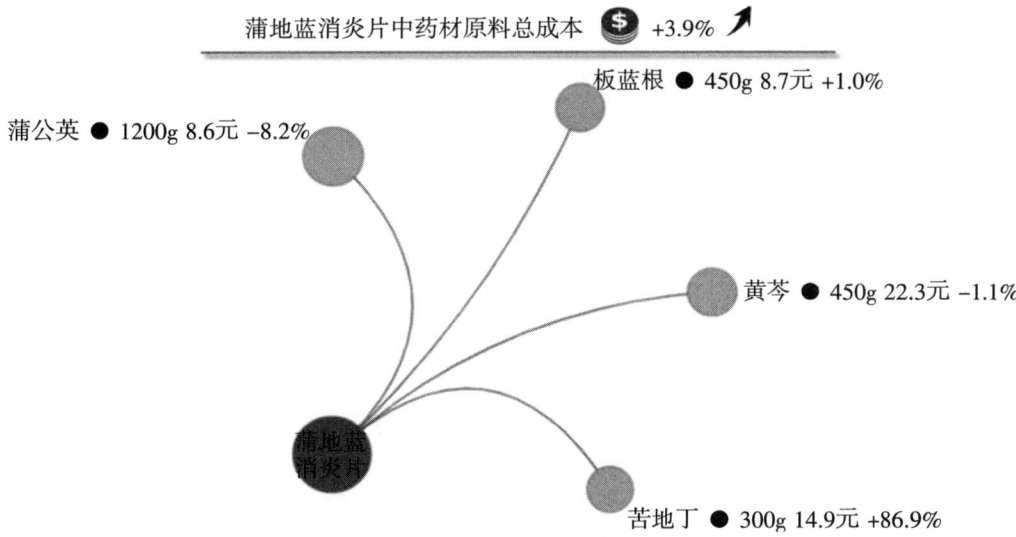

图 3-35　蒲地蓝消炎片中药材原料成本变化

7. 安宫牛黄丸

安宫牛黄丸含多种贵重中药材，如人工麝香、牛黄，且朱砂、珍珠、冰片、黄连也都是单价偏高的中药材品种。牛黄不仅价格高，在本方剂中的含量占比相对也比较大，因此其价格变动对方剂成本的影响较大。上述几个品种中，除黄连价格指数下跌了 18.3% 外，其他品种均有不同程度的上涨，特别是冰片上涨了 75.8%，人工麝香上涨了 39.5%，珍珠、牛黄分别上涨 18.1%、15.4%。郁金和栀子的价格指数有一定幅度的下跌，但因其单价低，所以对本方剂成本影响不大。2018 年安宫牛黄丸中药材原料总成本上升 16.8%（图 3-36）。

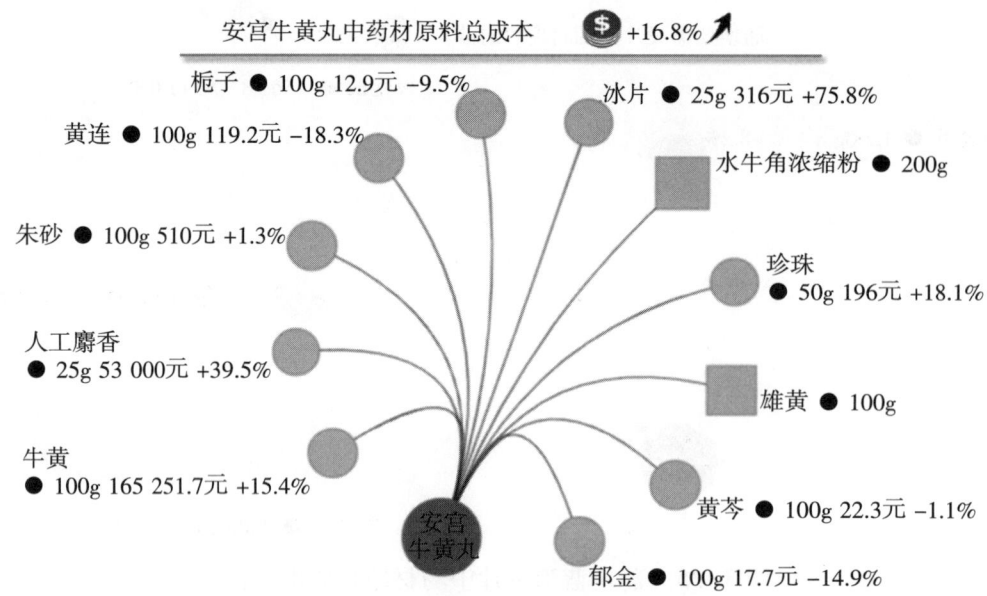

图 3-36 安宫牛黄丸中药材原料成本变化

8. 牛黄解毒片

牛黄解毒片由石膏、大黄、黄芩和桔梗等中药材制成,其中石膏和大黄含量占比最高。石膏和大黄的价格指数分别上涨了 98.4%、16.3%,是牛黄解毒片成本上升的重要推手。另外,价格较高的人工牛黄、冰片分别上涨 4.9%、75.8%,也对牛黄解毒片成本上升起到助推作用。综合来看,2018 年牛黄解毒片中药材原料总成本增加 21.5%(图 3-37)。

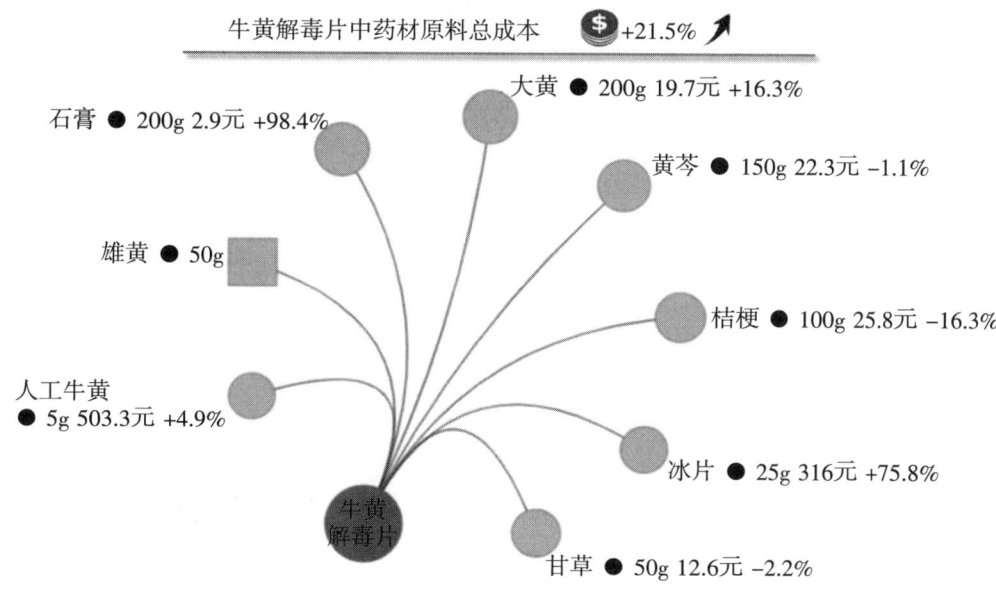

图 3-37　牛黄解毒片中药材原料成本变化

二、其他受影响较大的中成药

根据对中成药方剂库与康美·中国中药材价格指数的结合分析，本部分整理了一些受中药材原料价格变化影响较大的中成药方剂，并选取石膏散（冰片散）、白清胃散、金银花糖浆和烧伤肤康液进行分析。

1. 石膏散（冰片散）

2018年石膏散（冰片散）原料总成本增加了79%，主要是因为本方剂仅有的两个中药材品种石膏和冰片的价格指数均大幅上涨，分别上涨了98.4%、75.8%（图3-38）。

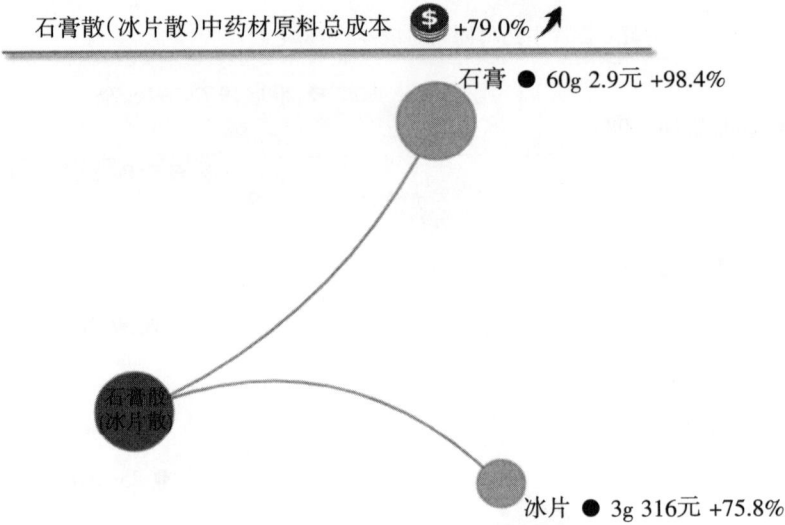

图 3-38　石膏散（冰片散）中药材原料成本变化

2. 白清胃散

白清胃散的原料仅比石膏散（冰片散）多了硼砂和玄明粉这两种廉价中药材品种，且硼砂和玄明粉在本方剂中的含量占比一般，因此这两个品种的价格稳定并不能抵销石膏、冰片价格提升对白清胃散原料成本的影响。2018 年白清胃散原料总成本增加了 67.1%（图 3-39）。

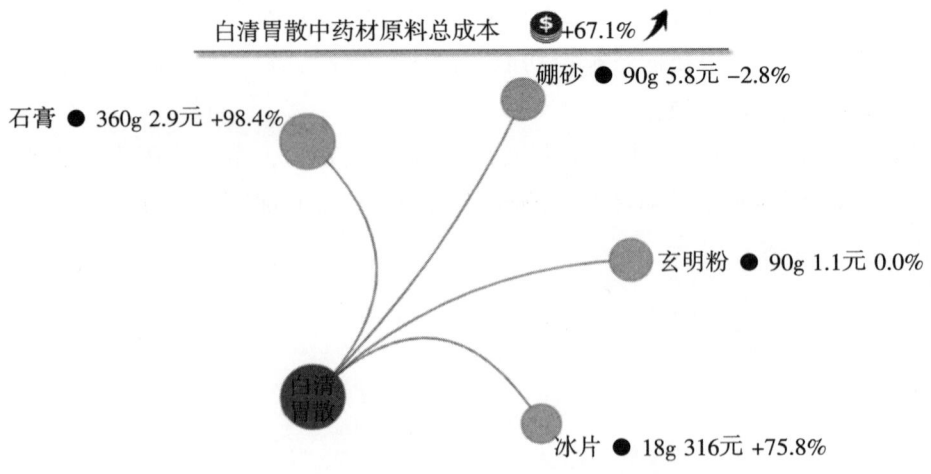

图 3-39　白清胃散中药材原料成本变化

3. 金银花糖浆

金银花糖浆的成分是忍冬藤、金银花，含量分别占70%、30%。2018年金银花价格大涨，年中一度上涨接近60%，虽下半年行情回落，但至年底仍比年初涨了44.9%。与忍冬藤相比，金银花在本方剂中含量占比较低，但单价比忍冬藤高很多，因此忍冬藤价格指数下跌6.6%并未对金银花糖浆原料成本起到下拉的作用，金银花糖浆原料总成本被金银花推高了42.1%（图3-40）。

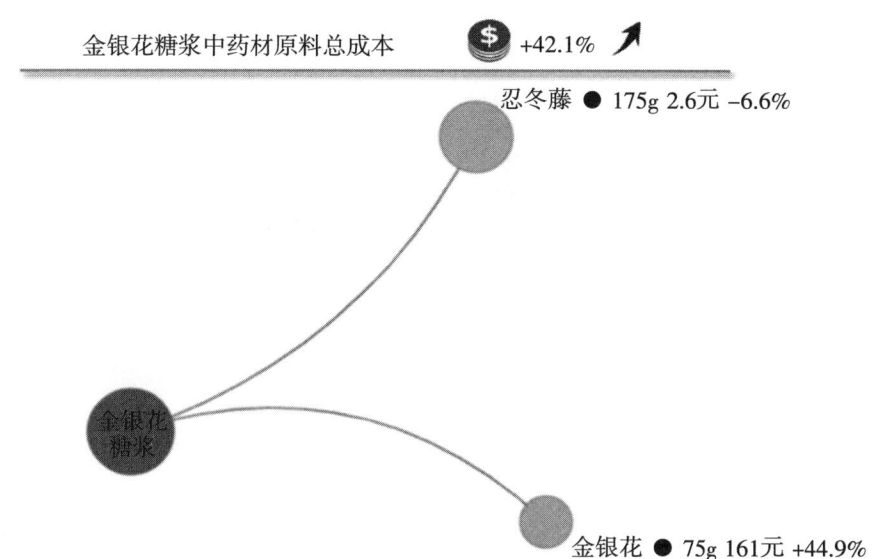

图3-40　金银花糖浆中药材原料成本变化

4. 烧伤肤康液

与上述几种中成药不同，烧伤肤康液虽有冰片价格大幅上涨的支撑，但是因为冰片在烧伤肤康液中的含量占比较低，不起重要影响。与之相反，白及价格指数下跌了78.9%，白及不仅单价高，其在本方剂中的含量占比也较高，因此对烧伤肤康液成本影响很大，直接导致烧伤肤康液原料总成本降低了72.7%（图3-41）。

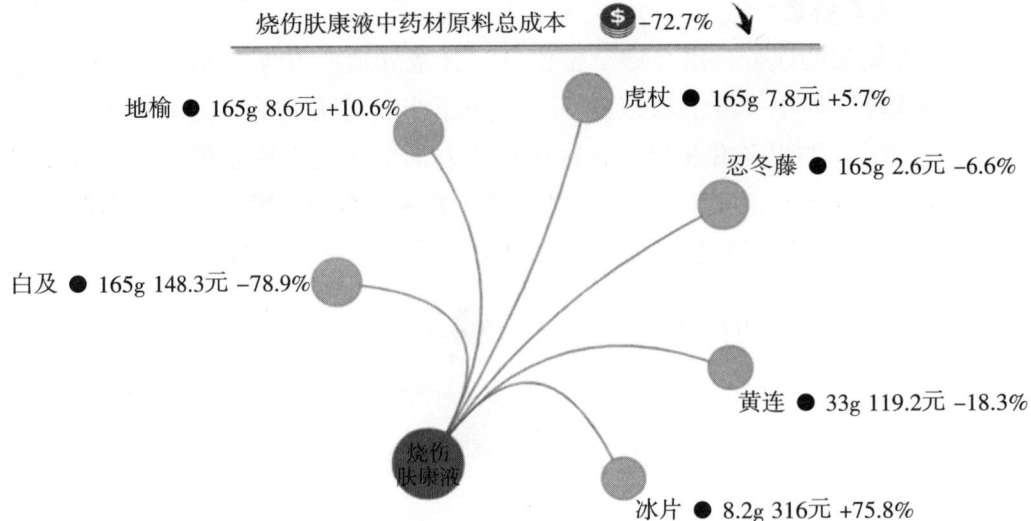

图 3-41 烧伤肤康液中药材原料成本变化

第四章

年度重点品种分析

本章以热点监控的数据为基础，综合考虑热度、变价幅度和专家意见等因素，确定选择八角茴香、酸枣仁、当归作为2018年度报告的重点分析品种。

第一节　八角茴香

一、产地分布

八角树，树高大根浅，忌台风，怕干旱，不耐寒，主产于广西百色、崇左、梧州、防城港、玉林、钦州、贵港、贺州等地区。云南文山州、红河州等地区也有八角茴香的生产，因此云南为八角茴香的副产区。我国八角茴香主要产区分布如表4-1所示。

表4-1　我国八角茴香主要产区分布

省（直辖市、自治区）	市（自治州、地区）	县（自治县、县级市、区）
广西壮族自治区（主产区）	百色市	靖西市、德保县、那坡县、凌云县、乐业县
	崇左市	宁明县、龙州县、凭祥市
	梧州市	岑溪市、苍梧县、藤县
	防城港市	防城区、上思县
	玉林市	容县、北流市
	钦州市	浦北县
	南宁市	上林县
	贵港市	桂平市
	贺州市	昭平县
云南（副产区）	文山壮族苗族自治州	广南县、富宁县、马关县
	红河哈尼族彝族自治州	屏边县
	普洱市	墨江县
	玉溪市	

二、供需情况

八角树从种植到开始挂果，短则需要 3～4 年，长则需要 5～8 年，每隔 3～4 年有 1 个丰收年。近十多年来，全国八角茴香的产量并不稳定，2005 年、2012 年和 2017 年是八角茴香产量较大的年份，其产量分别为 10 万～12 万吨、8 万～9 万吨和 6 万～7 万吨。2013—2015 年没有好的行情刺激采收，也没有遭受较大的自然灾害减产，产量正常，保持在 4 万～5 万吨，2016 年则受天气因素影响，结果率下降，产量较正常年份少。

八角茴香是饮食上不可缺少的调味品，用量逐年增大；在工业上用作香水、牙膏、香皂、化妆品等的原料；也可在医药上用作祛风剂和兴奋剂。2018 年八角茴香需求量涨至 5 万～5.5 万吨。

三、价格走势分析

1. 历史价格

康美·中国中药材价格指数监测的八角茴香历史价格为八角茴香广西统货（此部分内容均为该规格），时间可以追溯至 1988 年。历史价格走势如图 4-1 所示。

1988—1990 年，八角茴香价格在 10 元以下，1991 年八角茴香行情开始爬升，随后连续冲破 10 元、20 元的关口，至 1993 年，最高市价达到 30 元。

1999 年末至 2000 年初，广西八角茴香产区发生严重的霜冻，造成八角春果和秋果大幅度减产，价格从 22 元上涨到 100 元顶峰，行情维持到 2001 年八角秋果产新后才出现回调下滑。

高价必然会刺激药农扩大种植，加强管理，随后八角茴香生产恢复。2002 年秋果产新后，行情跌至低谷，随后震荡徘徊。2005 年八角茴香大丰收，库存较丰，行情持续陷入低迷。

2008 年 1 月中旬南方发生雪灾，广西产区部分八角树被冻伤，树枝被大雪压断，开花期延迟，挂果率下降，产新量大幅下滑。虽然 2008 年世界金融经济危机爆发，但药材市场行情不乐观，八角茴香需求拉动不足，故行情反而出现小幅下滑。到 2009 年，八角春果产量出现大幅度下滑，行情反弹上升。2012 年八角茴香大丰收，行情回落。

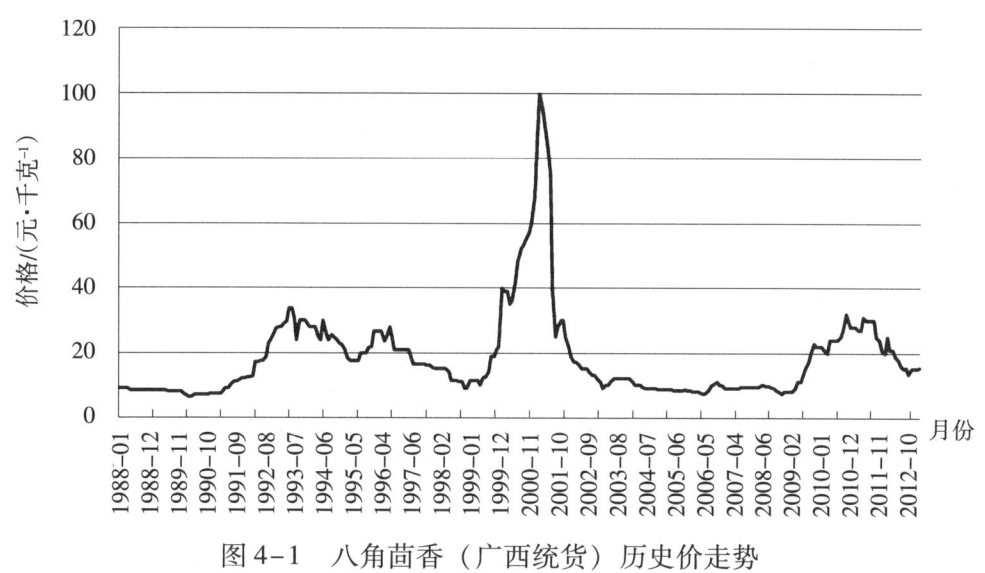

图 4-1 八角茴香（广西统货）历史价走势

2. 近几年价格

康美·中国中药材价格指数从 2013 年 4 月开始每日发布监测行情。品种指数是综合了多个规格的平均水平，更适合说明品种的行情趋势，因此将从指数角度看近几年的行情走势，而不是选用单个规格的价格趋势做分析。

2013—2015 年八角茴香没有遭遇重大的自然灾害，产新量正常，行情平稳运行。

2016 年 1 月下旬，八角产区遭遇世纪寒潮袭击，挂果率受影响，产出量下降，行情迅猛飙升。2017 年迎来丰收年，春果前后，行情回调下滑。

2018 年是小年，且受到 2017 年底广西八角产区出现低温雨雪天气的影响，2018 年挂果情况不及 2017 年。加之库存较薄弱，导致自 5 月份以来，行情出现上涨。

2018 年 9 月 16 日的台风"山竹"影响正值秋季产新的八角茴香，部分生果被刮落，八角树被吹倒，导致生果无法及时采摘和晾晒，部分生果变黑，而调料厂不要黑果，从而只能做提取出口。短时间内，八角茴香生果价格从 7.2~7.6 元涨至 9~9.2 元，大红袍统货价格涨至 34~35 元。

近几年八角茴香价格指数走势如图 4-2 所示。

图4-2 2013年4月—2018年12月八角茴香价格指数走势

四、互联网大数据监测

普通消费者通常将八角茴香简称为"八角",他们对八角茴香的信息搜索通常是搜索"八角"。但由于"八角"一词使用面较广,不专指八角茴香,百度指数统计的"八角"的搜索数据混杂了"八角桌""八角帽"等与八角茴香无关的记录。为了保证数据的准确性,本部分选择关键词"八角茴香"作为分析对象。

(一)搜索指数趋势

从总的(PC端+移动端)搜索量来看,"八角茴香"的搜索量较少,2016—2018年"八角茴香"的搜索量虽然基本稳定,但是较2013年、2014年有所减少。2014年12月出现一次搜索激增,是因为当时陕西师范大学发布的博士论文《八角茴香对卤鸡肉挥发性风味的影响及其作用机制》受到网友热议,形成一波搜索高潮。

从终端工具来看,移动端搜索指数经过几年的增长后,当前相对稳定;PC端搜索指数在近几年则呈现逐步下滑的趋势。当前移动端搜索指数已比PC端搜索指数高出一倍。近几年"八角茴香"的百度搜索指数走势如图4-3所示。

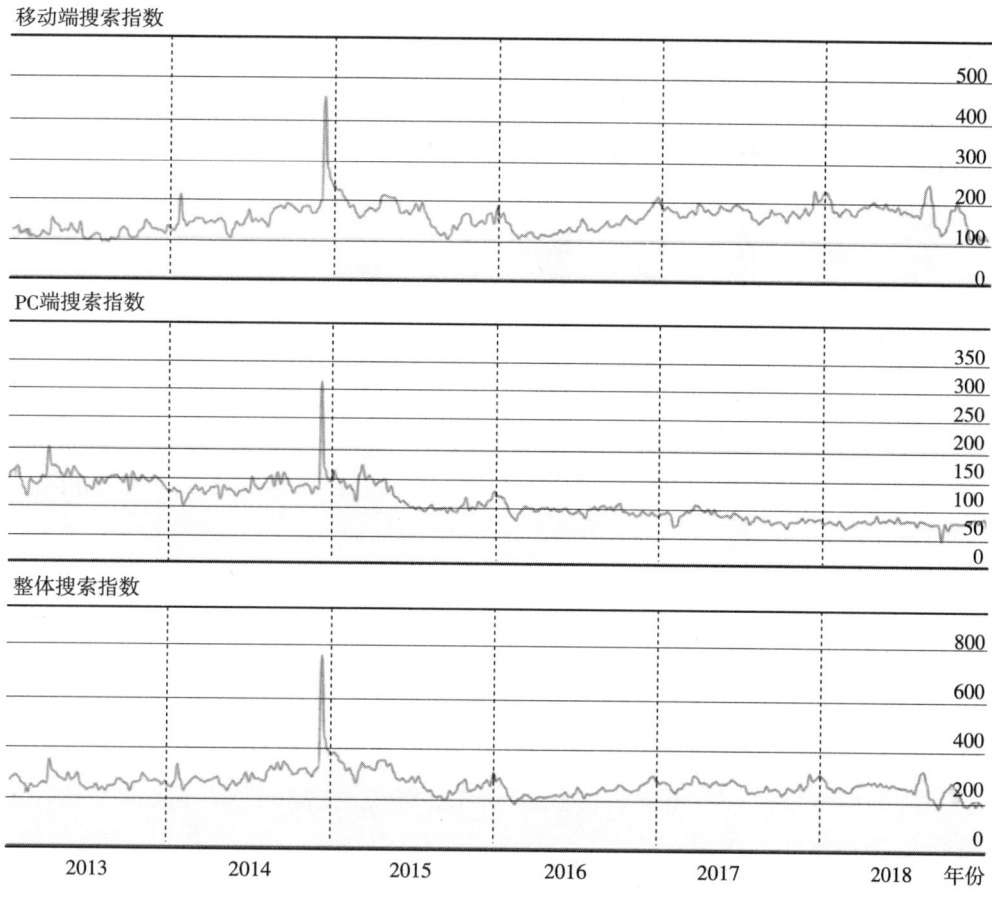

图4-3 关键词"八角茴香"的百度搜索指数走势

(二) 人群画像 (PC 端)

1. 地域分布

2018年广东成为搜索"八角茴香"人群最集中的省份,浙江以微弱劣势紧随其后,位于第三位的江苏搜索人群数量明显少于第二位,形成明显梯度。关键词"八角茴香"的搜索人群地域分布如图4-4所示。

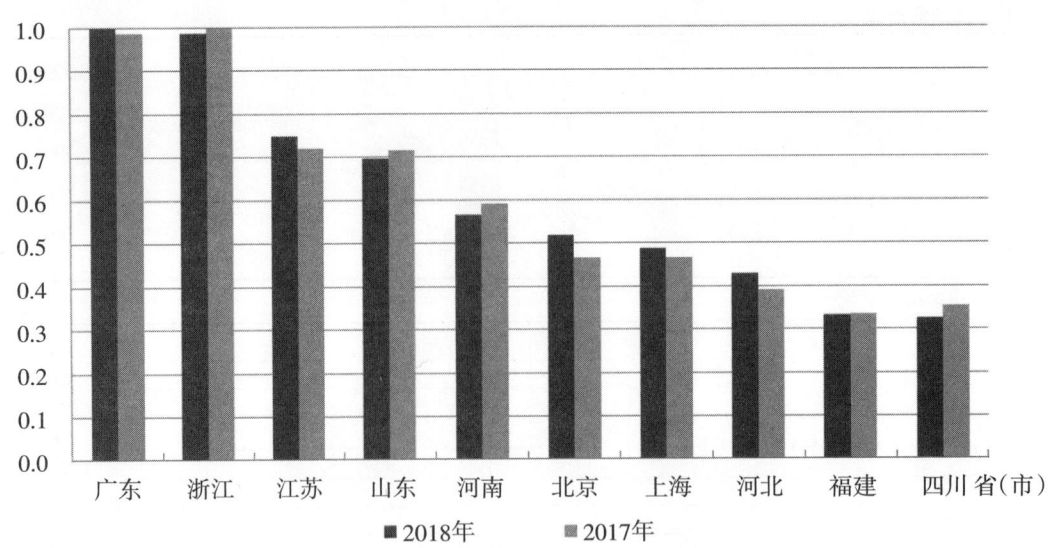

图 4-4 关键词"八角茴香"的搜索人群地域分布

2. 人群属性

从年龄结构来看，30～39岁、40～49岁人群的搜索量最大，且两个年龄段的人群数量相差不大，均占总体的40%左右。2018年，20～29岁、50岁及以上的人群的搜索量也相差不大，分别是10%、9%。关键词"八角茴香"的搜索人群年龄分布如图4-5所示。

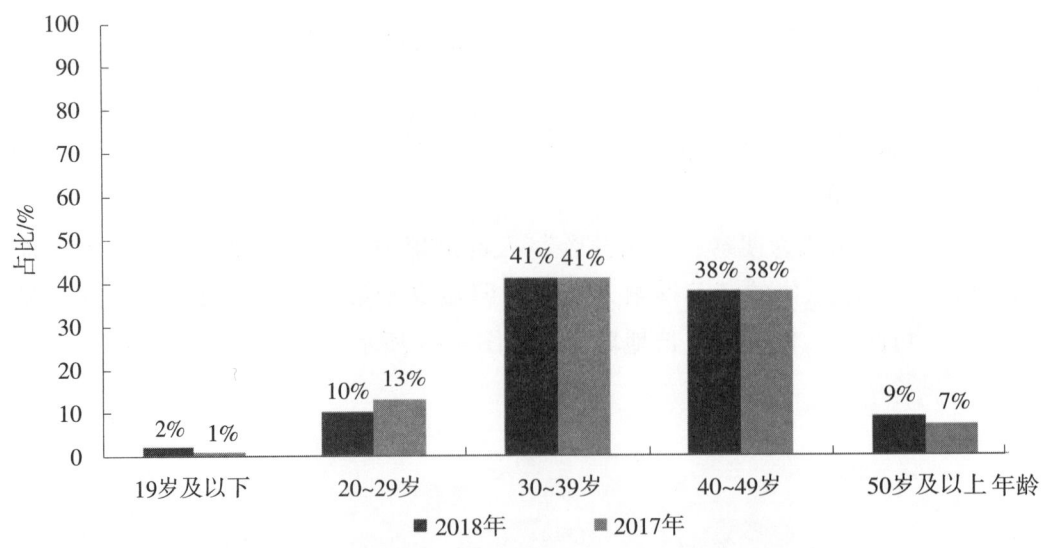

图 4-5 关键词"八角茴香"的搜索人群年龄分布

从性别分布看，2018年男性、女性的搜索量占比与2017年相同，男性、女性分别为53%、47%。相对于搜索"中药材+药材"的人群性别分布，搜索"八角茴香"的性别分布显得较为均衡。关键词"八角茴香"的搜索人群性别分布如图4-6所示。

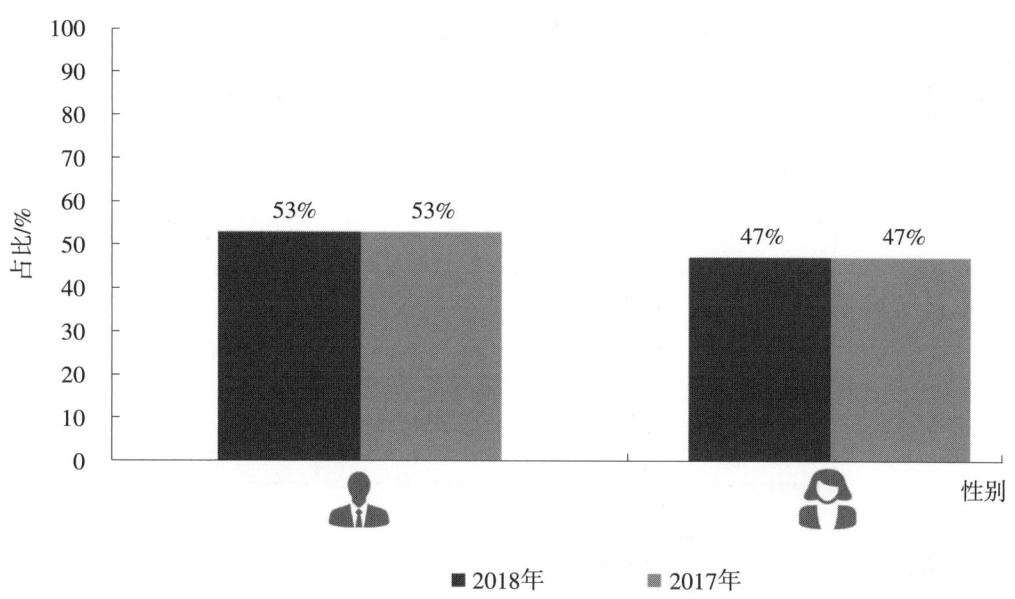

图4-6 关键词"八角茴香"的搜索人群性别分布

（三）需求分析

由于关键词"八角茴香"的搜索量较小，百度指数并没有统计关键词"八角茴香"的关联搜索数据，本部分略。

第二节 酸枣仁

一、产地分布

酸枣仁为鼠李科植物酸枣的干燥成熟种子，以野生资源供应为主。酸枣仁产地分布较广，主要分布于河北赞皇县、唐山、青龙县等地，山东潍坊、济南、枣庄等地，山西运城、侯马等地，以及陕西渭北地区、甘肃陇南地区、辽宁南部地区。虽然酸枣仁产地分布广泛，但其加工地点集中，主要集中在河北的赞皇县和山东汶山县。我国酸枣仁主要产区分布如表4-2所示。

表4-2 我国酸枣仁主要产区分布

省（自治区）	市（自治州、地区）	县（自治县、县级市、区）
山东	济宁市	汶上县
	日照市	莒县
	潍坊市	临朐县
	济南市	
	临沂市	平邑县
	枣庄市	
河北	邢台市	内丘县
	石家庄市	赞皇县
	唐山市	迁安市
	邯郸市	涉县
	秦皇岛市	青龙县
陕西	延安市	宜川县
	渭南市	蒲城县、澄城县
	宝鸡市	陈仓区
山西	运城市	夏县
	临汾市	侯马市
	长治市	
河南	洛阳市	洛宁县
	新乡市	
云南	德宏傣族景颇族自治州	瑞丽市
内蒙古	赤峰市	宁城县

二、供需情况

酸枣仁具有养心补肝、宁心安神、敛汗、生津的功效，在临床上，主要治疗神经衰弱、失眠以及心血管疾病等，疗效显著，另外，酸枣仁也是养心安神首选药物。酸枣仁是药食两用品种，目前年需求量5000～5500吨。

市场上的酸枣仁以国产产品为主，进口品也占有一定份额。当前酸枣仁的市场流通量与需求量相当，完全可以满足市场的需求。酸枣仁作为以野生为主的品种，当供大于求时可减少采摘及加工，药农不会有明显损失，所以其供需平衡有着很好的弹性调节能力。

三、价格走势分析

1. 历史价格

康美·中国中药材价格指数监测的酸枣仁历史价格为酸枣仁河北98货（此部分内容均为该规格），时间可以追溯至1985年。酸枣仁的历史价格走势如图4-7所示。

1985—1991年，酸枣仁价格在20元以下运行，1992年价格开始上涨，出现39元的阶段性高价。

1992—2003年，除2000年出现一次高价外，酸枣仁的价格长时间在25～30元的水平区间小幅波动。由于1999年出现减产，在2000年产量青黄不接的时候，酸枣仁价格出现短暂的上涨，价格突破45元，但很快回落。

2003年酸枣仁产量减少，打破了价格长时间的稳定。从2003年11月起酸枣仁价格开始上涨。

2005—2007年，行情缓慢抬升。2005年酸枣仁减产，行情继续抬升上涨，价格上涨至70元，随后货源进入实际销售阶段，行情再次回落至40～45元。直到2007年底，迈过了50元关口，从此在50元以上的价格运行。

2008—2011年，酸枣仁从50元起步，向百元大关冲击。2008年5月由于供不应求，价格开始了新一轮上涨，上涨行情延续至2011年5月，最高价格达到120元。2011年产量较大，价格又迅速回落。

2012—2013年，行情爆发。2012年河南、山西、陕西等几大酸枣仁主产区在坐果期遭遇持续阴雨天气影响，导致挂果率降低。据不完全统计，全国产量减产40%～50%，触发行情爆发。2013年因雨水较多，酸枣仁减产，药商关注和收购力度增强，带动行情继续上涨，2013年8月创下了历史最高价260元。

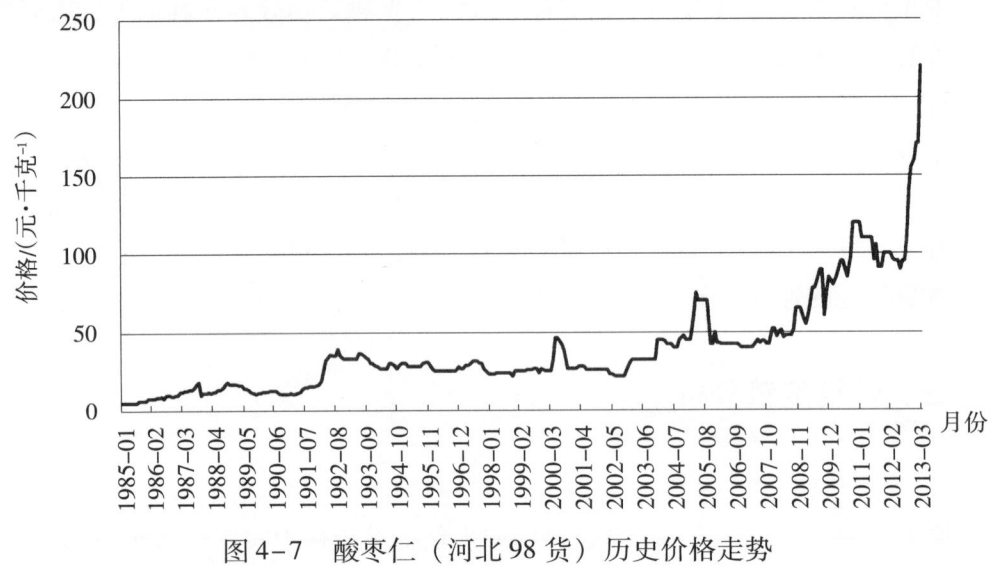

图4-7　酸枣仁（河北98货）历史价格走势

2. 近几年价格

2014年北方相对干旱，因酸枣仁生长环境偏干旱，各产地酸枣仁迎来大丰收。酸枣仁价位高，药农采收积极性增强，产新量不断上涨，带动产地鲜枣收购价格下滑，市场行情也随之出现理性回归下滑。2015—2017年酸枣仁行情波动明显不大。近几年酸枣仁价格指数走势如图4-8所示。

2018年春季，山西、陕西等产地的酸枣仁遭遇倒春寒，新发出的嫩芽遭受冻害，致使挂果率下降。8月中下旬，山东等产区遭受大暴雨，酸枣无法及时采收，晒场的酸枣亦有被大雨冲走或浸泡的情况，导致枣仁不饱满，加工成本有所提高。山东、山西、陕西、辽宁、内蒙古、河北、河南等产地均有明显减产，出现抢购现象，导致酸枣仁价格持续上涨，企图冲破历史高价260元。

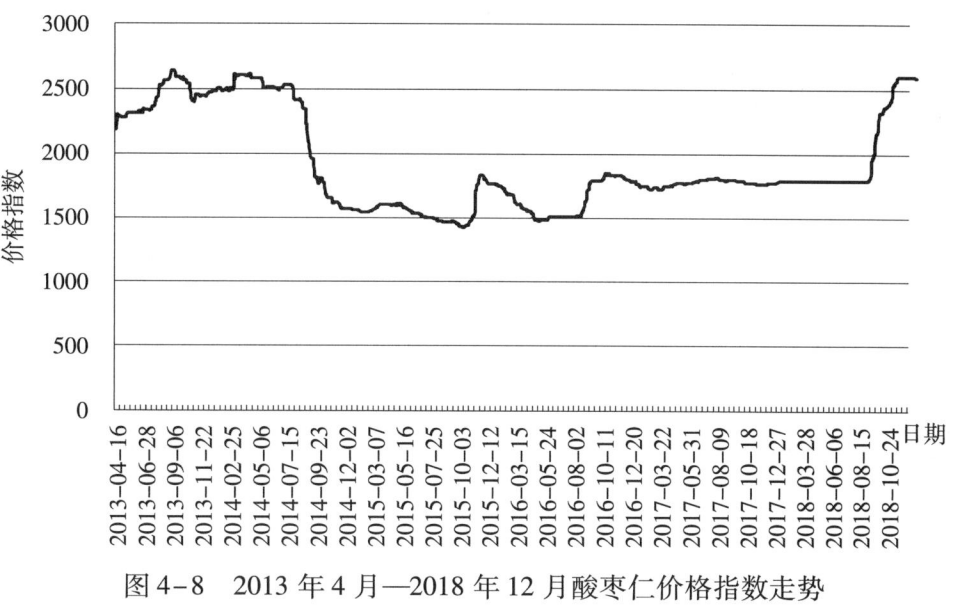

图4-8 2013年4月—2018年12月酸枣仁价格指数走势

四、互联网大数据监测

最近几年,关键词"酸枣仁"的整体搜索指数在缓慢增长,但较前几年更为震荡,2018年搜索指数在1200点～1500点之间。

PC端搜索指数、移动端搜索指数出现明显分化,PC段搜索指数稳步下滑,移动端搜索指数则是稳步上升。2018年,移动端搜索指数基本为PC端的4倍以上,即对关键词"酸枣仁"的搜索80%以上来自移动端。关键词"酸枣仁"的搜索指数走势如图4-9所示。

（一）搜索指数趋势

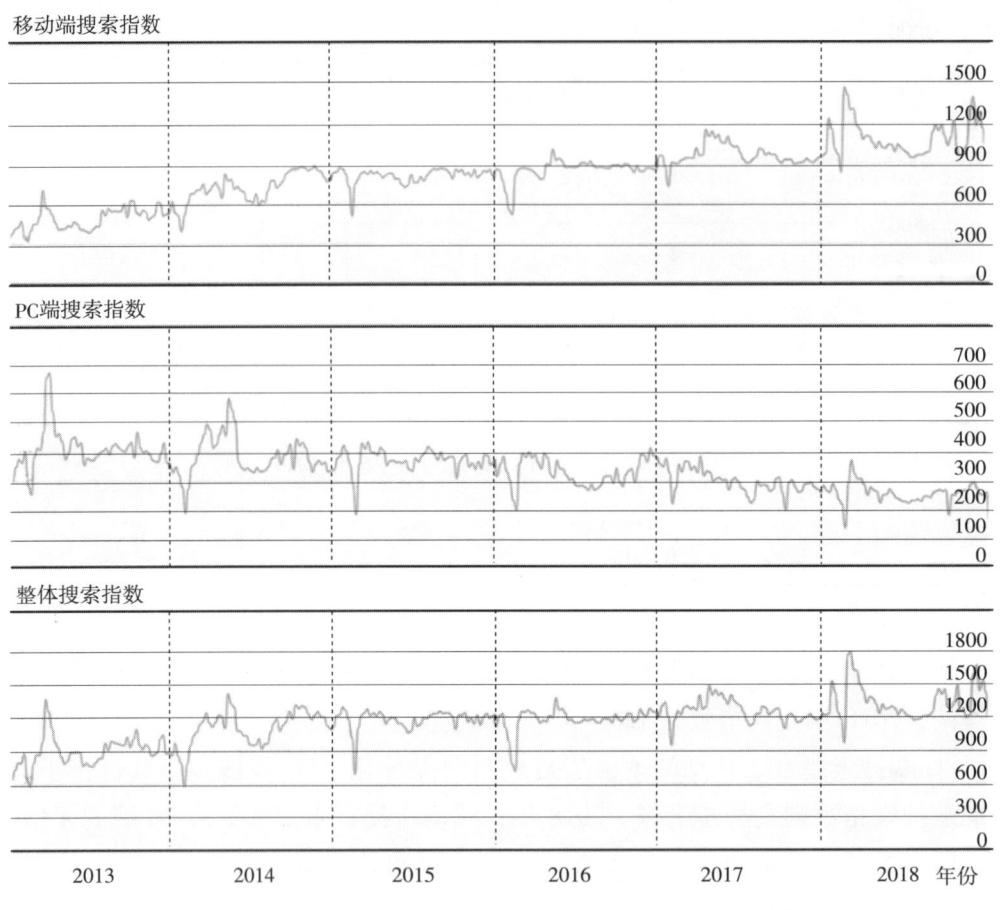

图 4-9　关键词"酸枣仁"的百度搜索指数走势

（二）人群画像（PC 端）

1. 地域分布

从地域分布来看，对"酸枣仁"的搜索人群数量形成明显的地域分级。广东作为第一梯队唯一成员，搜索人群数量最大，比第二名的山东高出将近一倍。山东、江苏、浙江为第二梯队，人群数量相差不大。北京、河南、河北、四川、上海、辽宁为第三梯队，人群数量相差也不大。2018 年与 2017 年相比，搜索人群地域占比较为稳定。关键词"酸枣仁"的搜索人群地域分布如图 4-10 所示。

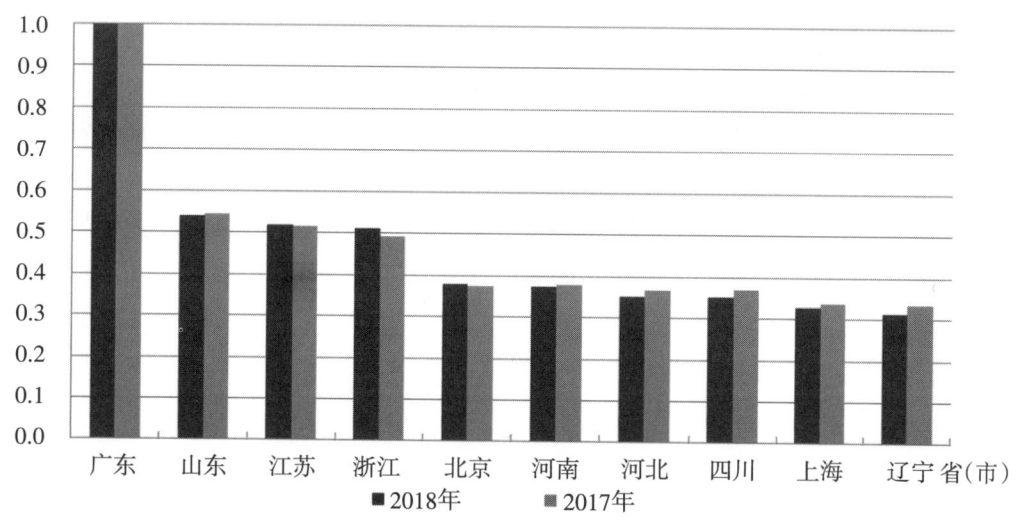

图 4-10　关键词"酸枣仁"的搜索人群地域分布

2. 人群属性

与中药材行业主体特性不同,在搜索"酸枣仁"的年龄分布上,搜索量最大的人群不是 30～39 岁,而是 40～49 岁。2018 年,40～49 岁人群占比达到 45%,与 30～39 岁人群的 34% 相差 11%。20～29 岁、50 岁及以上的人群占比差距也在拉大,50 岁及以上人群占比由 2017 年的 9% 涨到 16%,20～29 岁人群占比则由 8% 降至 5%,19 岁及以下人群几乎没有。"酸枣仁"的搜索人群更多集中在中老年,且此特征有加剧的趋势。关键词"酸枣仁"的搜索人群年龄分布如图 4-11 所示。

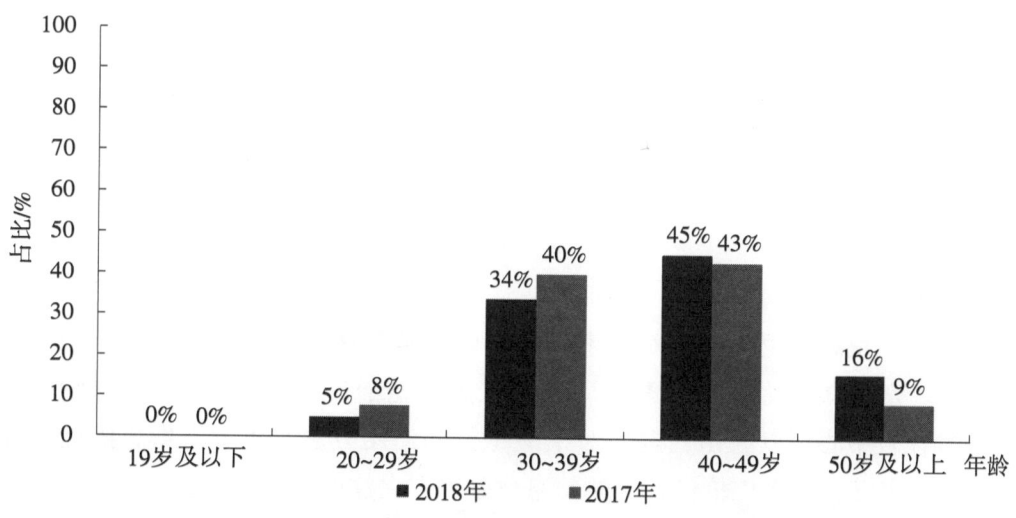

图 4-11　关键词"酸枣仁"的搜索人群年龄分布

关键词"酸枣仁"的搜索人群在性别分布上,同样显得独特,男性占比少于女性。2018年,在搜索"酸枣仁"的人群中,男性占比为47%,女性占比为53%,较2017年基本保持不变。关键词"酸枣仁"的搜索人群性别分布如图4-12所示。

数据显示,女性比男性更容易失眠,而酸枣仁以治疗失眠的功效为人熟知,这或许就是搜索"酸枣仁"的女性比男性多的原因。

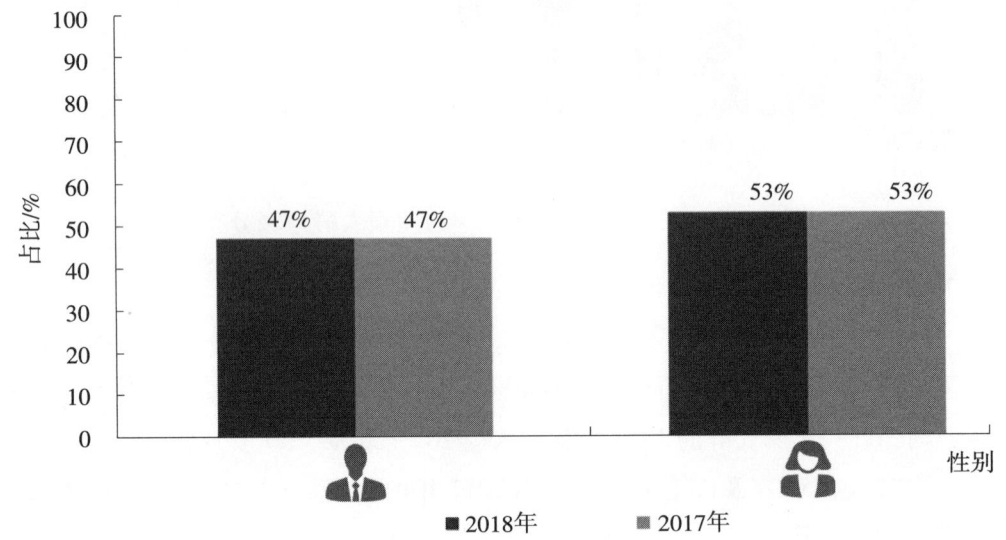

图4-12 关键词"酸枣仁"的搜索人群性别分布

(三)需求分析

1. 需求图谱

选取"2018-02-19—2018-02-25""2018-07-16—2018-07-22""2018-12-03—2018-12-09"三个具有代表性的时间段进行分析,这三个时间段分别是关键词"酸枣仁"年初搜索量较高、年中搜索量较低和年末搜索量较高的时候。

从图4-13可看出,三个时间段中,"失眠"及相关问题与关键词"酸枣仁"的粘性很高,说明网民对酸枣仁的功效非常关注,且对酸枣仁治疗失眠的功效有一定认知。从相关搜索语"酸枣仁怎么吃治失眠""酸枣仁泡水治疗失眠"排在较中心可以看出,网民对于酸枣仁的使用方法并不够了解,因此关注度较高。另外,酸枣仁价格相关的信息也是网友关注的焦点之一。

相关词中出现与视频平台相关的词，是因为"酸枣"是某视频直播平台的名称。

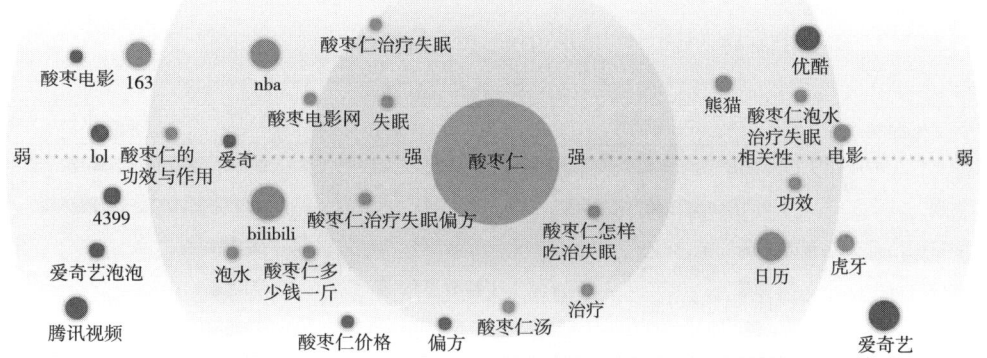

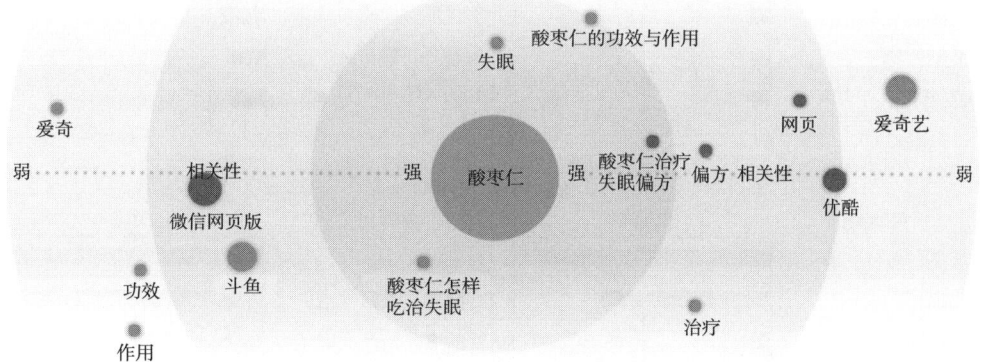

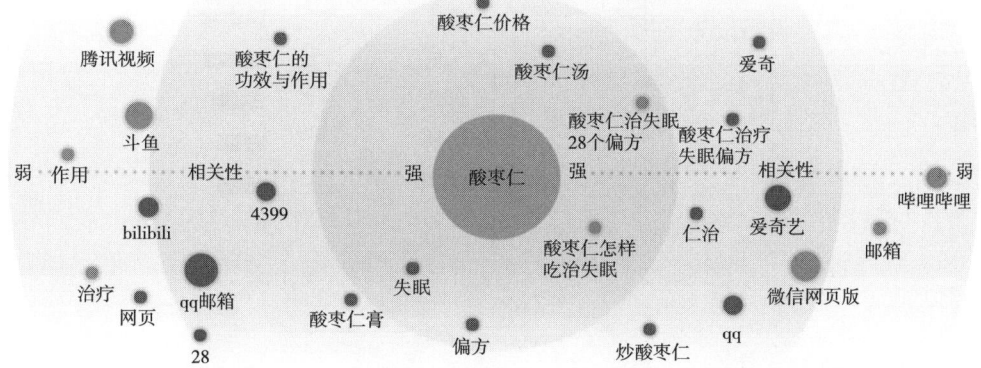

图4-13 关键词"酸枣仁"的搜索需求分布图

2. 相关词分类

关键词"酸枣仁"的搜索来源相关词、去向相关词均以"失眠"相关信息为主,不同的是,来源关键词中有部分是与中药无关的关键词,但其占比非常少。另外,去向关键词列表的相关程度递减更加缓和。关键词"酸枣仁"的搜索相关词分类及相关度如图4-14所示。

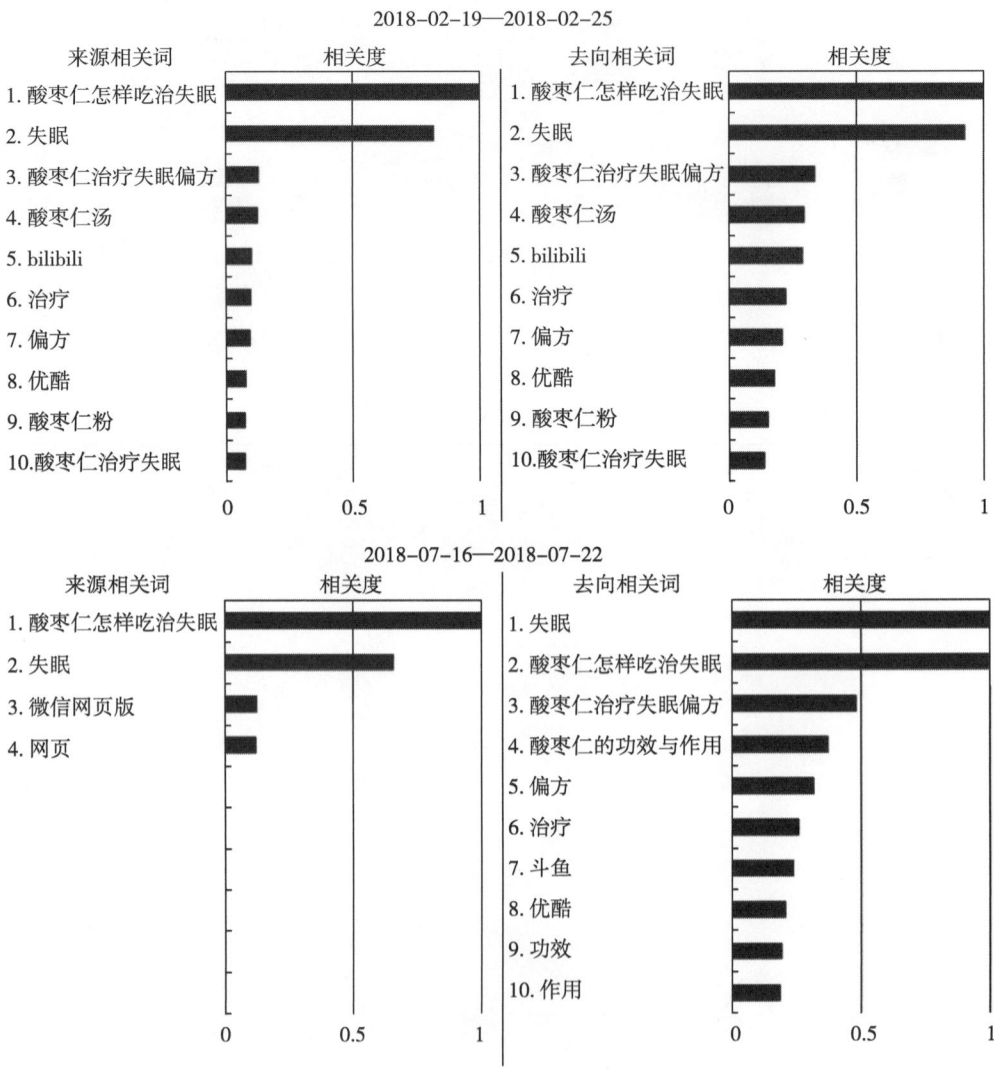

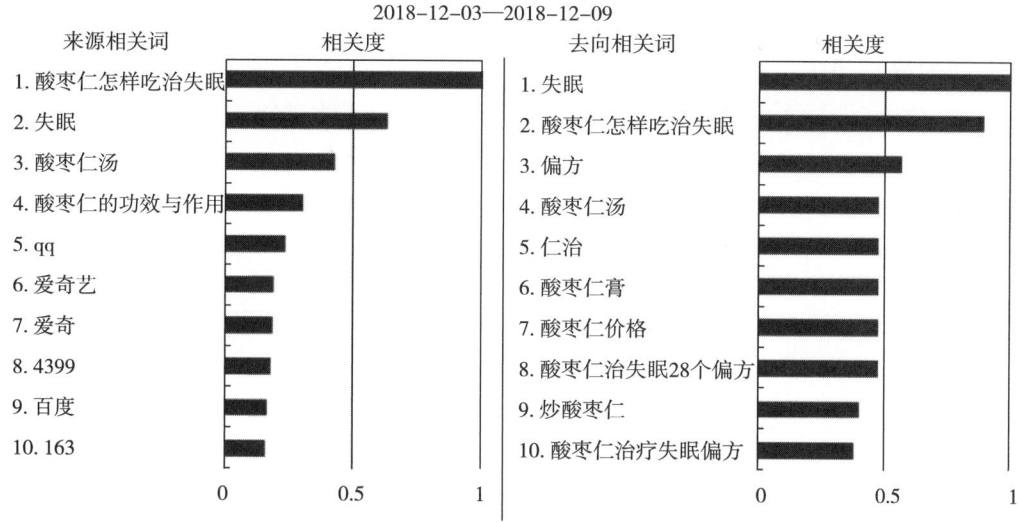

图 4-14 关键词"酸枣仁"的搜索相关词分类及相关度

第三节 当归

一、产地分布

当归是家种常用大宗中药材，生长期为 2～3 年，主产区于甘肃、青海、云南，四川、陕西、湖北等省也有栽培。我国当归主要产区分布如表 4-3 所示。

第一大产区甘肃：甘肃岷县不仅是当归的集中交易市场，也是当归的大产区。岷县地区的清水、申都、蒲麻、中寨、小寨等 10 多个乡镇（其中禾驮、茶埠、蒲马三个乡镇是当归育苗规模最集中的几个乡镇，其他乡镇规模稍分散），与岷县同属定西市的漳县大草滩、金钟、拉嘛、大庄等乡镇，渭源县的会川镇、祁家苗等乡镇均有大量种植。陇南地区的宕昌县、武都区、礼县，甘南藏族自治州的卓尼县、临潭县等县亦有种植。

第二大产区青海：经过近几年的发展，青海地区已经成为当归第二大产区。当归种植集中在大通县、湟源县、湟中县、互助县、门源县、贵德县等县城。

据了解，青海地区当归采挖大多以机器为主（占70%左右），采挖速度快，效益好，产地鲜货集中上市量大。

第三产区云南：云南地区当归，除了传统老产区曲靖市沾益区之外，德钦县、香格里拉市、维西县、兰坪县以及大理周边也较多种植当归，据说质量优于西北产地。

表4-3 我国当归主要产区分布

省（自治区）	市（自治州、地区）	县（自治县、县级市区）
甘肃	定西市	岷县、漳县、渭源县、临洮县
	陇南市	宕昌县、武都区、礼县
	甘南藏族自治州	临潭县、卓尼县
	临夏回族自治州	临夏县、康乐县
青海	西宁市	大通县、湟源县、湟中县
	海东市	互助县
	海北藏族自治州	门源县
	海南藏族自治州	贵德县
云南	曲靖市	沾益区
	迪庆藏族自治州	德钦县、香格里拉市、维西县
	怒江傈僳族自治州	兰坪县
	大理白族自治州	

二、供需情况

当归是药食同源的中药材，具有补血和血、调经止痛、润燥滑肠、抗癌、抗老防老等作用。近些年，当归除了药用，食用和保健品的需求增势明显，其中最常食用的方式是煲汤，对于贫血患者有一定疗效，为补血第一要药。据不完全统计，目前当归在药用、食用、化妆品等方面的总需求量达到4万吨左右。

2016年受气候的影响，单产有所下滑，亩产干货平均120千克左右，但是由于面积大，总产量依然不小，约5.16万吨。

由于2016年当归行情较好，刺激农户种植热情，2017年种植面积猛增，亩产干货平均达到140千克左右，产新量巨大，约7.5万吨。

2018年种植面积虽然较2017年有所减少，但当归长势良好，产新量同样不小，约6万吨，并且预计2019年当归种苗供应量会相当大，大于需求量。

三、价格走势分析

1. 历史价格

康美·中国中药材价格指数监测的当归历史价格为当归甘肃草把货（此部分内容均为该规格），时间可以追溯至1985年。历史价格走势如图4-15所示。

除1988年下半年至1989年初，价格曾突破10元，1985年—2005年6月，当归价格均保持在10元以下。

2005年至2007年为行情急速上涨阶段。2004年当归受5月初霜冻危害，单产下降，整体产量减少，行情开始恢复。随着市场需求的不断增加，2004年开始库存逐渐下降，而种植面积却没有大幅增加，当归供不应求的迹象已经有所显现。2005年当归受种苗限制，种植面积难以扩大。2006年虽然面积增加，但是种苗质量较差，导致当归出苗率低，加上受7月下旬至8月下旬持续高温，其生长受到影响。之后，又遭遇暴雨、冰雹自然灾害，致使当归病苗、死苗比较严重，当归产量进一步减少。到2006年产新前，当归库存已很薄弱，产新后上市的货源基本是新货，在库存薄弱和连续减产的情况下，很多商家积极参与购买，快速引爆行情上涨，价格从10元以下飙升至历史最高价65元。

2007—2009年为行情直线下跌阶段。2006—2007年当归行情如日中天，火爆的行情带动药农的种植积极性。在市场调节作用之下，部分地方政府把当归作为当地的特色产业和龙头产品来抓，加大扶持力度，提供便利条件，这些措施极大地刺激了药农的种植积极性，当归种植面积呈逐步扩大之势。2007年，受产新面积较大的影响，加上高价抑制终端需求，假货充斥市场，行情直线下滑。2008年当归产量继续增加，而且金融危机爆发，国际需求量下滑，行情继续保持下滑趋势，到2009年10月当归下滑至7.5元左右。

2010—2013年为行情恢复阶段。2010年之后，随着金融危机的阴霾慢慢消退,当归种植面积的调减,加上2010年整体药市行情进入上升通道,一些药商趁机抄底当归,拉动行情随之恢复。2011年,随着市场降温以及政策的调控,当归行情出现回落至16～17元。2012—2013年当归种苗量少,致使种植面积有所减少,加上受自然灾害影响,价格出现反弹。2012年5月中旬,当归主产区岷县遭受洪涝灾害,商家闻风而动,带动行情上扬。2013年春季,甘肃遭遇干旱,影响了当归的栽种,多重利好推动价格继续上涨,并持续到年底。

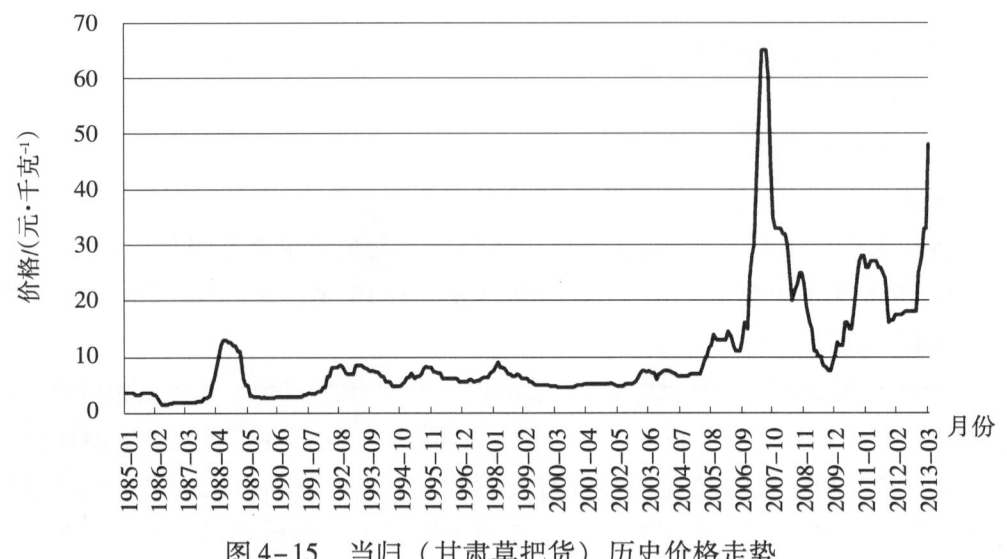

图4-15 当归(甘肃草把货)历史价格走势

2. 近几年价格

2014年至目前为行情区间震荡阶段。2014年以后,当归行情基本在25～50元大区间震荡徘徊,目前处于震荡下滑期。受2012—2013年当归行情恢复上调,刺激种植面积扩大,2013年12月产新后,新货逐渐上市,价格开始回调。2015年受干旱气候的影响,当归出现减产,以青海抽薹较为严重,是年8月中旬,当归减产利好的消息不断释放,当归价格也随之不断上涨。

2016年受厄尔尼诺的影响,当归产区秋旱严重,以当地代表性的党参为主,价格涨幅较大,党参价格的上涨,带动当归、黄芪价格的上扬。是年8月当归价格开始上涨,到当归产新时,行情才逐渐回调转平稳。2017年雨水充足,出苗率较好,当归较2016年增产,同时库存量较为可观,行情以震荡为主,产新后,价格略微下滑5元左右,其他货先反弹后回调,总体变化不大。

2018年当归种植面积比2017年减少,但在关键生长期风调雨顺,长势良好，产新量依旧较大，行情以缓慢下跌为主。近几年当归价格指数走势如图4-16所示。

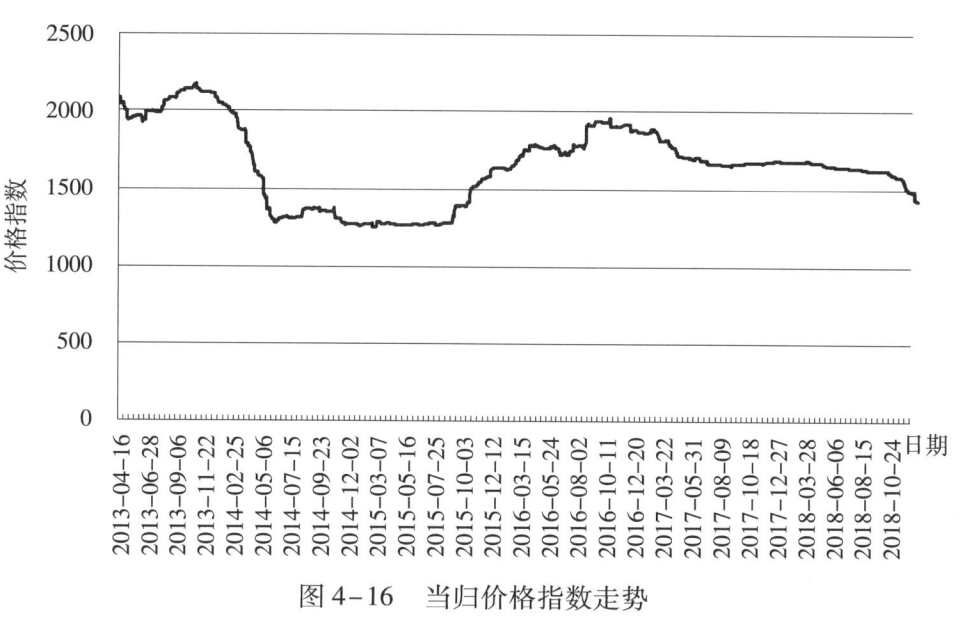

图4-16 当归价格指数走势

四、互联网大数据监测

（一）搜索指数趋势

关键词"当归"的整体搜索指数在2013—2015年逐渐增加，2016年元旦前后出现一波搜索高峰，2016年春节后至今趋于平稳，近几年指数水平在5500点上下震荡。

2013—2018年，关键词"当归"的PC端搜索指数主体呈缓慢下降趋势，移动端搜索指数则在2013—2015年高速增长，2016—2018年相对平稳。至2018年，移动端搜索指数年均值已达到4600点，PC端则在750点左右，相差非常悬殊。从振幅上看，关键词"当归"的移动端搜索指数较为震荡，PC端搜索指数则保持相对稳定。近几年关键词"当归"的百度搜索指数走势如图4-17所示。

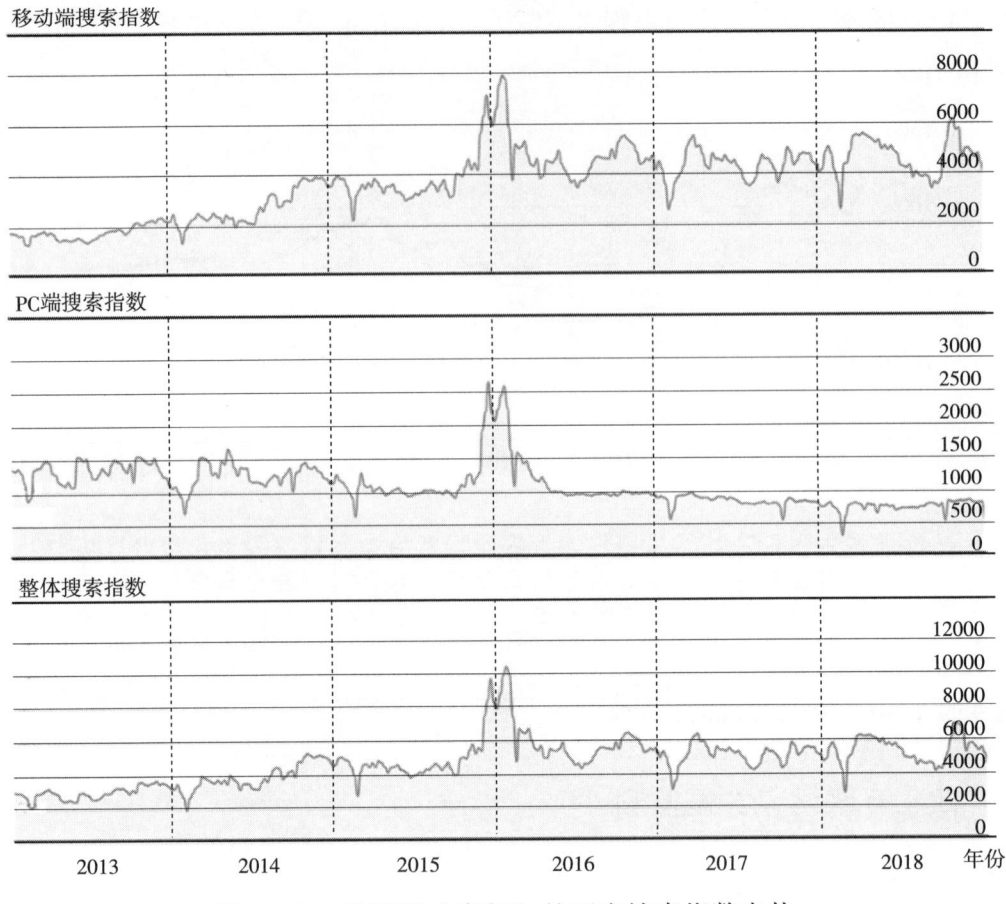

图 4-17 关键词"当归"的百度搜索指数走势

(二) 人群画像（PC 端）

1. 地域分布

关键词"当归"的搜索人群地域集中度很高，搜索人群数量排在第一的广东是排在第二的浙江的两倍多，这或许与广东的饮食文化有关。浙江的人群数量与江苏相差不大，分列第二、第三位。关键词"当归"的搜索人群地域分布如图 4-18 所示。

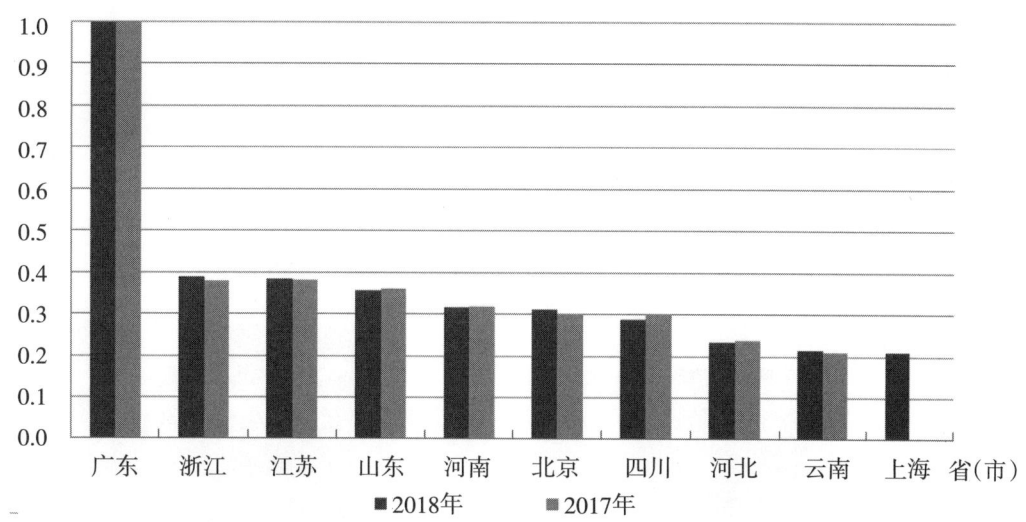

图 4-18 关键词"当归"的搜索人群地域分布

2. 人群属性

年龄分布上，2018 年搜索关键词"当归"的人群主要集中在 30～39 岁，占 43%；40～49 岁人群占 38%。20～29 岁、50 岁及以上人群数量占比同为 9%，由 2017 年的大差距变为相同。19 岁及以下人群占比极小。关键词"当归"的搜索人群年龄分布如图 4-19 所示。

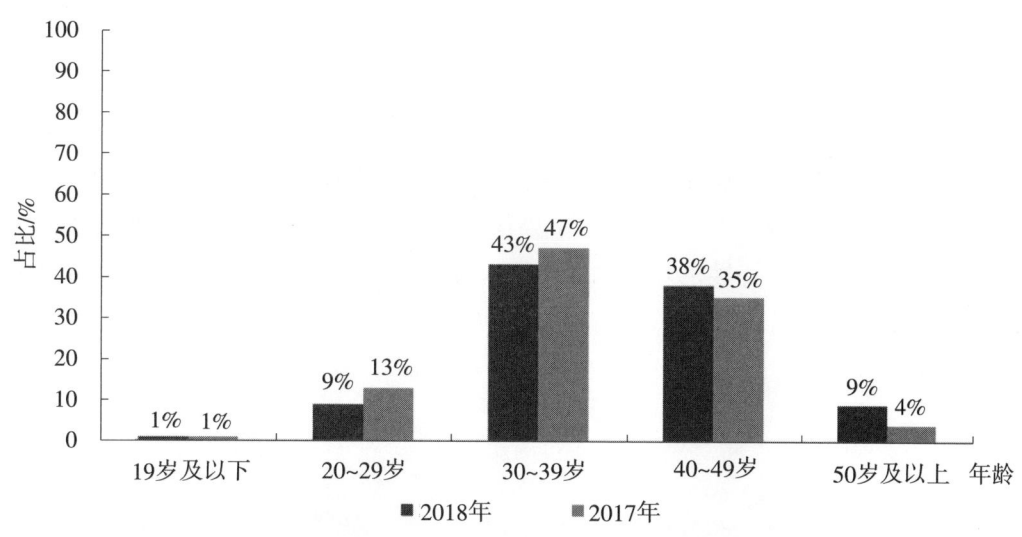

图 4-19 关键词"当归"的搜索人群年龄分布

与酸枣仁相似，搜索关键词"当归"的人群中，女性占比更大，在 2018 年达到55%,这与当归的补血功效有直接关系。关键词"当归"的搜索人群性别分布如图4-20所示。

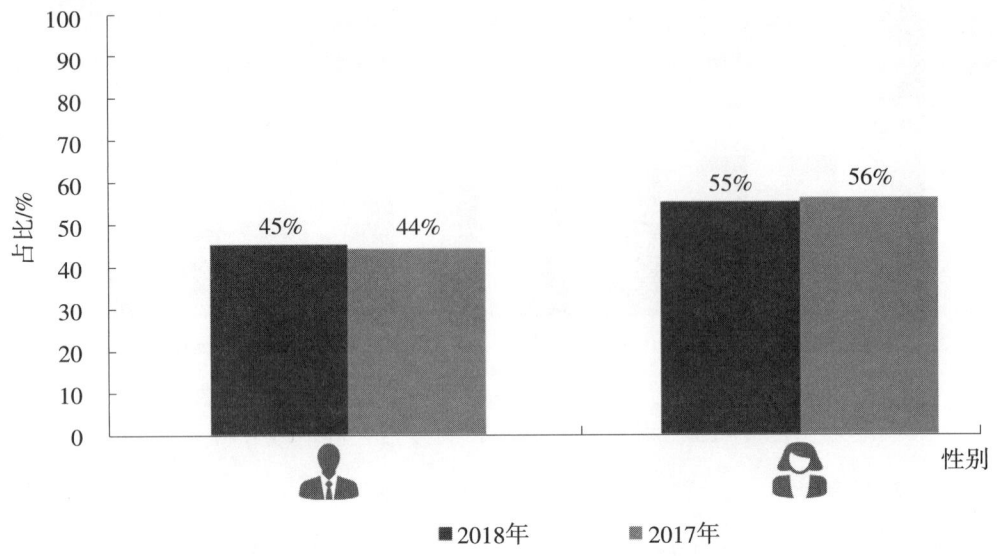

图4-20 关键词"当归"的搜索人群性别分布

(三)需求分析

1. 需求图谱

选取"2018-03-12—2018-03-18""2018-09-03—2018-09-09""2018-10-22—2018-10-28"三个具有代表性的时间段进行分析,这三个时间段分别是年初搜索量较高、年中搜索量较低的时间和当归价格明显下滑初期。

从图4-21可以看到,"功效"和"作用"是网民搜索"当归"关联性最高的词,这是作为中药特性的词的共同特点。同为大宗、消费者熟知的中药材品种,黄芪、党参、川芎等中药材品种及其功效相关信息与"当归"搜索的相关性也很强。

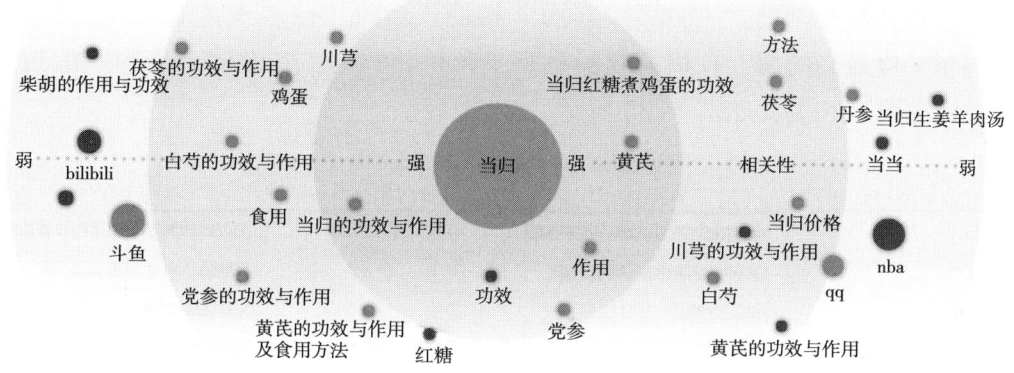
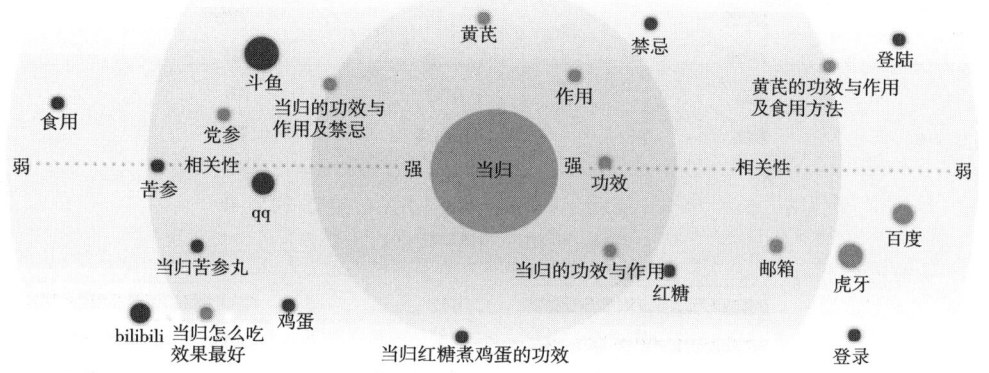
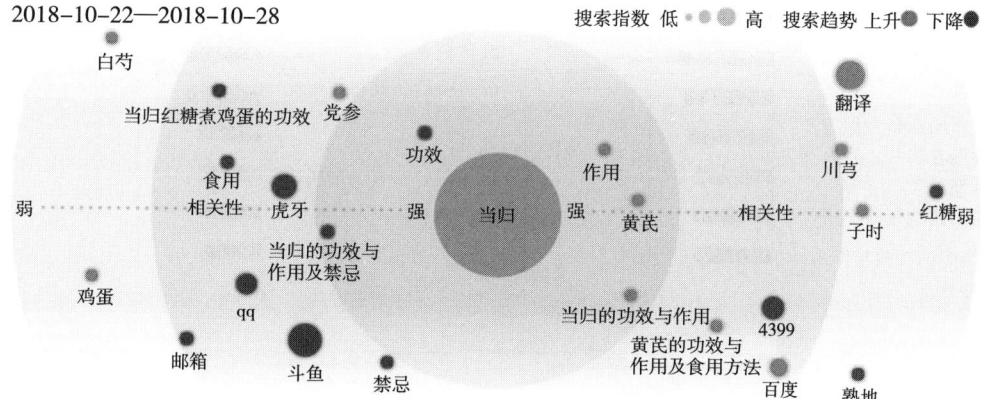

图4-21 关键词"当归"的搜索需求分布

2. 相关词分类

几乎在所有时段,"功效""作用"均是"当归"搜索来源相关词、去向相关词相关度最高的词,且相关度明显高于其他相关词。关键词"当归"的搜索相关词分类及相关度如图4-22所示。

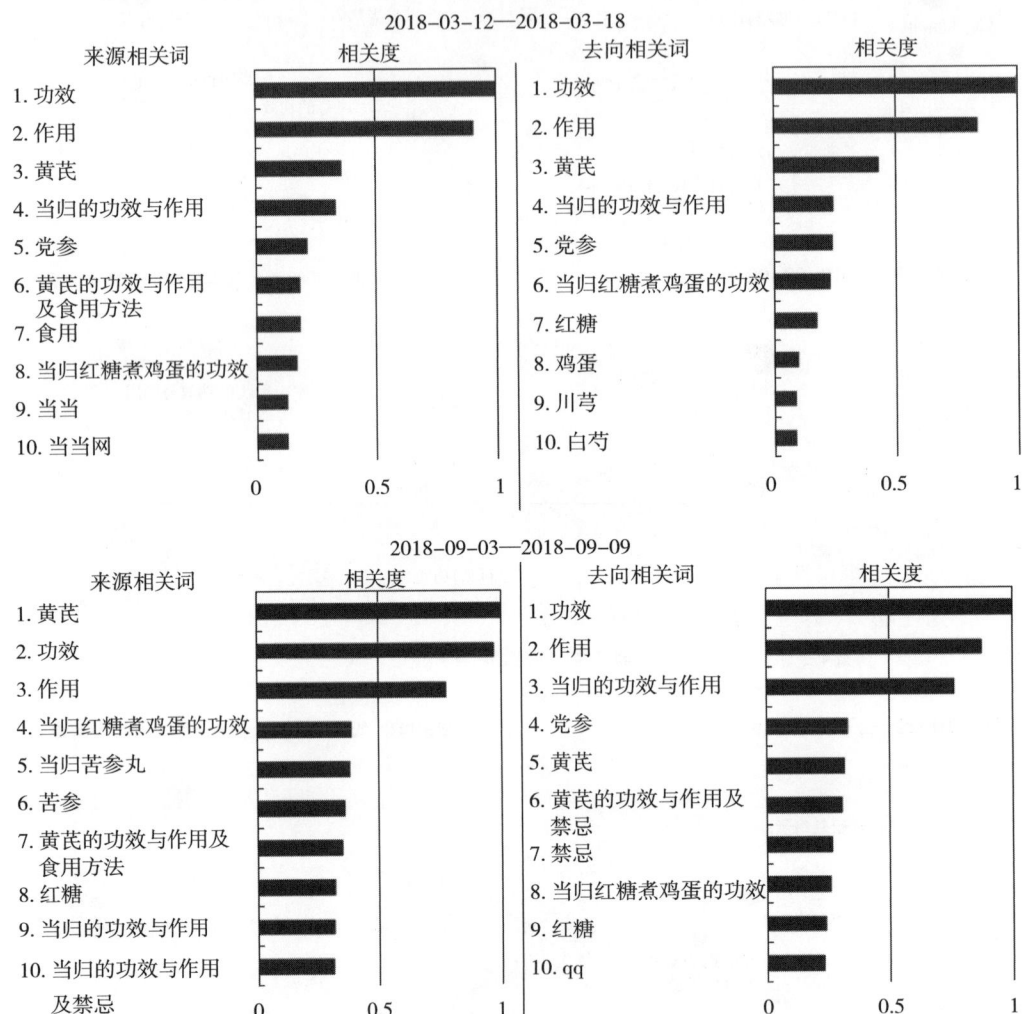

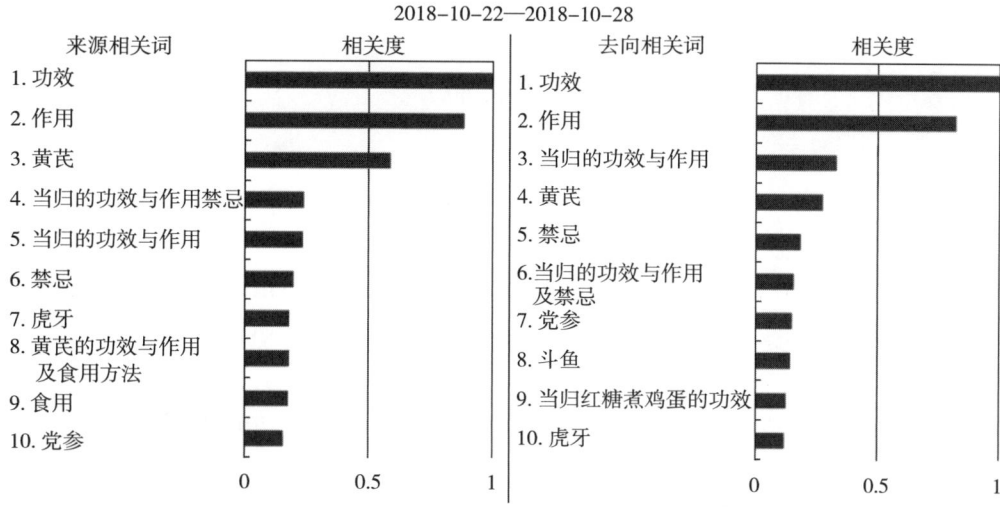

图4-22 "当归"搜索相关词分类及相关度

参考文献

[1] 唐乾利,何清湖. 中医发展现状与现代化的若干问题思考[J]. 中华中医药杂志, 2011(11): 2728-2730.

[2] 肖小河,金城,鄢丹,等. 中药大质量观及实践[J]. 中草药, 2010, 41(4): 505-508.

[3] 梁飞,李健,张卫,等. 道地药材产地变迁原因的探讨[J]. 中国中药杂志, 2013, 38(10): 1649.

[4] 吴学文,熊艳,杜方麓. 聚类分析在中药材分类学中的应用[J]. 中南药学, 2003, 1(4): 232-234.

[5] 王燕. 应用时间序列分析[M]. 北京: 中国人民大学出版社, 2012.

[6] 汪淼,郑舒婷. 基于ARIMA模型的中国消费者价格指数时间序列分析[J]. 辽宁工程技术大学学报(自然科学版), 2010, 29(S1): 130-132.

[7] 任长秋. 中药材价格变动成因及影响[J]. 人民论坛, 2011(1): 142-143.

[8] 陈达,王火旺. 对近几年我国中药材价格波动情况的分析与思考[J]. 价格理论与实践, 2012(11): 29-30.

[9] 赵智,郑循刚,刘琳,等. 我国中药材价格波动特征实证研究——以巴戟天、白前、百合等九种药材为例[J]. 价格理论与实践, 2014(7): 69-71.

[10] 申远,张海波,袁盼,等. 中药材价格波动及其治理机制优化研究——中药材非市场因素分析[J]. 价格理论与实践, 2016(8): 74-76.

[11] 张晋之,杨元娟,许燕. 中药材价格波动的原因及优化策略[J]. 价格月刊, 2016(2): 35-38.

[12] 张先洪,彭翔. 关于中成药价格形成机制的探讨——基于对中成药生产企业的调研分析[J]. 价格理论与实践, 2012(10): 35-36.

[13] 李化. 中药材价格传导研究[J]. 卫生经济研究, 2015(10): 58-61.

[14] 宋晓亭,宋海坡. 商业资本对我国道地药材市场价格的影响[J]. 世界科学技术: 中医药现代化, 2013(8): 1843-1846.

[15] 常峰,茅鸯对. 基于ARMA预测模型的中药材价格预警研究[J]. 中国中药杂志, 2014, 39(9): 1721-1723.

[16] 严明义,杜鹏. 中国消费价格指数季节变动的函数性数据分析[J]. 统计与信息论坛, 2010, 25(8): 100-106.

[17] 吴开尧,李榕. 美元指数与大宗商品价格相关性分析[J]. 价格理论与实践, 2013(6): 77-78.

［18］马敬桂，黄普，朱信凯. 不同价格指数与 CPI 的相关性分析［J］. 统计与决策，2011 （21）：42－44.

［19］汪小亚，代鹏. 房地产价格与 CPI 相关性：实证分析［J］. 中国金融，2005（2）：17－18.

［20］孙爱荣，程亚鹏. 基于灰色理论和 BP 神经网络的房地产价格指数预测［J］. 企业经济，2010（4）：124－126.

［21］崔正，吴建姣，吴琼. 基于互联网大数据的中药材信息综合服务平台建设研究［J］. 中国中医药信息杂志，2016，23（11）：8－12.

［22］康美药业股份有限公司. 康美·中国中药材价格指数报告. 2015［M］. 广州：华南理工大学出版社，2016.

［23］康美药业股份有限公司. 康美·中国中药材价格指数报告. 2016［M］. 广州：华南理工大学出版社，2017.

［24］康美药业股份有限公司. 康美·中国中药材价格指数报告. 2017［M］. 广州：华南理工大学出版社，2018.

附录 2018年末各中药材品规价格详细表

单位：元/千克（罗汉果：元/个；蛤蚧：元/对；狗鞭：元/条；蜈蚣：元/条）

中药材品规	价格	中药材品规	价格	中药材品规	价格
根及根茎类					
巴戟天·统·广东①	58～60	甘草·统·新疆	14～16	山慈菇·统·云南	140～160
白参·统·吉林	360～440	甘草·毛条·新疆	8～11.5	山豆根·统·湖北	9～10
白及·统·贵州	120～140	高良姜·统·广东	9～11	山药·光条统·河南	24～25
白蔹·统·安徽	33～38	藁本·统·四川	19～22	山药·毛条统·河南	10～11
白茅根·统·河北	19～20.5	藁本·统·辽宁	50～55	山药·毛条统·广西	8～9.5
白前·统·湖北	16～20	狗脊·统·四川	6.5～7.2	射干·统·河北	24～33
白芍·一二级·安徽	20～22	骨碎补·统·贵州	28～34	升麻·统·内蒙古	33～34
白芍·二三级·安徽	18～20	何首乌·统·四川	22～22.5	石菖蒲·统·湖北	42～45
白芍·三四级·安徽	14～16	何首乌·统·云南	19～20	水菖蒲·统·湖北	17～18
白芍·统·安徽	14～15	何首乌·统·广东	16.5～19	太子参·统·贵州	65～70
白术·统·安徽	20～23	红参·小抄·吉林	165～180	太子参·统·福建	57～64
白术·选·安徽	24～27	红景天·大花·西藏	38～45	太子参·统·安徽	57～62
白术·统·浙江	25～29	红景天·大花·青海	37～45	天花粉·统·河北	14～20

① 中药材品种的价格与其产地、规格相关，所以每一个中药材品种报价都应标明产地、规格。本书用"中药材品种名·规格·产地"来表示一个商品单元，如"巴戟天·统·广东"。

续表

中药材品规	价格	中药材品规	价格	中药材品规	价格
白头翁·统·黑龙江	68～75	红景天·小花·青海	32～35	天葵子·统·安徽	118～120
白薇·野生·山东	58～60	胡黄连·统·西藏	170～180	天麻·一等·安徽	160～170
白芷·统·安徽	8～9.5	虎杖·统·湖北	7.5～8	天麻·二等·安徽	145～150
白芷·统·四川	11～12.5	黄连·鸡爪·四川	110～120	天麻·三等·安徽	118～125
白芷·统·河北	7～8.5	黄连·单枝·四川	120～135	天麻·统·安徽	120～130
百部·统·湖北	24～25	黄芪·统·内蒙古	19～22	天冬·大·广西	65～73
百合·统·安徽	26～27	黄芪·中条·甘肃	14～20	天冬·小·广西	55～60
百合·统·湖南	33～34	红芪·统·内蒙古	14.5～17	土贝母·统·甘肃	16
板蓝根·统·河南	8.2～9.5	黄芩·枯芩·内蒙古	30～32	土茯苓·统·江西	17～18
板蓝根·统·甘肃	8.2～9.5	黄芩·家种·甘肃	15～16	威灵仙·统·东北	30～31
板蓝根·统·东北	8.2～9	黄芩·条芩·河北	18～19	乌药·统·浙江	17～18
北豆根·统·内蒙古	9.5～11	黄药子·统·湖北	8～9	细辛·统·辽宁	40～41
北沙参·统·河北	14～19	姜黄·统·广西	12～13	夏天无·统·江西	62～70
北沙参·统·内蒙古	38～40	金荞麦·统·贵州	9.5～11	仙茅·统·进口	35～39
绵草薢·统·云南	13～14	金果榄·统·云南	275～300	香附·毛·河南	8.1～9
苍术·半撞皮·内蒙古	93～105	九节菖蒲·统·陕西	168～170	香附·毛·海南	5.8～7
葛根·柴丁·河南	8～9.5	桔梗·统·安徽	23～25	香附·光统·海南	6.8～7.2
粉葛·大丁·广西	10～11	桔梗·统·内蒙古	23～28	香附·光选·海南	8.2～8.5
柴胡·统·内蒙古	83～86	苦参·统·内蒙古	12～13	西洋参·统·进口	700～900
柴胡·统·山西	65～70	龙胆·统·东北	95～120	西洋参·统·吉林	450～500
甘松·统·四川	33～35	龙胆·坚龙胆·云南	58～65	寻骨风·叶·湖北	4.6～6.5
光慈菇·统·云南	140～155	漏芦·统·内蒙古	17～19	薤白·统·山东	28～30
常山·鸡骨常山·四川	16～18	芦根·统·山东	12～13	徐长卿·统根·山东	22～24
雷公藤·统·福建	7～8	麦冬·统·四川	78～85	续断·统·四川	13.4～15

中药材品规	价格	中药材品规	价格	中药材品规	价格
两头尖·统·黑龙江	42~45	麦冬·统·浙江	48~50	玄参·统·湖北	10~11
赤芍·京赤芍·内蒙古	36~38	麦冬·统·湖北	44~50	玄参·统·浙江	8~9.5
川贝母·松贝·四川	3500~3800	猫爪草·家种·河南	80~88	延胡索·统·浙江	40~42
川贝母·青贝·四川	3000~3200	明党参·统·四川	26~30	延胡索·选·浙江	42~44
川贝母·炉贝·四川	2900~3000	木香·统·云南	20~23	延胡索·统·陕西	38~41
绵马贯众·统·吉林	7~8.5	麻黄根·统·内蒙古	8.5~9	伊贝母·家种小粒·新疆	90~115
川牛膝·统·四川	17~20	牛蒡根·统·甘肃	7~7.5	仙灵脾·统·东北	17.5~20
川芎·统·四川	15~16	牛膝·头肥·河南	21~23	山柰·统·云南	34~42
穿山龙·统·吉林	12	牛膝·二肥·河南	18~19	银柴胡·统·甘肃	22~25
大黄·马蹄统·甘肃	24~28	牛膝·平条·河南	15~15.5	玉竹·统·湖南	23~24.5
丹参·统·山东	14~18	藕节·统·湖南	10~13	郁金·桂郁金·广西	12~15
丹参·统·安徽	14~16	片姜黄·统·浙江	17~21	郁金·温郁金·浙江	18~21
当归·草把·甘肃	29~35	平贝母·大·吉林	120~135	郁金·川郁金·四川	20
当归·统·甘肃	37~42	平贝母·小·吉林	280~296	远志·统肉·山西	78~80
当归·头·甘肃	56~70	千年健·统·广西	14~15	远志·混级筒·山西	110~115
党参·统·甘肃	39~46	前胡·家种统·浙江	36~45	重楼·统·云南	900~1100
党参·白条党中条·甘肃	45~53	前胡·家种条胡·浙江	40~50	泽泻·统·广西	13~14
党参·白条党·甘肃	39~45	茜草·统·山西	25~26	泽泻·统·四川	13~15

续表

中药材品规	价格	中药材品规	价格	中药材品规	价格
地黄·1-2级·河南	11.5～12	羌活·蚕羌·四川	220～230	浙贝母·药厂小统·浙江	43～48
地黄·3-4级·河南	10～11	羌活·条羌·四川	130～140	知母·毛·河北	12～18
地黄·统·河南	8.5～11	秦艽·统·内蒙古	200	知母·肉·河北	45～48
地榆·统·甘肃	8～10	秦艽·统·甘肃	120～130	紫草·软·新疆	360～380
独活·统·甘肃	12～14	秦艽·统·青海	120～125	紫草·硬·进口	33～36
独活·统·湖北	13～15	拳参·统·甘肃	27～29	紫菀·统·河北	14～17
莪术·统·广西	7～10	三棱·统·浙江	8.8～10	紫菀·统·安徽	15～17
防风·统·内蒙古	25～30	南沙参·统·甘肃	30～33	半夏·统·贵州	120～122
防风·统·河北	14～18	三七·40头·云南	230～250	半夏·统·甘肃	105～111
防己·半撞皮·江西	108～115	三七·60头·云南	180～190	附子·白附片·四川	40～44
粉草薢·统·江西	15～15.5	三七·80头·云南	165～180	附子·盐附子·四川	20.5～25
干姜·柴姜·山东	9～9.5	三七·120头·云南	150～160	附子·黑顺片·四川	26～28
干姜·粉姜·贵州	13.5～15	三七·无数头·云南	135～150	玛咖·黄统·云南	15～18
		果实、子仁类			
一口钟·统·云南	8～9	砂仁·砂仁米·进口	90～96	桂圆肉·炕·广西	57～60
八角茴香·统·广西	26～37	山楂·机器统片·山东	5～6.5	桂圆肉·晒·广西	60～68
预知子·统·湖北	17.5～19.5	南山楂·统·湖北	17～18	青皮·四花·浙江	15～17
白豆蔻·统·海南	54～58	山茱萸·统·河南	27～30	青皮·个1.2 cm以下·浙江	15
碧桃干·统·河北	15	山茱萸·统·浙江	28～32	青皮·个1.2～1.5 cm·浙江	8～10
补骨脂·统·进口	8～9	蛇床子·统·安徽	10.5～13	青皮·个1.5 cm以上·浙江	6

续表

中药材品规	价格	中药材品规	价格	中药材品规	价格
苍耳子·大粒·山东	5~6	鸦胆子·大粒·海南	8.5~10	瓜蒌子·统·河北	21~25
西青果·统·进口	28~30	柿蒂·统·河南	8~9	瓜蒌子·统·江苏	20~26
草果·统·云南	35~40	丝瓜络·统·浙江	41~42	莱菔子·统·云南	11~12
芫蔚子·统·安徽	18~21	橘络·统·浙江	210~240	荔枝核·统·广西	5~7.5
楮实子·统·河南	18~21	青葙子·统·安徽	19~20	莲子·统·湖南	30~32
川楝子·统·云南	3.5~4	母丁香·统·进口	7.6~9	莲子·白·湖南	29~33
川楝子·统·四川	2.9~3.5	木鳖子·统·广西	30~34	莲子心·统·湖南	45~50
陈皮·统·浙江	6.5~9	奶母果·统·广西	17~19	石莲子·统·湖南	11~13
蒺藜·撞刺·内蒙古	15~20	乌梅·统·四川	25~30	荜澄茄·统·广西	23~25
大枫子·统·海南	12~13	乌梅·统·福建	29~30	蓖麻子·统·安徽	7.5~8
刀豆·红·安徽	11.5~14	无花果·统·四川	21~25	木蝴蝶·统·广西	20~21
刀豆壳·统·云南	7~7.5	吴茱萸·中·江西	350~360	牛蒡子·统·东北	14~17
大腹皮·皮·海南	3.5~4.5	吴茱萸·小·江西	280~300	胖大海·圆果·进口	85~88
大腹皮·毛·海南	4.5~5.5	香橼·统·广西	8~10	牵牛子·黑·四川	7~8
大枣·药用统·新疆	6~7.5	小茴香·统·甘肃	10~11	牵牛子·白·四川	13.5~16
大枣·药用统·山东	5~7	大皂角·统·陕西	7~8	芡实·圆粒·广东	45~48
地肤子·统·黑龙江	8~10	猪牙皂·统·山东	23~25	芡实·两瓣·广东	38~45
佛手·统·广东	32~33	栀子·统·江西	16~18	芡实·碎粒·广东	18~23
佛手·统·四川	25~27	枳壳·统·江西	22~25	花椒·青椒·四川	92~100
覆盆子·统·浙江	120~130	枳壳·统·湖南	18~20	花椒·大红袍·陕西	90~95
覆盆子·统·四川	40~42	枳实·统·江西	60~65	橘红·五爪·广东	8~10
枸杞子·统·宁夏	35~40	枳实·统·浙江	25~34	橘红·七爪·广东	18~20
枸杞子·选·宁夏	58~65	紫苏子·大·山西	11~12	瓜蒌皮·统·河北	7~10
枸杞子·统·新疆	35~40	紫苏子·小·河南	13~15	肉豆蔻·统·广西	49~52

续表

中药材品规	价格	中药材品规	价格	中药材品规	价格
枸杞子·统·河北	35	白扁豆·统·四川	15~19	红豆蔻·统·广西	48~52
枸杞子·280粒·青海	27~35	白果·统·广西	4.5~5	沙苑子·统·陕西	25~27
枸杞子·380粒·青海	20~23	白果·仁·广西	5.5~6.5	石榴皮·统·江苏	5.5~6
枸杞子·统·青海	30~35	柏子仁·统·山东	95	水飞蓟·统·黑龙江	10~12
锦灯笼·统·东北	38~42	槟榔·统·进口	13~16	水红花子·统·云南	16~17
诃子·统·云南	8~8.2	草豆蔻·统·海南	29~32	使君子·统·四川	7.5~8
诃子·肉·云南	15~20	车前子·统·江西	17.5~19	使君子·仁·四川	17.5~19
榧子·统·浙江	29~31	车前子·统·东北	18~20	酸枣仁·统·河北	220~230
胡椒·黑胡椒统·海南	20~23	赤小豆·统·安徽	8.5~9.5	酸枣仁·98货·河北	245~250
胡椒·白胡椒统·海南	38~42	葱子·统·山东	16~18	滇枣仁·统·云南	42~47
槐角·统·河南	5~7	冬瓜子·单边·安徽	11~14	桃仁·家统·山东	45~50
瓜蒌·统·河北	13.5~17	冬瓜子·双边·安徽	23~28	桃仁·山统·陕西	55~60
金樱子·统·江西	11~14	冬瓜皮·统·河北	7	甜瓜子·统·安徽	20~21
金樱子·肉·江西	24~26	苘麻子·统·河南	7.5~8.5	葶苈子·统·湖南	4.8~5.7
连翘·黄统·河南	47~50	黑豆·统·东北	7~9.5	菟丝子·统·内蒙古	21~23
连翘·青生晒·河南	38~42	黑豆衣·统·东北	12.5~15	菟丝子·统·宁夏	19~20
路路通·统·安徽	3.5~5	黑芝麻·统·山东	13~18	王不留行·统·河北	5.2~6
罗汉果·大·广西	0.8~0.9	黄瓜子·统·安徽	42~48	五味子·统·辽宁	125~140
罗汉果·中·广西	0.6~0.7	胡芦巴·统·安徽	4.5~7	南五味子·统·山西	43~46

续表

中药材品规	价格	中药材品规	价格	中药材品规	价格
罗汉果·小·广西	0.4	火麻仁·籽·甘肃	7~8.5	浮小麦·统·安徽	3.5~4
蔓荆子·统·云南	20~22	火麻仁·仁·甘肃	18~19	苦杏仁·统·内蒙古	28~31
木瓜·皱·四川	16~17	急性子·统·安徽	18~20	亚麻子·统·甘肃	8
木瓜·光·河南	3.5~4	芥子·白·四川	12~14	薏苡仁·统·贵州	10~11
女贞子·统·河南	3.2~3.6	芥子·黄·内蒙古	7~7.5	益智·仁·海南	34~40
青果·统·广西	11~12	韭菜子·统·安徽	25~32	益智·米·海南	75~88
娑罗子·统·陕西	23~25	橘核·统·浙江	16~18	郁李仁·统·内蒙古	105~120
桑椹·黑·安徽	17~18	决明子·统·安徽	4.5~5.5	郁李仁·统·甘肃	55~56
桑椹·青·安徽	34~37	荜茇·统·广西	25~29		
砂仁·壳砂·云南	230~250	桂圆·果实·广西	20~23		
全草类					
矮地茶·统·江西	8~10	淡竹叶·统·四川	14~16	千里光·统·江苏	4.5~5
白花蛇舌草·统·江西	11.5~13	灯心草·整草·江西	185~195	石斛·黄草·贵州	36~44
白花蛇舌草·统·河南	5.5~9	广藿香·统·广东	9.5~12	石斛·金钗·四川	800
白毛藤·统·湖北	7~9.5	谷精草·统·江苏	14~15	铁皮石斛·统条·云南	800~880
车前草·统·江西	3.5~5	鬼针草·统·安徽	2.6~5	石斛·环草·安徽	130~150
苍耳草·统·安徽	2.7~3.4	积雪草·统·贵州	10~12	石见穿·统·江苏	4.7~6
地锦草·硬苗·浙江	8~8.2	鸡骨草·家种·广西	9~10	石上柏·统·浙江	10~10.5
冬凌草·统·江西	6.8~8	金钱草·统·四川	14~15	石韦·大叶·广西	9.5~10
鹅不食草·统·江西	11~13	广金钱草·统·广西	7~9	石韦·小叶·四川	12~15
凤尾草·统·湖北	6.5~9	荆芥·统·河北	4.5~6	蛇莓·统·湖北	3.7~4.2
北败酱·臭·湖北	5~6	荆芥穗·统·河北	17~22	田基黄·统·江西	13~16
北败酱·苣荬菜·河北	4~5	瞿麦·统·湖南	4~5	透骨草·珍珠统·山西	7~10

176

续表

中药材品规	价格	中药材品规	价格	中药材品规	价格
苏败酱·统·安徽	4~5.8	卷柏·统·山东	10~12	透骨草·凤仙统·安徽	6~8
半枝莲·统·河南	6~6.6	苦地丁·统·河北	14~16	豨莶草·统·安徽	3.2~4
刘寄奴·北统·湖北	13~14	老鹳草·统·湖北	2.5~3	仙鹤草·统·安徽	4.4~5.5
刘寄奴·南统·江西	15~17	六月雪·统·江苏	5	瓜子金·统·江西	50~58
萹蓄·统·安徽	2~3.5	龙葵·统·安徽	3~5	香薷·统·江西	4.5~6.2
半边莲·统·江苏	5~8	鹿衔草·统·河北	19~20	鸭跖草·统·安徽	3.5~4.3
杠板归·统·江西	7~9	麻黄·统·内蒙古	13~14	益母草·统·湖北	3~3.6
连钱草·统·四川	5.5~6.5	麻黄·把草·内蒙古	14~15	茵陈·统·辽宁	7.2~9
薄荷·全棵·江苏	3.5~5	马齿苋·统·安徽	6.5~7	茵陈·绵·甘肃	8~12
垂盆草·统·浙江	12~13	马鞭草·统·安徽	8~10	淫羊藿·统·东北	43~48
三白草·统·湖南	10~11.5	墨旱莲·统·安徽	4.6~5.2	淫羊藿·统·甘肃	70~76
委陵菜·统·河南	7~8	木贼·大·吉林	6.5~7.6	淫羊藿·统·四川	24~30
大蓟·统·河北	3.5~4.8	佩兰·统·河北	4.5~5.5	肿节风·统·江西	10
小蓟·统·安徽	2.5~3.1	蒲公英·家公英·安徽	5~7.5	鱼腥草·统·四川	5~5.3
穿心莲·全棵·湖北	5~6	蒲公英·山公英·山西	10.5~12.5	叶下珠·统·江西	7.8~9
穿心莲叶·统·湖北	9~10	青蒿·统·安徽	1.7~2.6	泽兰·统·安徽	3~4.2
淡竹叶·统·广西	13~14	伸筋草·统·湖南	6~6.8	紫花地丁·统·安徽	10~12
花类、孢子类					
玳玳花·统·江苏	150~160	槐米·统·安徽	11.5~12	蜡梅花·红·江苏	66~70
公丁香·大丁·进口	50~52	鸡冠花·红·安徽	10~11.5	西红花·一级·进口	6500~7000
海金沙·统·江西	110~118	鸡冠花·白·安徽	12.5~14	西红花·统·进口	6000~6300
扁豆花·统·云南	58~65	金银花·统·河南	180~210	桃花·统·河南	60~62

续表

中药材品规	价格	中药材品规	价格	中药材品规	价格
葛花·统·广西	22~30	金银花·统·河北	150~180	蒲黄·细·内蒙古	78~83
佛手花·统·广东	180~200	金银花·统·山东	180~220	蒲黄·粗·内蒙古	42~44
芙蓉花·统·湖南	44~48	三七花·统·云南	180~230	夏枯草·统·安徽	1.2~3
金莲花·统·吉林	160~185	人参花·统·吉林	160~185	夏枯草·选·安徽	2~4.2
天山雪莲·散统·新疆	110	菊花·亳菊·安徽	25~27	辛夷·统·河南	24.5~26
密蒙花·统·湖南	14~16	菊花·黄山贡菊·安徽	90~100	旋覆花·统·湖北	44~45
木槿花·统·湖南	62~65	菊花·杭菊·浙江	44~50	芫花·统·福建	20~23
松花粉·统·浙江	62~65	款冬花·统·甘肃	55~66	野菊花·统·湖北	30~36
合欢花·统·河北	34~40	款冬花·选·甘肃	88~98	野菊花·颗粒·湖北	42~52
红花·统·新疆	120~122	莲须·统·湖南	60~65	月季花·统·安徽	60~62
红花·统·云南	115~122	凌霄花·统·江苏	32~40	百合花·统·湖南	23~28
厚朴花·统·四川	42~45	玫瑰花·统·山东	38~40		
槐花·统·安徽	7~8	玫瑰花·统·甘肃	40		
叶类					
侧柏叶·统·江苏	3~4	番泻叶·统·广东	7~8.5	金橘叶·统·浙江	4.8~5.5
荷叶·统·湖南	8~10.5	番泻叶·统·进口	6.5~8	人参叶·统·吉林	60~65
荷叶·选·湖南	15~17	罗布麻叶·统·河北	20~21	银杏叶·统·四川	8~9
枇杷叶·统·广西	3.5~4.2	紫苏叶·统·河北	5.2~6	薄荷叶·统·安徽	10~13
桑叶·青·河南	4.2~5	石楠叶·统·广西	11~13	杜仲叶·统·四川	5~6.5
艾叶·统·河南	6.8~8.5	木芙蓉叶·统·四川	12.5~17	香叶·统·进口	19~20
大青叶·统·甘肃	2.5~3.9	枸骨叶·统·湖北	9~11		
皮类					
椿皮·干皮·安徽	2.5~4.5	肉桂·企边统·进口	19~22	牡丹皮·白丹统·安徽	17~22
椿皮·根皮·安徽	8.5~10	肉桂·板桂·广西	18~20	桑白皮·统·安徽	14~16
地骨皮·统·安徽	16	海桐皮·统·浙江	6.8~7.5	土荆皮·统·江苏	29~32

续表

中药材品规	价格	中药材品规	价格	中药材品规	价格
地骨皮·统·河北	36～37	合欢皮·统·湖北	7.5～8	五加皮·统·湖北	27～28
杜仲·身皮·河南	11～13	厚朴·板皮·四川	11～12	香加皮·统·山西	11～11.5
杜仲·枝皮·河南	8.8～10	厚朴·枝皮·四川	7.5～8.5	白鲜皮·统·东北	76
肉桂·官桂·广西	14～16	关黄柏·统·东北	14～15	黄柏·统·四川	15.5～17
茎木类					
沉香·统·进口	780～830	木通·三叶木通·河南	4.8～5	檀香·白·进口	500
沉香·等外·进口	1280～1500	青风藤·统·江苏	6.3～6.5	檀香·黄·进口	300
川木通·统·四川	9～10	忍冬藤·统·浙江	2.3～3	通草·统·云南	250～290
大血藤·统·广西	6～7	肉苁蓉·统·进口	115～120	小通草·统·贵州	125～140
钩藤·统·陕西	38～42	肉苁蓉·野生软·新疆	140	首乌藤·统·四川	12～13
钩藤·70%双钩·湖南	78～84	肉苁蓉·硬·青海	26～28	皂角刺·统·河南	40～45
鬼箭羽·统·湖北	100～110	肉苁蓉·软·青海	60～75	樟木·统·浙江	8～9
桂枝·小片·广西	5.8～6	肉苁蓉·统·青海	60～70	竹茹·统·湖南	5.2～6
桑寄生·统·广西	6～7.5	桑枝·统·江苏	3.5～4.2	竹茹·球·湖南	14～15
槲寄生·统·东北	18～20	油松节·统·辽宁	6～7.5	紫苏梗·统·湖北	2.8～3.4
鸡血藤·刨片·进口	7～8	苏木·统·广东	9.5～11		
降香·统·海南	250～270	锁阳·统·内蒙古	50～55		
树脂类					
乳香·统·进口	24～25	琥珀·统·辽宁	14～16	枫香脂·统·四川	33～37
乳香·珠·进口	60	天竺黄·统·上海	26～34	桃胶·统·内蒙古	35～42
没药·天然·进口	26～28	苏合香·统·进口	80～82	阿魏·统·新疆	700～1200
没药·胶质·进口	55～58	血竭·统·进口	2550～2650	安息香·统·云南	230～240
松香·统·浙江	15.5～16	血竭·统·云南	250～270		
菌、藻类					
金蝉花·统·安徽	160～200	昆布·统·山东	5～7	冬虫夏草·2200条·西藏	160 000～176 000
茯苓·丁·安徽	20.5～22	雷丸·统·云南	135～160	冬虫夏草·3500条·西藏	110 000～125 000

续表

中药材品规	价格	中药材品规	价格	中药材品规	价格
茯苓·片·安徽	20~23	灵芝·统·安徽	36~40	冬虫夏草·4000条·西藏	90 000~110 000
茯神·统·安徽	30	马勃·统·内蒙古	70~74	冬虫夏草·2000条·青海	175 000~190 000
茯苓皮·统·安徽	2.5~3	猪苓·统·陕西	50~58	冬虫夏草·3500条·青海	100 000~12 0000
海藻·清水·海南	28~32	冬虫夏草·2000条·西藏	180 000~200 000	冬虫夏草·4000条·青海	85 000~110 000
动物类					
鳖甲·统·湖南	120~135	牡蛎·统·山东	1.7~2	瓦楞子·统·山东	1.6~2
蝉蜕·统·山东	290~340	全蝎·清水·山西	2200~2300	鹿茸·花二杠·吉林	7500~8000
蝉蜕·水洗·山东	420~440	全蝎·盐水·山西	1200~1300	鹿茸·马茸统·吉林	1600~1700
地龙·统·上海	140~150	桑螵蛸·生大绵·山东	160~190	鹿茸·片一等·吉林	2700~3500
地龙·统·广西	170~180	桑螵蛸·熟大绵·山东	320~370	鹿茸·片二等·吉林	2200~2700
蜂房·家统·山东	410~430	石决明·小·广东	7~10	鹿茸·片三等·吉林	1600~1800
凤凰衣·统·安徽	8~8.5	水牛角·统·江西	15~16	鹿角·马鹿·吉林	240~260
干蟾·统·东北	40~45	土鳖虫·统·江苏	30~33	蕲蛇·统·四川	1800~2000
蛤蚧·大·广西	16~17	乌梢蛇·统·四川	490~520	蛇蜕·统·四川	52~58
蛤蚧·中·广西	11.5~12	蜈蚣·大·湖北	3.2~3.8	水蛭·矾水·江苏	600~630
蛤蚧·小·广西	8~9	蜈蚣·中·湖北	2.8~2.9	鱼脑石·大·浙江	120~130
狗鞭·统条·内蒙古	8	蜈蚣·小·湖北	1.3~1.7	鱼脑石·小·浙江	68~80
龟甲·背甲·湖北	130~180	五倍子·肚倍·贵州	24~25	鱼鳔·大·浙江	180
龟甲·腹甲·湖北	180~210	五倍子·角倍·安徽	22~24	鱼鳔·中·浙江	115~150
海螵蛸·统·浙江	17~22	五灵脂·米统·陕西	45~46	鱼鳔·小·浙江	90~110
海螵蛸·选·山东	23~28	五灵脂·糖统·新疆	18~19	蟋蟀·统·安徽	23~26

续表

中药材品规	价格	中药材品规	价格	中药材品规	价格
僵蚕·统·四川	125	珍珠母·统·浙江	1.6~2.5	哈蟆油·10g·东北	1220~1350
金钱白花蛇·统条·江西	43~46	海马·大·广东	10 000~12 000	哈蟆油·12g·东北	1400~1500
九香虫·统·贵州	680~730	海马·小·广东	5500~6500	哈蟆油·15g·东北	1700~1900
鹿角霜·统·吉林	62~80	海龙·刁·广东	15 000	哈蟆油·大于15g·东北	1800~2100
蚂蚁·黑·贵州	90~92	海龙·拟·广东	1000~1100	燕窝·疏盏4A·进口	11 000~12 500
蚂蚁·红·东北	45~50	海龙·尖·广东	850~950	燕窝·密盏4A·进口	12 000~15 000
蚂蚁·黄·云南	36~38	刺猬皮·统·山东	140~150		
虻虫·统·陕西	560~580	壁虎·统·河南	500~530		
矿物类					
赤石脂·统·河南	2	石膏·统·湖北	2.8~3	金礞石·统·湖南	2~2.5
磁石·统·辽宁	1.7~1.8	朱砂·统·贵州	500~550	赭石·统·河北	1.8~2.5
龙齿·青·山西	305~360	紫石英·统·山西	3.8~4.5	咸秋石·统·安徽	12.5~13
龙齿·白·山西	220~240	自然铜·统·四川	4~4.6	鹅管石·统·广西	9~10
龙骨·五花龙骨·山西	230~250	滑石粉·统·山东	1.7~2	阳起石·统·河南	2.5~3
龙骨·土龙骨·山西	46~48	白矾·统·山东	1.5~1.9	芒硝·统·安徽	1.4~1.5
龙骨·白龙骨·宁夏	48~49	青礞石·统·湖南	1.8~2.2		
其他类					
冰片·白雪牌·广东	310~330	稻芽·统·安徽	4.2~4.8	儿茶·统·云南	16~18
淡豆豉·统·安徽	8~9	樟脑·统·江西	100~120	儿茶·统·进口	36~45
麦芽·统·安徽	3.5~3.8	人中白·统·河南	24~26	芦荟·统·进口	40~44
谷芽·统·浙江	5~6.5	紫河车·统·河南	1150~1400		